10가지 프로젝트로 끝내는
트랜스포머 활용 가이드
with 파이토치

10가지 프로젝트로 끝내는
트랜스포머 활용 가이드 with 파이토치

초판 1쇄 발행 2025년 02월 07일

지은이 프렘 팀시나   옮긴이 임선집   감수 채호창
발행인 한창훈
편집 김은숙

발행처 루비페이퍼 등록 2013년 11월 6일 (제 385-2013-000053호)
주소 경기도 부천시 길주로 252 1804호
전화 032_322_6754   팩스 031_8039_4526
홈페이지 www.RubyPaper.co.kr
ISBN 979-11-93083-27-7

- 이 책은 저작권법에 따라 보호받는 저작물이므로 무단 전재와 무단 복제를 금하며,
  이 책 내용의 전부 또는 일부를 이용하려면 저작권자와 루비페이퍼의 서면 동의를 받아야 합니다.
- 책값은 뒤표지에 있습니다.
- 잘못된 책은 구입처에서 교환해 드리며, 관련 법령에 따라서 환불해 드립니다.
  단, 제품 훼손 시 환불이 불가능합니다.

Building Transformer Models with PyTorch 2.0
Copyright © 2024 Prem Timsina All rights reserved.
Korean Translation Copyright © 2025 by Rubypaper Publishing Co.
This Korean edition published by arrangement with Prem Timsina through Agency-One, Seoul.

이 책의 한국어판 저작권은 에이전시 원을 통해 저작권자와의 독점 계약으로 루비페이퍼에 있습니다.
저작권법에 의해 한국 내에서 보호를 받는 저작물이므로 무단전재와 무단복제를 금합니다.

저자의 말

최근 트랜스포머 아키텍처는 머신러닝·딥러닝의 맥가이버 칼(스위스 군용 칼)로 통합니다. 트랜스포머는 생성형 AI가 혁신적인 발전을 이룩할 수 있게 한 핵심 부품입니다. 예를 들어, 많은 사람이 일반 인공지능(AGI, Artificial general intelligence)의 시작점으로 인식하는 챗GPT나 제미나이(Gemini)도 트랜스포머를 기반으로 구축되었습니다. 따라서 데이터 과학자, 머신러닝 엔지니어, IT 기술자는 이 아키텍처를 필수적으로 이해해야 합니다.

이 책은 트랜스포머에 대한 이론적 이해와 실무적 애플리케이션을 제공합니다. 특히 자연어 처리(NLP), 컴퓨터 비전, 음성 처리, 테이블 데이터 처리, 강화학습, 멀티모달을 다룹니다. 또 다양한 머신러닝·딥러닝 작업도 심도 있게 다룹니다. 책 도입부에서는 이론적 기초를 다지며, 특정 작업(Task)을 처리하기 위한 트랜스포머 아키텍처의 내부 작동 방식과 주요 모델의 아키텍처에 대해 설명합니다. 이후 장에서는 타깃 작업을 수행하기 위한 사전학습, 파인튜닝 및 오픈 소스 모델의 실사용 예제를 10가지 주요 프로젝트로 다룹니다.

독자의 포괄적인 이해를 돕기 위해 허깅페이스 생태계(eco-system), 전이학습, 트랜스포머 모델 배포 및 서빙에 관한 별도의 장을 제공합니다. 더불어 파이토치 2.0과 허깅페이스를 활용한 트랜스포머 모델의 모범 사례와 디버깅에 대해서도 다룹니다.

이 책을 이해하기 위한 선행 조건은 파이토치와 딥러닝에 대한 기본적인 이해입니다. 이 책은 트랜스포머 모델에 대한 지식을 향상시키고 트랜스포머 아키텍처와 허깅페이스의 Transformers 라이브러리를 사용해 머신러닝·딥러닝 엔진을 개발하려는 데이터 과학자와 머신러닝 엔지니어에게 유익할 것입니다. 또한 트랜스포머 기반 모델을 기존 소프트웨어 제품에 통합하려는 개발자, 소프트웨어 설계자에게도 가치가 있습니다. 아울러 최신 첨단 머신러닝 방법에 관심 있는 AI 전문가에게도 이 책이 유용할 것입니다. 결과적으로는 트랜스포머 아키텍처에 대한 개념적 이해를 얻는 것은 물론, 이를 활용하여 다양한 머신러닝 작업을 수행하는 데 필요한 실질적인 지식을 섭렵할 수 있습니다.

▶ 책에서는 '트랜스포머'라는 한국어 표기는 모델 혹은 아키텍처를 뜻하며, 복수형이자 영문 표기인 'Transformers'는 허깅페이스가 제공하는 라이브러리를 의미합니다.

끝으로 이 책을 집필하는 동안 끊임없이 지원해준 아내 수니타 기미레에게 깊은 감사와 아빠가 책 작업을 할 수 있게 해준 아들 퍼시벌에게도 특별한 사랑을 전합니다.

아울러 책을 수정하고 다듬는 데 헌신적으로 협력해준 감수자, 편집자, 기술 전문가, 출판사 관계자 모두에게 깊은 감사를 표합니다. 그리고 무엇보다도 이 책을 지지해주신 독자 여러분께 가장 큰 감사를 드립니다.

저자 **프렘 팀시나**

이 책의 장별 구성

1장 _ **트랜스포머 아키텍처** _ NLP 모델의 발전 과정을 개관하고, 발전 단계별로 트랜스포머 아키텍처에 미친 영향을 설명합니다. 이 장의 대부분은 트랜스포머 아키텍처를 설명하고 인코더, 디코더, 위치 인코딩, 임베딩 세부 사항을 다룹니다. 또한 트랜스포머 아키텍처의 다양한 변형과 그들이 NLP 작업을 수행하는 데 어떻게 사용되는지에 대해 알아봅니다.

2장 _ **허깅페이스 생태계** _ Transformers, Datasets, Tokenizers 라이브러리를 중심으로 허깅페이스 생태계의 기능과 특징을 설명합니다. 또한 허깅페이스 생태계 내에서 사전학습 모델 사용, 기존 모델의 파인튜닝, 모델 공유 방법 등을 탐색합니다. 특히 드림부스(Dreambooth) 모델의 파인튜닝으로 텍스트에서 이미지 생성을 예시로 다룹니다.

3장 _ **파이토치 트랜스포머 모델** _ 트랜스포머 아키텍처 파이토치 구현을 자세히 알아봅니다. 여기에는 인코더 전용 모델, 디코더 전용 모델, 인코더-디코더 모델 같은 다양한 모델을 구축하고 학습하는 과정을 다룹니다. 이를 파이토치에서 구현한 다음의 세 가지 프로젝트를 통해 설명합니다.

- IMDB 감성 분류
- 텍스트 생성(셰익스피어 작품과 유사한 시 생성)
- 기계 번역(영어를 독일어로 번역)

또 이 장에서는 파이토치에서 트랜스포머 모델이 어떻게 작동하는지 설명합니다.

4장 _ **파이토치와 허깅페이스를 사용한 전이학습** _ 전이학습의 정의, 유용성, 사용처에 대한 전체적인 개요를 설명합니다. 또한 실제 뉴스와 가짜 뉴스를 구별하는 프로젝트 예시를 통해 전이학습 사례를 제공합니다.

5장 _ **대규모 언어 모델** _ BERT, GPT, BART의 주요 개념을 알아봅니다. 또한 LLM 성능에 영향을 주는 요인 및 선구적인 LLM 아키텍처에 대해서 살펴봅니다. 마지막으로 자신의 조직 내부 데이터로 커스텀 LLM을 만드는 방법을 소개합니다.

6장 _ **트랜스포머 NLP 작업** _ 주요 NLP 작업과 해당 트랜스포머 모델에 대해 설명합니다. 또한 트랜스포머에서 긴 시퀀스를 처리하는 방법에 대해서도 살펴봅니다. 다음의 세 프로젝트를 통해 이러한 개념을 알아봅니다.

- 청킹(Chungking)으로 긴 시퀀스 처리
- 계층적 어텐션(Hierarchical attention)으로 긴 시퀀스 처리
- 셰익스피어가 쓴 것 같은 텍스트 생성

7장 _ 컴퓨터 비전(CV) 모델 도해 _ 이미지 전처리 기술에 대한 기초적인 이해와 이러한 기술이 컴퓨터 비전 작업에서 가지는 중요성에 대해 알아보며, ViT, DeiT, DETR의 아키텍처와 작동 원리를 자세히 들여다봅니다. 이러한 개념을 세 가지 프로젝트를 통해 설명합니다.

8장 _ 트랜스포머 컴퓨터 비전 작업 _ 다양한 컴퓨터 비전 작업과 그 응용에 대해 포괄적인 이해를 제공합니다. 이미지 세그멘테이션·분류·생성이라는 주요 작업을 다음의 세 가지 모델을 통해 학습하고, 개발하는 과정을 설명합니다.

- 음식 이미지 세그멘테이션
- DeiT와 RESNET 비교
- 강아지 이미지 생성

9장 _ 음성 처리 모델 도해 _ 음성 전처리에 대한 기초적인 이해와 Whisper, SpeechT5, Wav2Vec 아키텍처에 대한 상세한 분석을 제공합니다.

10장 _ 트랜스포머 음성 처리 작업 _ 다양한 음성 처리 작업과 실제 시나리오에서의 응용 방법을 설명합니다. 이를 위해 다음의 세 가지 작업을 프로젝트 예제와 함께 살펴봅니다.

- 텍스트 음성 변환(TTS)
- 자동 음성 인식(ASR)
- 오디오-to-오디오 변환

11장 _ 표(table) 데이터 처리 트랜스포머 아키텍처 _ 이 장에서는 다음의 아키텍처를 실제 사례와 함께 살펴봅니다.

- 테이블 데이터 쿼리가 가능한 Google TAPAS
- 구조화된 데이터를 처리하는 TabTransformer
- 구조화된 데이터를 처리하는 FT Transformer

12장 _ 표 데이터 회귀 및 분류 작업용 트랜스포머 _ 테이블 데이터에 트랜스포머를 적용하는 방법을 살펴봅니다. 또한 분류 및 회귀 작업을 수행하는 TabTransformer, FT Transformer, TabNet과 같은 트랜스포머 구현도 소개합니다. 아울러 그 결과를 XGBoost 모델과 비교합니다.

이 책의 장별 구성

13장 _ 멀티모달 트랜스포머, 아키텍처, 애플리케이션 _ 트랜스포머가 단일 모델에서 여러 데이터 유형을 처리하는 방법을 다음과 같은 두 가지 아키텍처로 설명합니다. 이외에도 다양한 멀티모달 작업을 설명합니다.

- ImageBind 아키텍처
- CLIP 아키텍처

14장 _ 트랜스포머 강화학습 _ 강화학습의 기본 개념과 파이토치에서 가장 일반적으로 사용되는 툴, 그리고 강화학습 모델을 구축하는 과정을 설명합니다. 이를 위해 Gym, Stable Baselines3, Yfinance를 사용해 트레이딩 모델을 개발하는 과정을 알아봅니다. 또한 강화학습에서 사용되는 중요한 트랜스포머 아키텍처인 Decision 트랜스포머와 Trajectory 트랜스포머를 소개합니다.

15장 _ 모델 내보내기, 서빙, 배포 _ 모델 직렬화, 내보내기, 배포에 중점을 두고 모델 수명 주기를 포괄적으로 살펴봅니다. 특히 이 장에서는 파이토치 모델을 ONNX 같은 호환 가능 형식으로 내보내는 방법과 파이토치 스크립트 및 피클(Pickle) 사용법을 설명합니다. 또한 FastAPI를 사용해 파이토치 모델을 서빙하고 허깅페이스를 통해 공유하는 실용적인 예시를 제공합니다.

16장 _ 트랜스포머 모델 해석가능성 및 시각화 _ 모델 해석가능성(Interpretability)과 설명가능성(Explainability)을 소개합니다. 그리고 모델을 해석하고 설명하는 데 필요한 다양한 툴을 살펴봅니다. 아울러 트랜스포머 모델을 해석하기 위해 CAPTUM 사용 예제를 제공합니다. 또한 텐서보드(TensorBoard)를 사용하여 모델 시각화, 로그 기록 및 해석을 수행하는 방법을 소개합니다.

17장 _ 파이토치 모델의 모범 사례 및 디버깅 _ 파이토치와 허깅페이스 라이브러리를 활용해서 트랜스포머 모델을 구축하기 위한 실용적인 지침과 모범 사례를 설명합니다. 그리고 파이토치 모델 디버깅에 대한 구조적 접근 방식을 실제 예제와 함께 논의합니다.

예제 소스와 실습 안내

다음의 링크를 통해 책에서 활용된 예제 소스를 내려받을 수 있습니다.

- 한글 번역본 예제 소스 _ https://github.com/jasonyim2/book6

원서에서는 터미널 및 아나콘다 환경을 사용하지만, 번역본에서는 해당 예제 소스를 구글 코랩에서 실행되도록 조치해두었습니다. 따라서 입문 독자라면 가급적 한글 번역본 예제 소스를 사용하기 바랍니다.

원서에서 제공하는 원본 코드를 직접 다운로드하려면 다음의 링크를 참고하기 바랍니다.

- 영어 원서 코드 및 컬러 이미지 _ https://rebrand.ly/hydtz8g
- 영어 원서 코드(GitHub) _ https://github.com/bpbpublications/Building-Transformer-Models-with-PyTorch-2.0

이 책을 읽다가 궁금한 점이 생기거나, 오류를 발견한다면 다음의 메일로 제보해주세요.

- 한글 번역본에 대한 질의(역자) _ jasonyim@naver.com
- 영어 원서에 대한 질의(저자) _ errata@bpbonline.com

목차

CHAPTER 01 트랜스포머 아키텍처

01.1 _ NLP 모델 발전사   19
     01.1.1 순환 신경망(RNN)   19
     01.1.2 LSTM   21
     01.1.3 RNN 인코더-디코더   22
     01.1.4 어텐션 메커니즘   23

01.2 _ 트랜스포머 아키텍처   24
     01.2.1 임베딩   25
     01.2.2 위치 인코딩   26
     01.2.3 모델 입력   28
     01.2.4 인코더 층   29
     01.2.5 어텐션 메커니즘   31

01.3 _ 트랜스포머 학습 프로세스   34

01.4 _ 트랜스포머 추론 프로세스   35

01.5 _ 트랜스포머 종류와 애플리케이션   35
     01.5.1 인코더 전용 모델   35
     01.5.2 디코더 전용 모델   36
     01.5.3 인코더-디코더 모델   36

CHAPTER 02 허깅페이스 생태계

02.1 _ 허깅페이스 개요   40
     02.1.1 주요 구성 요소   41
     02.1.2 토크나이저   42
     02.1.3 커스텀 토크나이저 생성   42
     02.1.4 허깅페이스 사전 학습 토크나이저 사용   44

02.2 _ Datasets 라이브러리   45

    02.2.1 허깅페이스 데이터셋 사용   46

    02.2.2 파이토치에서 허깅페이스 데이터셋 사용   48

02.3 _ 모델 파인튜닝   49

    02.3.1 환경 설정   50

    02.3.2 학습   50

    02.3.3 추론   52

02.4 _ 허깅페이스 모델 공유   53

    02.4.1 모델(Model) 공유   53

    02.4.2 스페이스(Spaces) 사용   54

CHAPTER 03

파이토치 트랜스포머 모델

03.1 _ 파이토치 트랜스포머 구성 요소   56

03.2 _ 임베딩   58

    03.2.1 임베딩 층 구현   58

03.3 _ 위치 인코딩   59

03.4 _ 마스킹   61

03.5 _ 트랜스포머 인코더 구성 요소   64

03.6 _ 트랜스포머 디코더 구성 요소   66

03.7 _ 파이토치 트랜스포머 층   68

목차

CHAPTER 04
파이토치와 허깅페이스를 사용한 전이 학습

04.1 _ 전이 학습 필요성 · 73

04.2 _ 전이 학습 사용법 · 74

04.3 _ 사전 학습 모델 저장소 · 76

04.4 _ 사전 학습 모델 · 77
    04.4.1 자연어 처리(NLP) · 77
    04.4.2 컴퓨터 비전 · 78
    04.4.3 음성 처리 · 79

04.5 _ 프로젝트 1: BERT-base-uncased 모델 파인튜닝으로 분류기 생성 · 79
    04.5.1 커스텀 데이터셋 클래스 · 84
    04.5.2 DataLoader 생성 · 86
    04.5.3 추론 · 91

CHAPTER 05
대규모 언어 모델

05.1 _ 대규모 언어 모델(LLM) · 94

05.2 _ 성능을 결정하는 핵심 요인 · 96
    05.2.1 네트워크 사이즈: 인코더 층과 디코더 층 개수 · 96

05.3 _ 선도적인 LLM:BERT, GTP-3, BART · 97
    05.3.1 BERT 및 계열 모델 · 98
    05.3.2 GPT · 101
    05.3.3 BART · 103

05.4 _ 커스텀 LLM 생성 · 105
    05.4.1 Clincal-BERT 구현 · 106

CHAPTER 06
트랜스포머 NLP 작업

06.1 _ NLP 작업 … 112

06.2 _ 텍스트 분류 … 114
    06.2.1 텍스트 분류에 알맞은 아키텍처 … 114
    06.2.2 트랜스포머 파인튜닝으로 텍스트 분류하기 … 114
    06.2.3 긴 시퀀스 처리 … 115
    06.2.4 문서 청킹 구현 예제 … 115
    06.2.5 계층적 어텐션 구현 예제 … 116

06.3 _ 텍스트 생성 … 118
    06.3.1 프로젝트 2: 셰익스피어가 쓴 것 같은 텍스트 생성 … 118

06.4 _ 트랜스포머 챗봇 … 123
    06.4.1 프로젝트 3: 클리닉 질의 응답(AI 의사) 트랜스포머 … 123

06.5 _ PEFT 및 LoRA로 학습하기 … 125

CHAPTER 07
컴퓨터 비전(CV) 모델

07.1 _ 이미지 전처리 … 131
    07.1.1 이미지 전처리 예제 … 132

07.2 _ 비전 트랜스포머 아키텍처 … 135
    07.2.1 프로젝트 4: AI 안과 의사 … 138

07.3 _ Distillation 트랜스포머 … 144
    07.3.1 DeiT의 사전 학습 과정 … 144
    07.3.2 DeiT의 장점 … 145

07.4 _ Detection 트랜스포머 … 146
    07.4.1 프로젝트 5: 객체 탐지 모델 … 147

목차

CHAPTER 08 트랜스포머 컴퓨터 비전 작업

08.1 _ 컴퓨터 비전 작업 153
  08.1.1 이미지 분류 154
  08.1.2 이미지 세그멘테이션 155
  08.1.3 프로젝트 6: 다이어트 계산기용 이미지 세그멘테이션 155

08.2 _ 디퓨전 모델: 비조건부 이미지 생성 159
  08.2.1 포워드 디퓨전 160
  08.2.2 백워드 디퓨전 161
  08.2.3 추론 프로세스 161
  08.2.4 학습 가능(Learnable) 파라미터 162
  08.2.5 DogGenDiffuion 프로젝트 구현 162

CHAPTER 09 음성 처리 모델

09.1 _ 음성 처리 164
  09.1.1 음성 전처리 예제 165

09.2 _ Whisper 모델 168
  09.2.1 Whisper_Nep 모델 개발 과정 170

09.3 _ Wav2Vec 모델 170
  09.3.1 Wav2Vec 애플리케이션 173

09.4 _ Speech T5 모델 173
  09.4.1 입출력 표현(Representation) 174
  09.4.2 크로스 모달 표현 175
  09.4.3 인코더–디코더 아키텍처 175

09.4.4 사전 학습　175

09.4.5 파인튜닝 및 애플리케이션　176

09.5 _ Whisper, Wav2Vec 2.0, SpeechT5 비교　176

CHAPTER 10
트랜스포머 음성 처리 작업

10.1 _ 음성 처리 작업　179

10.1.1 음성 to 텍스트 변환　179

10.1.2 프로젝트 7: Whisper를 사용한 음성 to 텍스트 변환　180

10.2 _ 텍스트 to 음성 변환　183

10.2.1 프로젝트 8: 텍스트 to 음성 변환　183

10.3 _ 오디오 to 오디오 변환　186

10.3.1 프로젝트 9: 노이즈 제거로 오디오 품질 개선　187

CHAPTER 11
테이블 데이터 처리를 위한 트랜스포머

11.1 _ 트랜스포머를 사용한 테이블 데이터 처리　192

11.1.1 TAPAS 아키텍처　193

11.2 _ TabTransformer 아키텍처　198

11.3 _ FT Transformer 아키텍처　199

11.3.1 피처 토크나이저　200

11.3.2 수치형과 범주형 특성 병합　201

11.3.3 트랜스포머　201

목차

CHAPTER 12
테이블 데이터 회귀 및 분류 작업용 트랜스포머

12.1 _ 분류 작업용 트랜스포머   204
- 12.1.1 데이터셋   205
- 12.1.2 타깃 변수   206
- 12.1.3 데이터 전처리   206
- 12.1.4 설정   207
- 12.1.5 세 모델로 학습 및 평가   209
- 12.1.6 평가 결과   209
- 12.1.7 분석   210

12.2 _ 회귀 작업용 트랜스포머   211
- 12.2.1 데이터셋   211
- 12.2.2 데이터 전처리   212
- 12.2.3 설정   213
- 12.2.4 학습 및 평가   215

CHAPTER 13
멀티모달 트랜스포머

13.1 _ 멀티모달 아키텍처   218
- 13.1.1 ImageBind   219
- 13.1.2 CLIP   221

13.2 _ 멀티모달 작업   222
- 13.2.1 피처 추출   223
- 13.2.2 텍스트 to 이미지   225
- 13.2.3 이미지 to 텍스트   226
- 13.2.4 비주얼 질의 응답   227

CHAPTER 14 트랜스포머 강화 학습

14.1 _ 강화 학습 — 233

14.2 _ 강화 학습용 파이토치 테크닉(모델) — 234
    14.2.1 Stable Baseline3 — 234
    14.2.2 Gymnasium — 234

14.3 _ 강화 학습 수행 방법 — 235

14.4 _ 강화 학습용 트랜스포머 — 236
    14.4.1 Decision 트랜스포머 — 236
    14.4.2 Trajectory 트랜스포머 — 238

CHAPTER 15 모델 내보내기, 서빙, 배포

15.1 _ 프로젝트 10: 모델 내보내기 및 직렬화 — 242
    15.1.1 파이토치 모델 내보내기 및 불러오기 — 243
    15.1.2 여러 모델 저장 — 246

15.2 _ 모델 ONNX 포맷으로 모델 내보내기 — 247

15.3 _ FastAPI로 모델 서빙하기 — 249
    15.3.1 FastAPI의 장점 — 250
    15.3.2 모델 서빙용 FastAPI 애플리케이션 — 250
    15.3.3 시맨틱 세그멘테이션 모델 서빙용 FastAPI — 250

15.4 _ 모바일 디바이스에서 파이토치 모델 서빙하기 — 252

15.5 _ AWS에서 허깅페이스 트랜스포머 모델 배포하기 — 254
    15.5.1 아마존 SageMaker를 통한 배포 — 254
    15.5.2 AWS Lamda 및 아마존 API Gateway를 통한 배포 — 255

목차

16.1 _ 설명가능성 vs 해석가능성 개념   258

    16.1.1 해석가능성   259

    16.1.2 설명가능성   259

16.2 _ 설명가능성 및 해석가능성 툴   260

16.3 _ 트랜스포머 예측 해석 용도의 CAPTUM   261

    16.3.1 모델 불러오기   261

    16.3.2 입력 준비   261

    16.3.3 층(레이어) 적분 그레이디언트   263

    16.3.4 시각화   266

16.4 _ 파이토치 모델용 텐서보드   267

CHAPTER **16**
트랜스포머 모델 해석가능성 및 시각화

17.1 _ 트랜스포머 모델 구현 모범 사례   274

    17.1.1 허깅페이스 활용   274

    17.1.2 파이토치 모델에 대한 일반적인 고려 사항   280

17.2 _ 파이토치 디버깅 기술   283

    17.2.1 구문 에러   283

    17.2.2 런타임 에러   283

    17.2.3 논리적(Logical) 에러   287

    17.2.4 파이토치 ML 모델 디버깅에 대한 일반 가이드라인   288

CHAPTER **17**
파이토치 모델의 모범 사례 및 디버깅

CHAPTER

01

트랜스포머 아키텍처

01.1 _ NLP 모델 개발사

01.2 _ 트랜스포머 아키텍처

01.3 _ 트랜스포머 학습 프로세스

01.4 _ 트랜스포머 추론

01.5 _ 트랜스포머 종류와 애플리케이션

여러분이 흥미로운 프로젝트를 진행 중인 소프트웨어 엔지니어라고 상상해보세요. 그럼 여러분은 소프트웨어를 빠르고 효율적으로 제작할 수 있는 프로그래밍 언어가 필요할 것입니다. 이때 우연히 맥가이버 칼(스위스 군용 칼) 같은 만능 코드를 발견하게 됩니다. 이 언어는 다른 개발 툴에 비해 머신러닝·딥러닝 모델을 쉽게 생성하고, 멋진 웹 사이트를 빠르게 만들어주며, 하드웨어 프로그램도 지원합니다. 게다가 네트워크 프로그래밍 작업 성능도 뛰어납니다. 이처럼 강력한 프로그래밍 언어에 호기심이 생기지 않을 수가 없습니다.

여기서 비유한 언어는 바로 트랜스포머(Transformer)입니다. 어느 날 혜성처럼 등장한 트랜스포머는 놀랍도록 다재다능한 머신러닝·딥러닝 아키텍처입니다. 트랜스포머는 원래 자연어 처리(NLP)용으로 개발되었지만, 순환신경망(RNN)과 LSTM(RNN 개선 모델)과 같은 다른 NLP 아키텍처를 압도하고 있습니다.

그리고 최근에는 트랜스포머가 다른 딥러닝 분야에도 영향을 미치기 시작했습니다. SUPERB 리더보드(superbbenchmark.org/leaderboard)에 따르면 최고의 음성 처리 모델도 트랜스포머를 기반으로 합니다. 또한 컴퓨터 비전 및 기타 딥러닝 분야에서도 우수한 결과를 보여주고 있습니다. 결론적으로 트랜스포머는 모든 AI 프레임워크의 기능을 통합하는 아키텍처가 될 가능성이 높습니다.

1장에서는 다재다능한 트랜스포머 아키텍처의 기본 구조를 살펴보겠습니다. 특히 최초의 트랜스포머 아키텍처를 이해하는 데 중점을 둡니다. 트랜스포머는 원래 자연어 처리를 위해 도입되었기 때문에 먼저 기존 NLP 모델들을 알아보고, 트랜스포머가 이러한 모델들에 어떤 영향을 받았는지 살펴봅니다.

또한 트랜스포머 아키텍처를 중심으로, NLP 모델의 진화와 중요 이정표를 소개합니다. 이를 위해 다양한 NLP 모델을 살피고, 트랜스포머 모델이 이전 모델들의 한계를 극복하는 방식을 알아봅니다. 또 트랜스포머 아키텍처를 구성하는 필수 구성 요소를 중점적으로 파악합니다. 아울러 트랜스포머 모델의 다양한 변형을 알아보고 NLP 분야의 광범위한 애플리케이션을 소개하겠습니다.

이 장의 전체적인 주제는 NLP 모델의 발전 여정을 추적하여 트랜스포머가 자연어 처리 기술의 혁신적 도약으로 자리 잡은 과정을 살펴보는 것입니다.

01.1 NLP 모델 발전사

트랜스포머는 2017년 아쉬쉬 바스와니(Ashish Vaswani) 등이[1] NLP 작업 중에서 특히 기계 번역을 위해 처음으로 제안한 모델입니다. 여기서 발전한 트랜스포머 모델은 현재 NLP뿐만 아니라 다른 광범위한 작업(음성 처리, 컴퓨터 비전 등)에서 가장 인기 있고 효과적인 모델로 등극했습니다. 그러나 트랜스포머는 하루 아침에 만들어진 모델이 아닙니다. 트랜스포머는 수년간의 NLP 모델 연구 개발의 결실이며, 각 모델은 이전 모델을 기반으로 발전해왔습니다.

그러므로 트랜스포머 아키텍처를 이해하려면 기존 NLP 모델의 역사적 발전 과정과 장단점을 알아야 하며, 이 과정에서 트랜스포머의 특성과 범용성을 파악할 수 있습니다. 그럼 NLP 모델 발전의 타임라인과 함께 다양한 NLP 모델을 대조해보겠습니다.

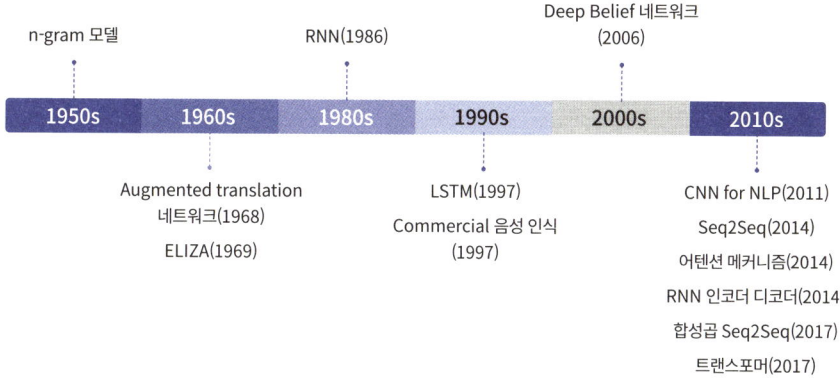

그림 1.1 NLP 모델 발전사

트랜스포머 모델은 지금까지 축적된 모든 연구 개발의 정점이라고 할 수 있습니다. 바스와니 등은 [그림 1.1]에 나열된 선행 연구 중 일부를 인용했으며, 이러한 연구로부터 큰 영향을 받은 것으로 보입니다.

01.1.1 순환 신경망(RNN)

먼저 **다음 단어 예측**(Next-word prediction)이라는 개념을 살펴봅시다. 예를 들어 '하늘의 색깔은 ….'이라는 문장이 주어지면, 우리의 두뇌는 입력된 문장 정보를 기반으로 다음 단어가

---

[1] Ashish Vaswani 외 7인의 논문 〈Attention is all you need〉 참고(https://proceedings.neurips.cc/paper/2017/file/3f5ee243547 dee91fbd053c1c4a845aa-Paper.pdf).

'파랗다'일 것이라고 예측합니다. 하지만 이 예측은 바로 앞의 몇 단어만을 기반으로 한 것이 아니라 더 많은 이전 단어들을 종합하여 판단한 결과입니다.

전통적인 머신러닝 알고리즘, 예를 들어 선형 회귀나 다층 퍼셉트론은 이전 정보를 저장하고 이를 예측에 활용하는 능력이 없습니다. 즉, 이러한 알고리즘은 이전 입력으로부터 얻은 정보를 저장하는 기능이 없습니다. 여기에서 **순환 신경망**(RNN)이 등장합니다. RNN은 이전 정보를 저장하고 이를 활용하여 보다 정확한 예측을 해냅니다.

다음은 RNN의 구조를 보여주는 그림입니다. 여기서 각 셀은 이전 셀의 출력을 입력으로 받습니다. 이를 통해 네트워크는 이전 시간 단계, 즉 타임 스텝(Time step)에서의 정보를 유지하고 이후 각각의 반복 타임 스텝에서 이를 계산에 반영합니다.

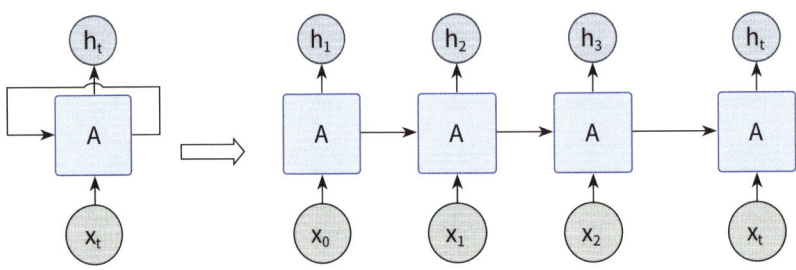

그림 1.2 RNN의 구조

RNN의 한계

다음 예시를 살펴보겠습니다.

> England is my hometown. I spent my whole life there. I just moved to Spain two days ago. I can speak only one language, which is...
>
> 영국은 제 고향입니다. 저는 그곳에서 평생을 보냈습니다. 이틀 전에 막 스페인으로 이사를 왔습니다. 저는 한 가지 언어만 말할 수 있는데, 그 언어는...

이 문장 마지막에 올 단어는 'English(영어)'입니다. 이 경우 가장 중요한 맥락의 단어는 문장 처음에 등장하는 'England(영국)'입니다. 그러나 어떤 경우에는 문맥에서 중요한 단어가 RNN이 사용하기에 너무 멀리 떨어져 있을 수 있습니다. 한 타임 스텝에 하나의 단어가 할당되기 때문에, 이번 예에서 'English(영국)'는 타임 스텝 1에 있고 예측 단어는 타임 스텝 27에 나와야 합니다. 이 경우 관련 단어와 예측 단어 사이의 간격은 26 타임 스텝 차이가 납니다.

이렇게 큰 간격은 RNN에 문제가 될 수 있습니다. RNN에서는 긴 시퀀스의 맥락 정보를 유지하지 못하거나, 그 맥락 정보와 관련된 가중치가 매우 작아집니다. 이는 네트워크의 가중치 행렬을 반복적으로 곱해야 하는 RNN 특성상 기울기가 매우 작아지거나 심지어 0이 될 수 있기 때문입니다. 이로 인해 네트워크의 학습이 어려워져서 학습 속도가 느려지거나 아예 학습에 실패하기도 합니다. 이처럼 네트워크 학습 과정인 역전파 과정에서 기울기가 매우 작아지거나 0이 되어 네트워크의 학습이 어려워지는 현상을 **기울기 소실 문제**라고 합니다.

01.1.2 LSTM

기울기 소실 문제를 극복하기 위해 **LSTM**이 도입되었습니다. RNN과 달리 LSTM은 메모리 게이트가 있어서 데이터의 장기 의존성(long-term dependency) 정보를 저장할 수 있습니다. 또한 이전 상태에서 불필요한 정보를 필터링하는 망각 게이트도 가지고 있습니다.

LSTM는 이러한 구조로 인해 기울기 소실 가능성을 현저히 낮출 수 있습니다. LSTM은 네트워크의 정보 흐름을 조절하는 게이트를 사용하여, 관련성이 큰 정보를 유지하고 관련성이 없는 정보는 버림으로써 이 문제를 해결합니다. 다음은 RNN과 LSTM 구조를 비교하여 보여줍니다. RNN에 비해 LSTM 구조가 훨씬 복잡하다는 것을 알 수 있습니다.

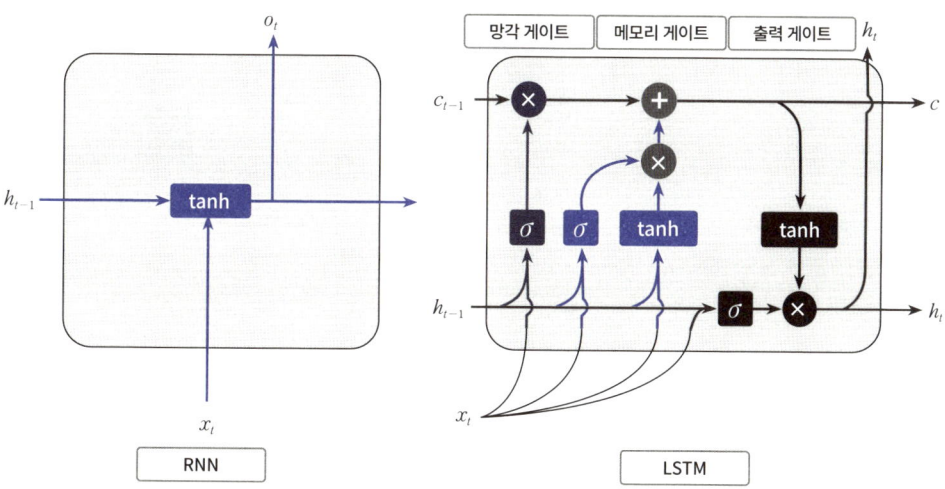

그림 1.3 RNN과 LSTM의 비교

LSTM의 한계

LSTM은 메모리 게이트를 갖고 있지만, 여전히 긴 시퀀스를 처리하는 데 어려움을 겪습니다. 이는 고정된 길이의 은닉 상태(hidden state)를 사용하기 때문입니다. 이렇게 되면 입력 시퀀스가 매우 긴 경우에 문제가 발생합니다. 더구나 LSTM은 시퀀스를 순차적으로 처리해 속도가 느리고, 여러 프로세서에서 병렬로 계산을 동시에 수행하는 데 제한이 있습니다.

01.1.3 RNN 인코더-디코더

2014년 조경현(Cho, K.) 등의 연구원들이 발표한 RNN 인코더-디코더 모델[2]은 시퀀스-to-시퀀스(Seq2Seq) 알고리즘입니다. 이 모델에는 세 가지 주요 구성 요소가 있습니다. 영어/프랑스어 번역 예시를 통해 RNN 인코더-디코더 모델의 구성 요소를 살펴보겠습니다.

- **인코더**: 가변 길이의 입력 시퀀스(예를 들어 영어 문장)를 고정 길이의 벡터로 인코딩하는 RNN
- **인코딩된 벡터**: 인코더가 출력하는 고정 길이
- **디코더**: 인코딩된 벡터를 입력으로 받아 가변 길이의 출력 시퀀스(이 경우 영어 입력 시퀀스의 프랑스어 번역물)를 생성하는 RNN

인코더-디코더 모델은 입력 시퀀스와 출력 시퀀스의 길이가 서로 다른 기계 번역이나 음성 인식 작업에 특히 유용합니다. 다음은 RNN 인코더-디코더 모델의 단순화된 구조를 보여줍니다.

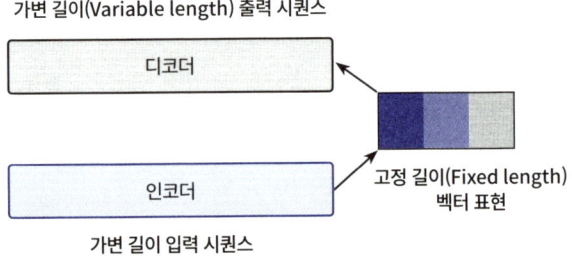

그림 1.4 RNN 인코더-디코더 모델의 단순화된 구조

여기서도 가장 큰 한계는 기울기 소실 문제입니다. 이 모델은 인코더 RNN의 마지막 은닉 상태를 사용하여 입력 시퀀스의 고정 길이 벡터 표현을 생성하는데, 이 과정에서 초기 타임 스텝의 중요한 정보가 손실될 수 있습니다.

---

2 조경현 외 6인의 논문 〈Learning phrase representations using RNN encoder-decoder for statistical machine translation〉 참고 (https://aclanthology.org/D14-1179.pdf).

01.1.4 어텐션 메커니즘

바다나우 D.(Bahdanau D.)의 2014년 논문에서 소개된 어텐션 메커니즘[3]은 RNN 인코더-디코더 모델의 확장 버전입니다. 이는 어텐션이 추가된 인코더-디코더 모델입니다. 어텐션 메커니즘의 특징은 다음과 같습니다.

- 어텐션 메커니즘을 통해 모델은 입력 시퀀스 중 출력과 관련성이 높은 특정 부분만 선택적으로 집중해서 처리하고 덜 중요한 부분은 무시합니다.
- 예를 들어, 기계 번역에서 어텐션 메커니즘은 번역에 필요한 가장 중요한 단어나 구절을 집중적으로 처리하도록 돕습니다.
- 본질적으로 어텐션 메커니즘은 인간의 인지 행동을 모방하여 중요한 단어에 집중하고 노이즈를 걸러내는 역할을 합니다.

바다나우 메커니즘의 가장 큰 한계는 한 번에 입력 시퀀스의 특정 부분만 참조하는 로컬 어텐션이라는 점입니다. 로컬 메커니즘은 짧은 입력 문장에서는 잘 작동하지만, 문장이 길어지면 성능이 크게 저하됩니다.

인코더-디코더와 어텐션 메커니즘의 차이점은 다음과 같이 요약할 수 있습니다.

- **인코더-디코더 접근법**: 입력 시퀀스와 출력 시퀀스의 길이가 다른 기계 번역 및 기타 NLP 작업에 효과적입니다. 다양한 길이의 입력 및 출력 시퀀스를 처리할 수 있기 때문입니다.
- **어텐션 메커니즘**: 수행 중인 작업에 필수 입력 데이터의 특정 부분을 신경망이 집중적으로 처리하게 도와줍니다. 이를 통해 신경망이 관련 정보를 보다 효과적으로 포착하여 다양한 NLP 작업에서 더 나은 성능을 발휘할 수 있습니다.

다음 섹션에서는 트랜스포머 아키텍처를 알아보고, 주요 구성 요소인 인코더-디코더 아키텍처와 어텐션 메커니즘을 보다 자세히 소개합니다.

---

[3] Bahdanau, D. 외 2인의 논문 〈Neural machine translation by jointly learning to align and translate〉 참고(https://arxiv.org/abs/1409.0473).

01.2 트랜스포머 아키텍처

트랜스포머에는 여러 변형 모델이 있지만 여기에서는 초기의 트랜스포머 아키텍처에 대해 살펴봅니다. 이들은 이 아키텍처를 기계 번역(예: 영어에서 프랑스어로 번역) 용도로 제안했습니다. 트랜스포머 아키텍처를 나타내고 있습니다.

- 트랜스포머는 기계 번역에 인코더-디코더 아키텍처를 사용합니다.
- 인코더는 입력 시퀀스를 시퀀스 벡터로 변환하며, 벡터 길이는 입력 시퀀스의 길이와 같습니다. 인코더는 여러 개의 인코더 블록으로 구성됩니다.
- 디코더 역시 여러 개의 디코더 블록으로 구성되며, 인코더의 출력 결과인 시퀀스 벡터는 모든 디코더 블록에 입력됩니다.
- 멀티 헤드 어텐션(Multi-Head Attention)은 인코더와 디코더의 주요 구성 요소입니다.
- 위치 인코딩은 트랜스포머 아키텍처에 도입된 새로운 개념으로, 입력 시퀀스 안에 각 입력 토큰의 위치 정보를 인코딩하여 해당 토큰의 위치를 나타냅니다.

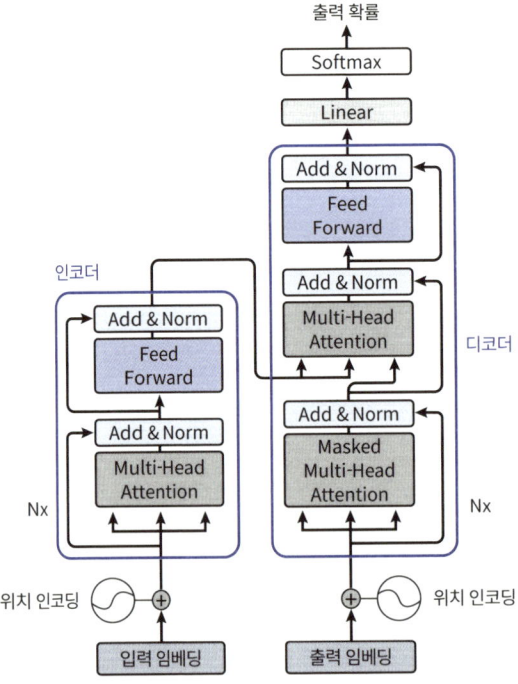

그림 1.5 트랜스포머 아키텍처

01.2.1 임베딩

[그림 1.5]에서 본 것처럼 트랜스포머의 입력 시퀀스는 임베딩 벡터로 표현됩니다. 임베딩은 단어나 토큰을 고정된 길이의 벡터로 표현하는 프로세스입니다.

임베딩에 대해 살펴보기 전에, 텍스트가 NLP에서 전통적으로 어떻게 표현되었는지 알아봐야 합니다. 왜냐하면 이를 통해 임베딩을 사용하는 이유를 더 잘 이해할 수 있기 때문입니다. 머신러닝에서 텍스트 데이터는 n-gram 형태의 단어로 표현되었습니다. 한 예로 '1-gram'의 개념을 들어보겠습니다. 전체 샘플에 50,000개의 고유 단어가 있다면 각 입력 시퀀스는 50,000개 차원을 가진 벡터로 표현됩니다. 각 차원을 특정 입력 시퀀스에서 각 단어가 나타나는 횟수로 채웁니다. 하지만 이러한 접근 방식에는 다음과 같은 문제가 있습니다.

- 작은 입력 시퀀스(예: 토큰이 2개만 있는 경우)의 경우에도 고차원(50,000 차원) 벡터가 필요하며, 이로 인해 매우 희소한 벡터가 생성됩니다.
- 이러한 고차원 벡터 표현에 대해 수학적 연산을 효과적으로 수행하는 것은 매우 어렵습니다

임베딩은 이러한 문제를 해결합니다. 임베딩은 단어나 시퀀스를 실수(Real number) 벡터로 표현하여 단어나 구절의 의미와 맥락을 포착하는 기술입니다.

임베딩의 간단한 예로, [cabbage(양배추), cauliflower(콜리플라워), eggplant(가지), dog(개), rabbit(토끼), elephant(코끼리)]와 같은 단어 집합을 동식물 축(X 축)과 색상 축(Y 축)으로 구성된 2차원 공간에 표기하겠습니다. 즉, 각각의 단어를 벡터로 나타낼 수 있으며 이러한 임베딩 결과는 다음 그림에서 확인할 수 있습니다.

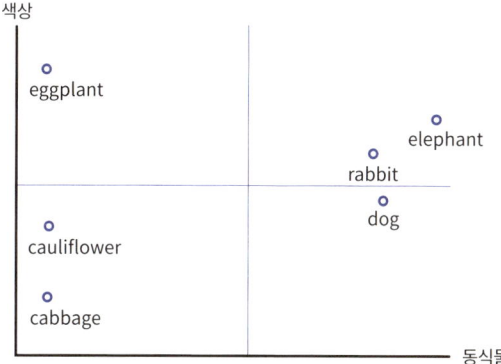

그림 1.6 임베딩 결과를 2차원 도표로 그리기

[*cabbage, cauliflower, eggplant, dog, rabbit, elephant*]
$= [[0.2, 0.1], [0.2, 0.3], [0.2, 0.8], [0.8, 0.4], [0.75, 0.6], [0.9, 0.7]]$

cabbage와 cauliflower의 첫 번째 차원, 즉 동식물 축의 값(0.2)은 동일하다는 것을 알 수 있습니다. 두 단어 모두 채소를 나타내기 때문에 서로 가까운 곳에 위치합니다. 또한 임베딩에서는 덧셈과 뺄셈을 수행할 수 있습니다. 이는 각 차원이 특정 개념을 나타내며, 유사한 개념을 나타내는 토큰은 가까운 거리에 있기 때문입니다.

> **보충 수업 / 단어 vs 토큰**
>
> 이 책의 영어판 원서에서는 단어(word)와 토큰(token)이라는 표현이 자주 나옵니다. 따라서 이 두 개념을 다음과 같이 구분해서 알아두는 것이 좋습니다.
>
> - **단어(word)**: 일반적으로 사람이 읽고 이해하는 자연어의 최소 단위
> - **토큰(token)**: NLP에서 텍스트를 처리할 때 문장을 작은 단위로 분리한 결과물로, 단어나 단어의 일부(subword), 혹은 구두점 등의 문장 부호 등을 통칭
>
> 참고로 토큰을 단어로 번역하면 더 쉽게 이해가 되는 상황에서는 '단어(토큰)'라고 번역해두었습니다.

실무에서는 BERT나 word2vec과 같은 사전 학습 모델을 주로 사용하는데 이들 모델은 수십 억 개의 예제로 학습되어 대량의 특성(피처)을 추출합니다. 예를 들어 BERT는 768개 차원의 특성을 추출하는데, 이러한 고차원 임베딩은 n-gram에 비해 정확도가 매우 높으며 NLP 작업 시 더 큰 유연성을 제공합니다.

01.2.2 위치 인코딩

트랜스포머의 위치 인코딩은 입력 시퀀스에서 각 단어의 위치 정보를 모델에 제공합니다. 각 토큰이 순차적으로 하나씩 처리되는 이전 아키텍처(예: LSTM)와 달리, 트랜스포머는 입력 토큰을 병렬로 처리합니다. 따라서 각 토큰에는 위치 정보가 필요합니다.

이러한 위치 임베딩의 작동 방식을 살펴보겠습니다. 〈Attention is All You Need〉 논문에서 사용된 위치 인코딩 공식은 다음과 같습니다.

$$PE(pos,\ 2i) = sin\left(\frac{pos}{10000^{2i/d}}\right)$$

$$PE(pos,\ 2i+1) = cos\left(\frac{pos}{10000^{2i/d}}\right)$$

- *pos*: 입력 시퀀스에서 처음 위치를 0으로 삼아 상대적인 해당 위치를 표기하는 단어 위치
- *i*: 위치 인코딩 벡터의 차원 인덱스(0부터 시작)
- *d*: 임베딩 차원(원래의 아키텍처에서는 512로 설정됨)

이 수식에서 $PE(pos,\ 2i)$와 $PE(pos,\ 2i+1)$는 입력 시퀀스에서 위치 pos에 대한 위치 인코딩 벡터의 i번째 차원과 $(i+1)$번째 차원에 대응하는 위치 인코딩 벡터 값입니다. 이 수식은 입력 시퀀스의 각 위치에 대해 위치 인코딩 집합을 생성합니다. i는 0에서 255까지 입력되기 때문에 사인과 코사인 값의 쌍은 256개(512/2)가 됩니다. 수식을 전개해보겠습니다.

$$PE(pos,\ 0) = sin\left(\frac{pos}{10000^{0/512}}\right)$$

$$PE(pos,\ 1) = cos\left(\frac{pos}{10000^{0/512}}\right)$$

$$PE(pos,\ 2) = sin\left(\frac{pos}{10000^{2/512}}\right)$$

$$PE(pos,\ 3) = cos\left(\frac{pos}{10000^{2/512}}\right)$$

$$\vdots$$

$$PE(pos,\ 511) = cos\left(\frac{pos}{10000^{511/512}}\right)$$

첫 번째 단어(위치=0)의 인코딩은 다음과 같이 출력됩니다.

$$PE(0,\ 0) = sin\left(\frac{pos}{10000^{0/512}}\right) = 0$$

$$PE(0,\ 1) = cos\left(\frac{pos}{10000^{0/512}}\right) = 1$$

$$PE(0,\ 2) = sin\left(\frac{pos}{10000^{2/512}}\right) = 0$$

$$PE(0, 3) = cos\left(\frac{pos}{10000^{2/512}}\right) = 1$$
$$\vdots$$
$$PE(0, 511) = cos\left(\frac{pos}{10000^{511/512}}\right) = 1$$

따라서 첫 번째 단어의 위치 인코딩은 [0, 1, 0, 1, ⋯, 1]로 나타냅니다. 두 번째 단어의 위치 인코딩은 [0.8414, 0.5403, 0.8218, ⋯]와 같이 나타납니다. 만약 임베딩이 512 차원인 경우, 위치 인코딩 벡터는 다음처럼 512개의 값을 원소로 갖는 벡터들로 구성됩니다.

$$PositionalEncoding Vector = [[size=512], [size=512], [size=512], \cdots]$$

01.2.3 모델 입력

다음 그림에서 볼 수 있듯이 모델 입력은 각 토큰의 위치 인코딩과 임베딩 벡터를 원소별로 합산한(pointwise addition) 값입니다.

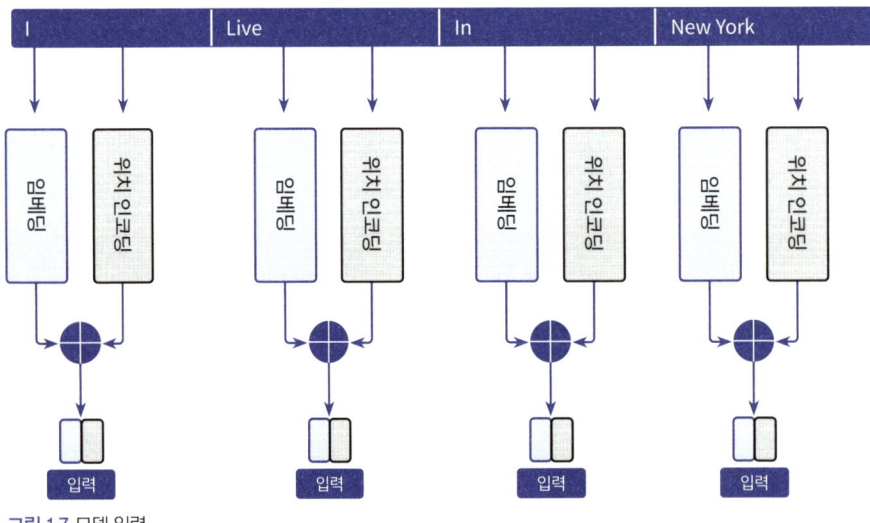

그림 1.7 모델 입력

'I live in New York'이라는 문장을 5개의 토큰으로 구성하려면 마지막에 ⟨pad⟩ 토큰을 추가합니다.

$$['I', 'Live', 'In', 'NewYork', <pad>]$$

각 토큰은 정수로 표현됩니다. 단어 I는 8667, Live는 1362, In은 1300, New York은 1301, ⟨pad⟩는 0으로 표현됩니다. 그 결과는 다음과 같습니다.

$$IntegerRepresentation = [8667, 1362, 1300, 1301, 0]$$

이제 이렇게 토큰화로 처리된 시퀀스를 임베딩 층으로 전달합니다. 각 토큰의 임베딩은 512차원의 벡터로 표현됩니다. 다음 수식의 좌항에 있는 Embedding 변수는 첫 번째 요소를 벡터 형태인 [embeddingtoken8667]로 갖는데 이 요소 벡터의 차원은 512입니다.

$$Embedding = [[embeddingtoken8667], [embeddingtoken1362],$$
$$[embeddingtoken1300], [embeddingtoken1301], [embeddingtoken0])$$

마지막으로 모델에 최종 입력을 하기 전, 임베딩과 위치 인코딩의 원소별 합산을 수행합니다.

$$PositionalEncodingVector$$
$$= [[size=512], [size=512], [size=512], [size=512], [size=512]]$$

$$Embedding$$
$$= [[embeddingtoken8667], [embeddingtoken1362], [embeddingtoken1300],$$
$$[embeddingtoken1301], [embeddingtoken0]]$$
$$= ModelInput = [[size=512], [size=512], [size=512], [size=512], [size=512]]$$

01.2.4 인코더 층

인코더 층은 트랜스포머 아키텍처에서 중요한 구성 요소로, 입력 시퀀스를 처리해서 벡터 표현으로 인코딩하는 역할을 합니다.

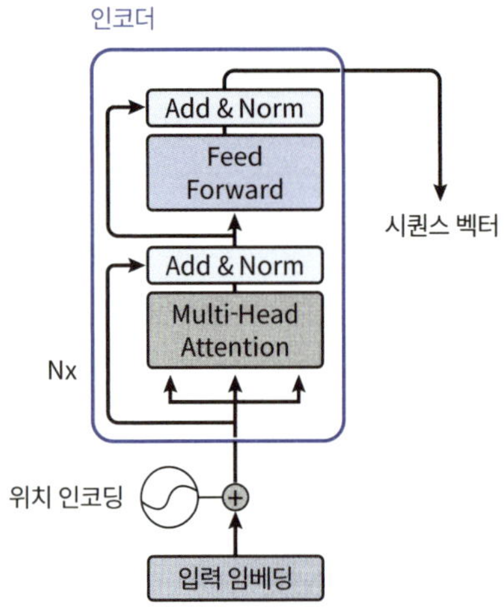

그림 1.8 인코더 층

인코더 층의 각 하위 구성 요소에 대해 자세히 알아보겠습니다.

- **인코더 입력**: 인코더의 첫 번째 층 입력은 임베딩과 위치 인코딩의 원소별 합산 값입니다.
- **멀티 헤드 어텐션**: 트랜스포머의 인코더 블록의 핵심 구성 요소는 멀티 헤드 셀프 어텐션 메커니즘입니다. 이 메커니즘은 예측할 때 입력 부분별로 모델이 가중치를 할당해서 중요도를 평가할 수 있게 합니다. 멀티 헤드 어텐션의 세부 사항에 대해서는 이후 섹션에서 더 알아봅니다.
- **Add 및 Norm 층**: Add 층은 '잔차 연결(residual connection)'이라고도 하며, 이전 층의 출력에 입력을 더해 다음 층으로 전달하기 위해 사용됩니다. 이를 통해 모델은 입력과 출력의 차이인 잔차(residual)에 대해 학습하게 됩니다. 이는 특히 신경망 층 개수가 많을 때 모델의 성능을 향상시키는 데 도움이 됩니다. Norm(정규화) 층은 신경망의 모든 노드에 담긴 수치(가중치 포함)를 정규화(normalization)합니다. 이는 입력값의 크기(스케일)가 너무 크거나 작아지지 않도록 하여 기울기 소실, 폭발 문제를 방지하고 모델의 안정적인 학습을 돕습니다.
- **Feed-forward 층**: 멀티 헤드 셀프 어텐션 메커니즘의 출력은 Feed-forward(순방향) 층에 입력됩니다. 이와 함께 비선형 활성화 함수도 적용됩니다. 순방향 층은 데이터에서 고차원 특성을 추출하는 데 중요한 역할을 합니다. 순방향 층 뒤에는 Add 및 Norm 층이 추가로 붙습니다. 이 출력은 다음 인코딩 블록에 전달됩니다.
- **인코더 출력**: 인코더의 마지막 블록은 시퀀스 벡터를 생성한 다음, 디코더 블록에 이 시퀀스 벡터를 입력용으로 전송합니다.

01.2.5 어텐션 메커니즘

어텐션 메커니즘은 모델이 주어진 맥락에서 관련 정보에 가중치를 주어 우선순위를 정할 수 있게 해주는 범용적이고 강력한 신경망 구성 요소입니다. 이 메커니즘의 핵심 개념인 셀프 어텐션과 멀티 헤드 어텐션은 트랜스포머 아키텍처가 성능을 내는데 중요한 역할을 합니다. 이 개념을 자세히 살펴보겠습니다.

셀프 어텐션

셀프 어텐션 메커니즘은 트랜스포머의 핵심입니다. 이 메커니즘이 어떻게 작동하는지 알아보겠습니다. 이를 위해 다음 두 가지 문장을 예로 들겠습니다.

> Rabbit ate the carrot because it was hungry.
> 토끼는 배가 고파서 당근을 먹었다.

> Rabbit ate the carrot because it was tasty.
> 토끼는 맛있어서 당근을 먹었다.

두 문장에서 'it'이 무엇을 가리키는지 알 수 있을까요? 단순히 문장의 위치와 구조를 이해하는 것만으로는 답을 찾을 수 없습니다. 〈Attention is All You Need〉 논문에 따르면 의미는 사물 간 관계(relationship)의 결과이며, 셀프 어텐션은 이러한 관계를 학습하는 메커니즘입니다. 셀프 어텐션은 입력 문장에 있는 각 토큰 간의 관계 가중치를 계산합니다. 이 메커니즘을 통해 모델은 입력 문장의 의미를 이해하게 됩니다.

이제 두 예시 문장에서 'it'에 대한 어텐션 계산을 살펴보겠습니다. [그림 1.9]는 셀프 어텐션 메커니즘의 관계 가중치 계산을 보여줍니다. 첫 번째 문장에서 'it'을 처리할 때 모델은 다른 단어보다 'rabbit(토끼)'에 더 많은 가중치를 부여합니다. 반면에 두 번째 문장에서는 'carrot(당근)'에 더 많은 가중치를 부여합니다.

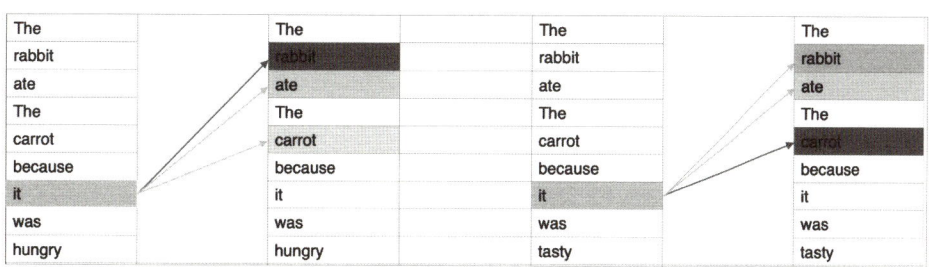

그림 1.9 셀프 어텐션 메커니즘

멀티 헤드 어텐션

셀프 어텐션 블록은 하나의 어텐션 헤드만 사용하는 데 그치지 않고 여러 개의 어텐션 헤드를 사용합니다. 각 헤드는 각각 다른 초점을 가진 파라미터를 사용하여 입력 텍스트에서 다양한 특성을 추출합니다.

[그림 1.10]은 앞서 제시한 동일한 예문에 두 개의 어텐션 헤드(Head)를 적용한 결과입니다. 그림에서 Head1과 Head2는 각기 해당 열에 음영으로 표시되어 있습니다. 서로 다른 헤드가 서로 다른 문장 맥락을 포착하고 있습니다.

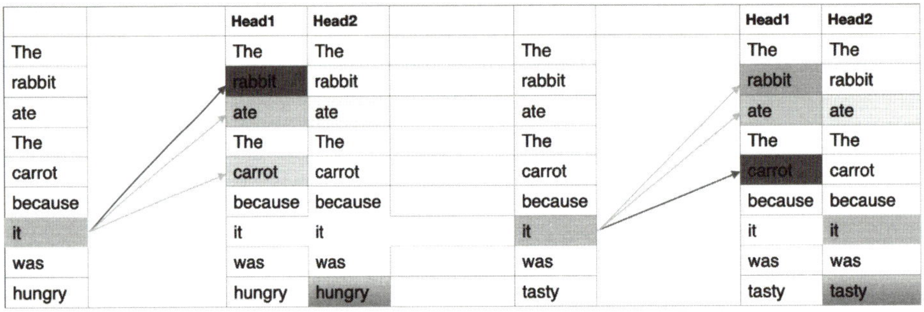

그림 1.10 멀티 헤드 어텐션

디코더 층

디코더는 인코더와 유사한 구조를 가지고 있지만 마스크된(masked) 셀프 어텐션 메커니즘이라는 추가 구성 요소를 갖습니다. 이 디코더 아키텍처를 자세히 살펴보겠습니다.

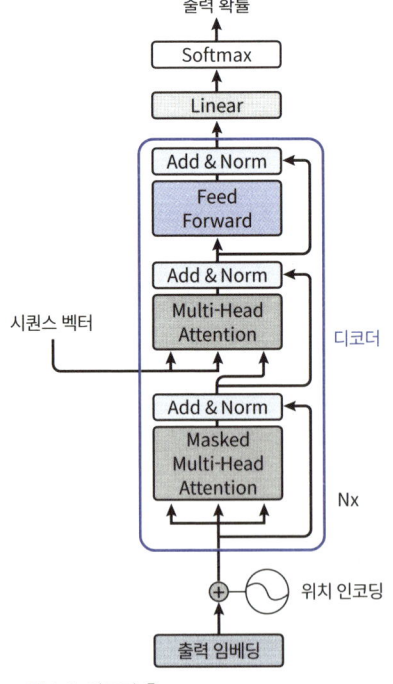

그림 1.11 디코더 층

- **디코더 입력**: 학습 중에 디코더의 첫 번째 층으로 들어가는 입력은 다음 값을 원소별로 합산한 값입니다.
  - 타깃의 임베딩
  - 타깃 시퀀스의 위치 인코딩
- **마스크된 멀티 헤드 어텐션**: 마스크된 멀티 헤드 어텐션과 일반 멀티 헤드 어텐션의 주 차이점은 마스크된 멀티 헤드 어텐션에서는 입력 시퀀스의 일부가 마스크 처리되거나 차단되어, 디코더가 출력 시퀀스를 생성할 때 해당 부분을 볼 수 없다는 점입니다. 타깃 토큰(아직 생성되지 않았으며, 예측하고자 하는 토큰)에 해당하는 입력 시퀀스의 위치는 마스크 처리됩니다. 이 과정이 필요한 이유는 다음과 같습니다.
  - 디코더는 한 번에 한 단어씩 생성하는 방식으로 작동합니다.
  - 현재 위치까지의 단어를 표시하므로 디코더는 아직 생성되지 않은 미래의 타깃 토큰을 볼 수 없습니다.
  - 마스크된 멀티 헤드 어텐션에 대한 입력은 다음 두 값을 원소별로 합산한 값입니다.
    - 타깃의 임베딩
    - 타깃 시퀀스의 위치 인코딩
- **멀티 헤드 어텐션**: 그림처럼 디코더의 멀티 헤드 어텐션 메커니즘에 들어가는 입력은 일반적으로 인코더의 출력과 이전에 생성된 출력 시퀀스의 토큰입니다. 첫 번째 디코더 블록뿐만 아니라 모든 디코더 블록이 인코더의 출력을 받는 이유는 다음과 같습니다.
  - 이러한 모델 구조는 입력 시퀀스의 정보가 전체 디코딩 프로세스에 전파되도록 보장합니다.
  - 각 디코더 블록이 동일한 정보에 접근함으로써 모델이 효과적으로 정규화됩니다. 이는 과적합을 방지하고 모델의 일반화 성능을 개선시킵니다.
- **순방향 층**: 멀티 헤드 셀프 어텐션 메커니즘의 출력은 순방향(Feed-forward) 층에 입력으로 전달됩니다. 또한 비선형 활성화 함수가 적용됩니다. 순방향 층은 데이터에서 고차원 특성을 추출하는 데 중요한 역할을 합니다.
- **선형 층**: 트랜스포머 아키텍처에서 디코더의 선형 층은 디코더의 최종 출력을 생성하는 구성 요소입니다. 디코더의 선형 층으로 들어가는 입력은 디코더 최종 층의 출력입니다. 또한 소프트맥스(Softmax) 활성화 함수가 적용되어 시퀀스에서 다음 단어의 확률을 생성합니다.

01.3 트랜스포머 학습 프로세스

기계 번역을 위한 트랜스포머의 학습 과정은 일반적으로 다음의 단계로 구성됩니다.

1. **데이터 전처리 및 위치 인코딩**: 데이터 전처리 및 입력/타깃의 위치 인코딩을 생성합니다.
2. **인코더 및 디코더 블록 통과**
3. **손실(Loss) 계산**: 생성된 출력 시퀀스를 타깃 출력 시퀀스와 비교하고, 교차 엔트로피 같은 손실 함수를 사용하여 손실 값을 계산합니다.
4. **역전파**: 모델 파라미터에 대한 손실 함수의 기울기를 역전파를 사용하여 계산합니다.
5. **최적화**: 손실 값을 최소화하기 위해 Adam과 같은 최적화 알고리즘을 사용하여 모델의 파라미터를 업데이트합니다. 손실 계산부터 최적화 단계를 여러 에포크 동안 반복하여, 모델의 성능이 검증(validation) 데이터셋에서 안정되거나 만족스러운 수준에 도달할 때까지 학습을 진행합니다.

이러한 학습 과정에서 모델은 입력 시퀀스와 출력 시퀀스가 정렬된(aligned) 데이터인 병렬 텍스트 데이터에 노출됩니다. 모델은 어텐션 메커니즘과 선형 층을 통해 입력 시퀀스를 출력 시퀀스에 매핑하는 방법을 학습합니다.

> **용어정리**
>
> - **손실(Loss)**: 모델의 예측한 값과 실제 값 사이의 차이를 수치로 측정한 것을 의미합니다.
> - **손실 함수(Loss Function)**: 손실을 계산하는 수학적 함수로, 모델의 성능을 평가하는 기준입니다.
> - **역전파(Backpropagation)**: 손실을 최소화하기 위해 가중치를 조정하는 과정에서, 오차를 신경망의 출력 층에서 입력 층으로 거꾸로 전달하는 프로세스를 말합니다.
> - **Adam**: 학습 속도를 조정하는 최적화 알고리즘으로, 가중치를 업데이트하는 방법 중 하나입니다.
> - **검증 데이터셋**: 모델의 성능을 평가하기 위해 사용하는 데이터셋으로, 모델 학습에 직접 사용되지 않고 유보해둔 데이터셋입니다.
> - **에포크(epoch)**: 전체 학습 데이터를 신경망에 한 번 모두 통과시킨 횟수이며, 한 에포크 동안 모델은 주어진 데이터셋을 한 번 학습합니다.

01.4 트랜스포머 추론 프로세스

트랜스포머의 추론 과정은 일반적으로 다음과 같이 진행됩니다.

1. **데이터 전처리 및 입력 데이터의 위치 인코딩 생성**: 추론 과정에서는 타깃 시퀀스가 없다는 점에 유의합니다.
2. **인코더와 디코더 블록 통과**: 디코더 입력의 경우 학습 과정과 추론 과정에서 약간의 차이가 있습니다. 학습 중에는 실제 타깃을 첫 번째 디코더 블록으로 전달하지만, 추론 중에는 타깃 대신 현재 상태까지 추론된 토큰을 전달합니다. 그 이유는 추론 시에는 타깃 시퀀스를 사용해서는 안 되기 때문입니다.

01.5 트랜스포머 종류와 애플리케이션

지금까지 기계 번역을 위한 트랜스포머의 아키텍처에 대해 설명했습니다. 트랜스포머에는 이 외에도 다음과 같은 다양한 변형이 존재합니다.

01.5.1 인코더 전용 모델

이 모델은 트랜스포머 모델의 인코더 층만 갖습니다. 어텐션 층은 최초 입력 문장의 모든 단어에 액세스할 수 있습니다. 인코더 전용 모델은 종종 양방향(bi-directional) 어텐션을 가지며 이런 모델을 오토 인코딩(auto-encoding) 모델이라고 합니다. 인코더 전용 모델의 예와 애플리케이션을 살펴보겠습니다.

모델 예	
BERT(Bidirectional Encoder Representations from Transformers)	BERT는 대규모 텍스트 말뭉치(corpus)에 대해 사전 학습된(pre-training) 트랜스포머 인코더 전용 모델로, 감성 분석, 텍스트 분류, 질의 응답 등 다양한 자연어 처리 작업에 효과적입니다.
ALBERT(A Lite BERT)	ALBERT는 BERT의 경량 버전으로, 더 적은 컴퓨팅 자원을 사용하면서 BERT와 유사한 성능을 발휘합니다.

애플리케이션	
감성 분석(Sentiment Analysis)	주어진 텍스트에서 특성을 추출하고 감성(긍정, 부정 또는 중립)을 예측합니다.

텍스트 분류(Text Classification)	주어진 텍스트를 뉴스, 스포츠, 정치 등과 같은 다양한 카테고리로 분류합니다.
개체명 인식(Named Entity Recognition)	주어진 텍스트에서 사람, 조직, 위치 등의 개체(entity)를 식별합니다.
언어 모델링(Language Modeling)	토큰 시퀀스에서 다음에 오는 토큰을 예측합니다.

01.5.2 디코더 전용 모델

이 모델은 트랜스포머 아키텍처의 디코더 층만 사용합니다. 어텐션 층은 현재 토큰까지의 시퀀스만 접근할 수 있습니다. 이러한 유형의 모델은 동일한 시퀀스의 이전 토큰을 기반으로, 시퀀스의 다음 토큰을 예측하도록 학습되기 때문에 자기회귀 모델(Autoregressive Model)이라고도 불립니다.

모델 예
OpenAI의 챗GPT
CTRL 모델(Conditional Transformer Language Model for Controllable Generation Model)

애플리케이션
텍스트 생성 및 자연어 생성(Natural Language Generation)

01.5.3 인코더-디코더 모델

이 모델은 시퀀스-to-시퀀스(Sequence-to-Sequence, seq2seq) 모델이라고 하며 인코더와 디코더를 모두 사용합니다. 트랜스포머를 제안한 최초 논문에서 제시한 모델도 인코더-디코더 모델입니다. 인코더의 어텐션 층은 입력 시퀀스의 모든 토큰에 접근할 수 있는 반면, 디코더의 어텐션 층은 현재와 이전 토큰만 볼 수 있습니다. 미래의 토큰은 마스크된 채로 디코더의 어텐션 층에 제공됩니다.

모델 예	
BART	시퀀스 생성 작업용 노이즈 제거 오토 인코더 사전 학습 모델

애플리케이션
기계 번역

CHAPTER

02

허깅페이스 생태계

02.1 _ 허깅페이스 개요
02.2 _ Datasets 라이브러리
02.3 _ 모델 파인튜닝
02.4 _ 허깅페이스에서 모델 공유

이번 장에서는 허깅페이스의 생태계(ecosystem)를 살펴보고자 합니다. 허깅페이스는 사용하기 쉬운 라이브러리, 최첨단 머신러닝·딥러닝 모델, 편리한 모델 공유 플랫폼, 강력한 커뮤니티를 제공합니다. 허깅페이스는 텐서플로, 파이토치 등 여러 프레임워크에 대한 라이브러리를 제공하는데, 그중에서도 특히 허깅페이스 대부분의 기능이 파이토치를 지원합니다. 이 장에서는 허깅페이스 생태계와 구성 요소를 알아보고, 허깅페이스를 활용해 파이토치 기반 트랜스포머 모델을 구축하는 방법을 살펴봅니다.

Transformers, Datasets, Tokenizers 라이브러리에 중점을 두고 설명하며, 실제 사례들을 통해 이러한 라이브러리를 구체적으로 배울 수 있습니다. 아울러 오픈소스 모델 학습과 파인튜닝 과정을 안내하며 허깅페이스 플랫폼에서 모델을 공유하는 방법을 알아봅니다. 또한 스테이블 디퓨전 기반의 드림부스(Dreambooth) 모델을 파인튜닝하는 방법도 다룹니다. 각 단계마다 실제 예제를 들어 설명하고, 이 모델을 허깅페이스에서 효과적으로 공유하는 방법도 설명합니다.

🔈 역자의 한마디 / 구글 코랩 환경에서 코드 실행하기

이 책의 원서에는 개인용 컴퓨터에 아나콘다를 설치하고 가상 환경(Virtual Environment)을 통해 주피터 노트북을 여는 과정이 담겨 있습니다. 그러나 처음부터 구글 코랩(https://colab.google)에서 모든 코드를 실행하는 것이 훨씬 간편합니다. 따라서 이 번역본에서는 특별한 예외를 제외하고는, 코랩에서 코드를 실행하는 것을 전제로 진행합니다.

> ▶ 참고로 원서의 시스템 환경 설정에 대한 안내는 https://github.com/bpbpublications/Building-Transformer-Models-with-PyTorch/blob/main/General/SettingVirtualEnvironment.ipynb에서 확인할 수 있습니다.

역자의 깃허브 링크(https://github.com/jasonyim2/book6)에 접속하여 전체 코드를 zip 파일로 내려받아 압축을 푼 다음, 아래 단계에 따라 코랩에서 코드를 실행해보세요.

1. 구글 드라이브(https://drive.google.com)의 기본 폴더인 [My Drive] 하위에서 새 폴더([Book6])를 생성하고, 내려받은 코드 파일과 데이터셋을 해당 폴더 안에 업로드하세요. 코드와 데이터셋은 각 장을 따라 생성한 폴더([Ch2], [Ch3], [04], …)로 분리되어 있습니다.

2. 파일을 업로드하고 나면 구글 드라이브에서 [My Drive] 〉 [Book6] 〉 [Ch2] 폴더를 찾습니다. 이 폴더에 있는 Transformers.ipynb 파일을 더블 클릭하여 코랩에서 해당 ipynb 노트북 파일을 열어보세요.

3. 만약 Transformers.ipynb 파일이 열리지 않는다면, 코랩에서 ipynb 노트북 파일을 생성해본 경험이 없기 때문입니다(구글 드라이브에 [Colab Notebooks] 폴더가 생기지 않은 상태입니다). 이를 해결하기 위해 코랩에서 새로운 ipynb 노트북 파일을 다음과 같이 단 한 번만 생성하면 됩니다.

3-1. 코랩(https://colab.research.google.com) 웹사이트로 이동합니다.

3-2. 구글 계정으로 로그인합니다.

3-3. 홈 화면 상단 메뉴에서 [파일] 〉 [Drive의 새 노트북] (또는 [새 노트북]) 메뉴를 클릭합니다.

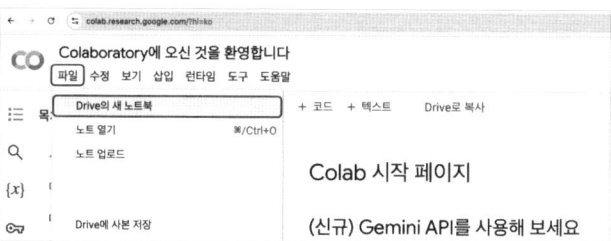

3-4. 새로운 노트북이 열리며, ipynb 확장자로 자동 저장됩니다. 이제 코랩에서 코드를 작성하고 실행할 수 있습니다. 또한 구글 드라이브 업로드한 ipynb 노트북 파일을 더블 클릭하면 코랩에서 열립니다.

이제 다음의 필요한 패키지를 설치합니다. 이하 코드를 실행할 때 에러가 발생하는 경우 느낌표(!)를 제거하고 실행하면 됩니다.

```
!pip install transformers
!pip install datasets
!pip install accelerate
!pip install ftfy
!pip install tensorboard
!pip install Jinja2
```

> **보충 수업** / 패키지와 라이브러리
>
> 패키지는 라이브러리와 혼동될 수 있어서, 이 둘의 차이를 알고 가는 것이 좋습니다. 이를 위해 모듈과 함수 개념까지 추가로 알아보면 다음과 같습니다.
>
> - **라이브러리**: 함수나 모듈의 집합을 의미합니다.
> - **패키지**: 여러 모듈들을 디렉터리 구조로 정리한 형태로 폴더 안에 여러 모듈들이 포함된 형태입니다.
> - **함수**: 특정 작업을 수행하는 코드 블록입니다.
> - **모듈**: 파이썬 코드가 들어있는 파일(.py 파일)로 함수 등을 포함합니다.

02.1 허깅페이스 개요

허깅페이스 생태계(https://huggingface.co)는 최첨단 딥러닝 모델의 개발, 실행 및 배포를 지원하는 종합적인 리소스 및 툴이 모인 곳입니다. 허깅페이스는 사용자 친화적인 툴을 제공하고 인공지능을 대중화하기 위해 2016년에 설립되었습니다. 특히 오픈소스로 제공되는 transformers 라이브러리와 함께 BERT, GPT 같은 트랜스포머 기반 모델을 위한 사실상의 표준 패키지로 자리 잡았습니다. 또한 (집필 시점 기준으로) 백만 개 이상의 모델이 업로드된 활기찬 커뮤니티도 제공합니다.

다음 화면은 허깅페이스 사용자 인터페이스(UI)를 보여줍니다. 여기서는 멀티모달, 컴퓨터 비전, 오디오, 표(table) 데이터, 강화 학습 등의 광범위한 머신러닝·딥러닝 작업용 데이터셋과 모델을 제공합니다. 또한 이 인터페이스를 통해 사용자는 특정 하위 분야를 더 자세히 검색할 수 있습니다.

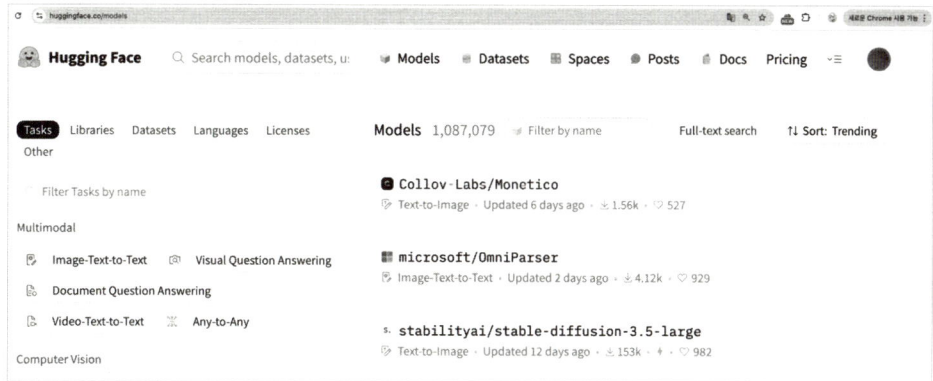

그림 2.1 허깅페이스 사용자 인터페이스

02.1.1 주요 구성 요소

허깅페이스 생태계는 여섯 가지 주요 구성 요소로 이루어진 종합적인 머신러닝·딥러닝 플랫폼입니다. 다음의 표는 허깅페이스 생태계의 주요 구성 요소를 보여줍니다.

허깅페이스 생태계의 주요 구성 요소

No.	구성 요소	설명
1	Transformers 라이브러리	다양한 사전 학습 모델을 제공하는 오픈소스 라이브러리
2	Datasets 라이브러리	머신러닝·딥러닝 용도의 데이터셋 제공
3	Tokenizer 라이브러리	NLP 작업용 텍스트 데이터 전처리 및 토큰화를 수행하는 라이브러리
4	ML 통합 (ML Integration)	여러 프레임워크(파이토치, 텐서플로, JAX/Flax)와의 통합을 지원하고 파이토치는 모든 모델에서 지원되나, 다른 프레임워크는 제한적으로 지원됨
5	추론 API	사용자가 몇 줄의 코드만으로 허깅페이스에서 모델을 배포 가능하며, 소규모부터 대규모 프로젝트까지 운용가능한 모델 배포를 지원
6	허깅페이스 Spaces	웹 애플리케이션 구축, 데모 호스팅, 커뮤니티와 협업을 활성화하는 사용자 친화적 환경 제공

지금부터 각 주요 구성 요소들에 대해 자세히 살펴보겠습니다.

02.1.2 토크나이저

토크나이저는 NLP 작업에서 원본 텍스트를 작은 분석 단위(문자, 단어, 서브워드 등)로 변환합니다. 허깅페이스의 토크나이저는 사전 학습된 여러 토크나이저 알고리즘을 제공하며, 여러분의 커스텀 토크나이저 알고리즘을 학습시키는 메커니즘도 제공합니다. 다음 표는 이러한 토큰화의 기본 개념을 예시로 표현한 것입니다.

토큰화 예시

예시	The Tokenizer
문자 레벨	['T', 'h', 'e', ' ', 't', 'o', 'k', 'e', 'n', 'i', 'z', 'e', 'r', 's']
단어 레벨	['The', 'Tokenizer']
서브워드 레벨	['the', 'token', '##izer', '##s']

02.1.3 커스텀 토크나이저 생성

의료 분야 같이 전문 용어를 사용하는 경우처럼 분야별 전문 분야에 맞게 토크나이저를 맞춤화(customization)해야 합니다. 여기에서는 이처럼 특정 요구에 맞는 커스텀 토크나이저를 만드는 과정을 안내합니다.

학습

이제부터 소개할 코드가 수행하는 작업은 다음과 같습니다.

1. 데이터셋으로 토크나이저 학습시키기
2. 학습한 토크나이저를 JSON 파일로 저장하기
3. 추론하기

먼저 알아야 할 것은, 구글 드라이브에 있는 tokenizer_train.txt 파일의 경로는 '/content/drive/MyDrive/Book6/Ch2/tokenizer_train.txt' 입니다. 다음 예시 코드에서 with open 코드 부분에 이 경로를 사용하고, 마지막 부분 tokenizer.save 코드에서는 '/content/drive/MyDrive/Book6/Ch2/tokenizer.json' 경로를 사용해야 합니다. 이 책에서는 tokenizer_train.txt 파일을 입력하여 학습시키지만, 필요에 따라 어떤 텍스트 데이터이

든지 토크나이저를 학습시킬 수 있습니다. 여기서는 [Ch2] 폴더에 있는 Transformers.ipynb 의 일부 코드를 설명합니다.

▶ 원래 코드는 책에서 나타낸 코드보다 훨씬 많습니다. 코랩에서 ipynb파일의 코드를 실행할 경우 전체 코드를 맨 앞에서부터 순차적으로 실행하면 됩니다. 원서에서는 중요한 코드만 설명하고 있습니다.

Ch2/Transformers.ipynb

```python
from tokenizers import Tokenizer, models, pre_tokenizers, trainers

'''학습'''
# 데이터셋 불러오기
with open(
    "/content/drive/MyDrive/Book6/Ch2/tokenizer_train.txt", "r"
) as file:
    dataset = [line.strip() for line in file.readlines()]

# BPE tokenizer 인스턴스화
tokenizer = Tokenizer(models.BPE())

# 입력을 words로 바꾸기 위해 pre-tokenizer 설정
tokenizer.pre_tokenizer = pre_tokenizers.Whitespace()

# BPE tokenizer를 데이터셋으로 학습시킴
trainer = trainers.BpeTrainer(special_tokens=["[UNK]", "[CLS]", "[SEP]",
                                              "[PAD]", "[MASK]"])
tokenizer.train_from_iterator(dataset, trainer=trainer)

tokenizer.save("/content/drive/MyDrive/Book6/Ch2/tokenizer.json")
```

추론

커스텀 토크나이저를 사용해 추론을 진행합니다. 다음 코드에서는 PreTrainedTokenizerFast를 사용하여 사전 학습된 토크나이저를 불러옵니다.

Ch2/Transformers.ipynb

```python
'''추론'''
from transformers import PreTrainedTokenizerFast
```

```python
fast_tokenizer = PreTrainedTokenizerFast(
    tokenizer_file=(
        "/content/drive/MyDrive/Book6/Ch2/tokenizer.json"
    )
)
text = "The Tokenizers"
encoded = tokenizer.encode(text)

# 토큰화된 텍스트 출력
print(encoded.tokens)
```

실행 결과

```
['T', 'h', 'e', 'T', 'o', 'ken', 'iz', 'ers']
```

시각화

Ch2/Transformers.ipynb

```python
from tokenizers.tools import EncodingVisualizer

# 토큰화 프로세스 시각화
visualizer = EncodingVisualizer(fast_tokenizer._tokenizer)
visualizer(text="The Tokenizers")
```

다음 그림은 'The Tokenizer'라는 입력 문구에 대한 토큰화 결과를 시각적으로 보여줍니다. 이 과정에서 8개의 토큰이 생성된 것을 볼 수 있습니다.

그림 2.2 토큰화 결과

02.1.4 허깅페이스 사전 학습 토크나이저 사용

다음은 사전 학습된 토크나이저 BERT-base-uncased를 사용합니다. 일반적인 자연어 처리 용도인 경우, 사전 학습된 토크나이저가 커스텀 토크나이저보다 더 효과적인 경우가 많습니다.

Ch2/Transformers.ipynb

```
from transformers import BertTokenizer

tokenizer = BertTokenizer.from_pretrained("bert-base-uncased")
print( tokenizer.tokenize("The tokenizers") )
```

실행 결과

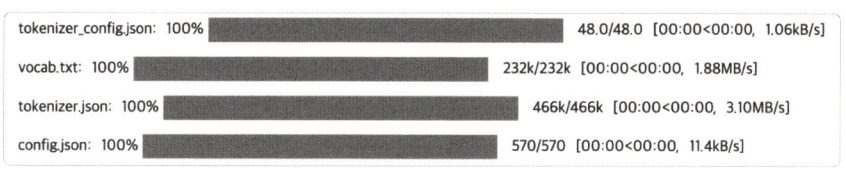

▶ 다운로드 진도를 나타내는 출력 결과는 도서 분량 관계로 다음부터는 표기하지 않겠습니다.

커스텀 토크나이저로 수행한 토큰화 결과(['T', 'h', 'e', 'T', 'o', 'ken', 'iz', 'ers'])와 사전 학습된 BertTokenizer로 수행한 결과(['the', 'token', '##izer', '##s'])를 비교하면 BertTokenizer가 훨씬 더 우수한 성능을 발휘합니다. 이는 커스텀 토크나이저를 몇 줄의 코드만으로, 즉 적은 데이터 양으로 학습시켰기 때문입니다. 최적의 토크나이저를 만들기 위해서는 충분한 양의 학습 데이터를 입력해야 합니다. 다만 전문 용어가 자주 사용되는 특정 도메인 분야에서는 커스텀 토크나이저를 만드는 것이 유용할 수 있습니다.

02.2 Datasets 라이브러리

허깅페이스의 Datasets은 데이터셋 다운로드, 전처리, 데이터 관리 작업을 효과적으로 처리하는 강력한 라이브러리입니다. 다음은 Datasets 라이브러리의 주요 특징입니다.

특징	설명
사전 탑재(preloaded) 데이터셋	컴퓨터 비전, 오디오 처리, NLP, 강화 학습 등 머신러닝·딥러닝의 여러 영역에서 방대한 데이터셋을 제공합니다.
효율적인 데이터 처리와 사용 편의성	효율적인 데이터 처리와 저장을 가능케 하는 컬럼형 인메모리(columnar in-memory) 데이터 형식인 Apache Arrow를 사용합니다. 또한 향상된 데이터 버전 관리 기능과 데이터셋을 빠르게 검토할 수 있는 사용자 인터페이스를 제공합니다.

특징	설명
허깅페이스 Transformers 라이브러리 및 파이토치와 통합	Datasets 라이브러리는 허깅페이스Transformers 라이브러리와 호환되도록 설계되었습니다. 또한 Datasets 라이브러리는 파이토치 프레임워크와도 원활하게 통합됩니다.

▶ '컬럼형'이란 데이터가 열(column) 단위로 저장되는 방식을 의미하고, '인메모리'는 메모리(RAM)상에서 데이터를 처리하는 것을 말합니다. 아울러 Apache Arrow는 오픈소스 프로젝트이며 Apache Software Foundation(ASF)에서 관리합니다.

보충 수업 / 트랜스포머 모델 vs Transformers 라이브러리

영어 단수로 표기되는 Transformer는 딥러닝 모델로서의 트랜스포머 모델을 통칭하고, 복수 표기인 Transformers는 허깅페이스 라이브러리의 명칭입니다. 단·복수 차이를 크게 신경쓰지 않는 우리 말의 특징상 두 용어는 혼동을 불러일으킬 수 있습니다. 이 책에서는 다음과 같이 두 용어를 구분하여 표기합니다.

- 딥러닝 모델의 Transformer → '트랜스포머'로 표기
- 허깅페이스 라이브러리의 Transformers → 'Transformers 라이브러리'로 표기

02.2.1 허깅페이스 데이터셋 사용

이번 예제에서는 **IMDb** 데이터셋을 다운로드하고 샘플 행을 출력합니다. 다음 코드처럼 `imdb_dataset = load_dataset("imdb")` 단 한 줄로 데이터셋을 다운로드할 수 있습니다.

Ch2/Transformers.ipynb
```python
from datasets import load_dataset
from transformers import AutoTokenizer

# IMDb 데이터셋 불러오기
imdb_dataset = load_dataset("imdb")

# 사전 학습 모델과 토크나이저 불러오기
model_name = "distilbert-base-uncased-finetuned-sst-2-english"
tokenizer = AutoTokenizer.from_pretrained(model_name)
```

```python
# 데이터셋에서 샘플 텍스트 추출
sample_text = imdb_dataset["test"][0]["text"]
print (sample_text)
```

실행 결과

> I love sci-fi and am willing to put up with a lot. Sci-fi movies/TV are usually underfunded,…
> (저는 공상 과학을 좋아하고 인내심이 강합니다. Sci-fi 영화나 TV는 대부분 자금 여력이 부족합니다,…)

IMDB 데이터셋을 이용해 감성 분석을 해보겠습니다.

Ch2/Transformers.ipynb

```python
from transformers import AutoModelForSequenceClassification, pipeline
model = AutoModelForSequenceClassification.from_pretrained(model_name)
sentiment_analysis_pipeline = pipeline(
    "sentiment-analysis", model=model, tokenizer=tokenizer
)

# 데이터셋에서 샘플 텍스트 추출
sample_text = imdb_dataset["test"][0]["text"]

# 샘플 텍스트에 감성 분석 적용
result = sentiment_analysis_pipeline(sample_text)

# 결과 출력
print("Sample Text:", sample_text)
print("Sentiment Analysis Result:", result)
```

실행 결과

> Sentiment Analysis Result: [{'label': 'NEGATIVE', 'score': 0.999616265296936}]

20줄도 안 되는 코드만으로 감성 분석이 가능합니다. 또한 이 코드를 사용자의 특정 용도에 맞게 수정할 수도 있습니다. 여기서는 토큰화와 추론 모두에 사전 학습 모델 `distilbert-base-uncased-finetuned-sst-2-english`를 사용했습니다. 이 모델은 대소문자를 구분하지 않는(uncased) 영어 어휘로 학습되었으며, 감성 분석 작업을 위해 Stanford Sentiment

Treebank(SST-2) 데이터셋에서 파인튜닝되었습니다. 참고로 추론을 위해 사전 학습 모델을 사용할 때는 추론용 토큰화 작업 시에도 동일한 모델을 사용하는 것이 좋습니다.

02.2.2 파이토치에서 허깅페이스 데이터셋 사용

허깅페이스의 데이터셋을 DataLoader에 직접 전달해보겠습니다. 다음 코드에서는 데이터셋을 토치(torch) 형식으로 불러옵니다. 이렇게 하면 데이터가 파이토치 텐서로 변환됩니다.

Ch2/Transformers.ipynb
```
from datasets import load_dataset
from torch.utils.data import DataLoader, Dataset
import torch

# 허깅페이스 데이터셋 불러오기(예: IMDb dataset)
imdb_dataset = load_dataset("imdb").with_format("torch")
print (type(imdb_dataset['train']))
```

실행 결과
```
<class 'datasets.arrow_dataset.Dataset'>
```

DatasetInfo 명령어를 사용하면 로드된 데이터셋의 정보를 살펴볼 수 있습니다.

Ch2/Transformers.ipynb
```
from datasets import DatasetInfo
DatasetInfo(imdb_dataset)
```

실행 결과
```
DatasetInfo(description=DatasetDict({
    train: Dataset({
        features: ['text', 'label'],
        num_rows: 25000
    })
    test: Dataset({
        features: ['text', 'label'],
        num_rows: 25000
```

```
    })
    unsupervised: Dataset({
        features: ['text', 'label'],
        num_rows: 50000
    }))
```

imdb_dataset에는 학습 데이터셋, 테스트 데이터셋, 비지도 학습 구성 요소가 포함되어 있습니다. 또한 각 행에는 텍스트와 레이블이 포함되어 있습니다. 이제 DataLoader를 생성해보겠습니다.

Ch2/Transformers.ipynb
```
from torch.utils.data import DataLoader, Dataset
train_loader = DataLoader(imdb_dataset['train'], batch_size=8, shuffle=True)
test_loader = DataLoader(imdb_dataset['test'], batch_size=8, shuffle=False)
```

참고로 이 책에서 제공하는 예제 소스 내 [Ch2] 폴더에 수록된 Transformers.ipynb에는 CustomDataset 클래스를 생성하는 코드가 포함되어 있습니다.

02.3 모델 파인튜닝

허깅페이스는 다양한 머신러닝·딥러닝 작업을 위한 모델을 제공합니다. 앞선 예제에서는 사전 학습된 트랜스포머 모델을 사용해 IMDB 데이터셋에 대한 감성 분석을 설명했습니다.

여기에서는 스테이블 디퓨전 기반 모델인 드림부스(Dreambooth) 모델의 파인튜닝을 중점적으로 다룹니다. 드림부스는 텍스트 입력에 따라 이미지를 생성하는 텍스트-이미지 디퓨전 모델입니다. 일반적으로 텍스트-이미지 모델은 '에베레스트 산을 오르는 사람'과 같은 프롬프트를 기반으로 이미지를 생성합니다. 그러나 자신의 사진을 활용해서 '에베레스트 산을 등반하는 나'와 같은 이미지를 생성하려면 여러분의 사진 몇 장을 입력해서 모델을 파인튜닝해야 합니다. 모델이 파인튜닝되면 자신이 포함된 이미지를 생성할 수 있습니다. 이처럼 드림부스는 주제를 주고 그에 따라 이미지를 생성하는 툴입니다.

> **역자의 한마디** / 프로그래밍 전공자가 아니라면 환경 설정은 넘어가기
>
> 원서에 있는 터미널 입력, 콘다 환경 설정, 아나콘다 사용 등을 번역서에서는 가급적 지양하고, 구글 드라이브 및 코랩만 활용해서 간편하게 실습할 수 있도록 설명합니다. 터미널 입력, 콘다 환경 설정, 아나콘다 등을 사용하지 않은 일반 독자들은 이 섹션은 읽지 않고 넘어가도 무방하며, 02.4절부터 이어서 읽는 것을 추천합니다.

02.3.1 환경 설정

이번에는 조금 어려운 내용을 시작하겠습니다. 여러분의 컴퓨터에서 콘다(Conda) 환경을 활성화하고 터미널에서 다음의 명령을 입력하세요. 그리고 프롬프트를 따라 필요한 매개변수를 입력합니다.

▶ 02.4절의 코드는 이 책의 코랩 노트북 파일에서는 제공하지 않습니다.

```
accelerate config
```

이 명령은 Accelerate 라이브러리의 디폴트 파라미터를 설정하는데 사용됩니다. 여기에는 정밀 모드(예: 혼합 정밀도 또는 풀(full) 정밀도), 기울기(그레이디언트) 누적 설정 및 기타 관련 파라미터 설정이 포함됩니다. 이 명령은 파이토치 스크립트에서 다른 코드가 실행되기 전에 먼저 실행되어야 하며, 이를 통해 Accelerate 라이브러리가 올바르게 설정됩니다.

▶ 혼합 정밀도는 연산 속도를 높이고 메모리 사용을 줄이기 위해 16비트와 32비트 부동 소수점 숫자를 함께 사용하는 방법입니다. 반면에 풀 정밀도는 32비트 부동 소수점 숫자를 사용하여 모든 계산을 수행하는 방식입니다.

02.3.2 학습

저자의 깃허브(https://github.com/huggingface/diffusers/tree/main/examples/dreambooth)에서 train_dreambooth.py를 다운로드합니다. 그리고 터미널에서 다음의 명령을 실행하면 드림부스 모델 학습이 시작됩니다.

▶ 이하 코드에서 사용된 경로는 저자의 컴퓨터 디렉터리이니, 내 컴퓨터의 디렉터리로 수정 후 실행해야 합니다.

```
export MODEL_NAME="CompVis/stable-diffusion-v1-4"
export INSTANCE_DIR="/Users/premtimsina/Documents/bpbbook/chapter2_huggingFace/
```

```
datasets/dreambooth/photo"
export OUTPUT_DIR="/Users/premtimsina/Documents/bpbbook/chapter2_huggingFace/
datasets/dreambooth/model"

accelerate launch train_dreambooth.py \
–pretrained_model_name_or_path=$MODEL_NAME \
–instance_data_dir=$INSTANCE_DIR \
–output_dir=$OUTPUT_DIR \
–instance_prompt="a photo of sks boy" \
–resolution=512 \
–train_batch_size=1 \
–gradient_accumulation_steps=1 \
–learning_rate=5e-6 \
–lr_scheduler="constant" \
–lr_warmup_steps=0 \
–max_train_steps=1000
```

위에서 언급한 파라미터를 자세히 살펴보겠습니다. 드림부스 모델을 파인튜닝하려면 명령 라인 인터페이스에서 세 가지 변수를 내보내야 합니다.

- 첫 번째 변수는 MODEL_NAME으로 기본 모델의 이름을 지정합니다. 여기서는 스테이블 디퓨전(Stable Diffusion) 모델을 사용하고 있습니다.

- 두 번째 변수는 INSTANCE_DIR로 모델을 파인튜닝할 사진의 위치 디렉터리를 지정합니다. PNG 형식의 이미지 5~10장을 사용하는 것이 좋습니다. 여기서는 다음 세 장의 사진을 파인튜닝에 사용했습니다. 고양이, 꽃, 자신 등 어떤 주제의 사진을 사용해도 되지만, 얼굴이 명확하게 보이고 투명한 배경을 가진 사진이 더 잘 작동합니다.

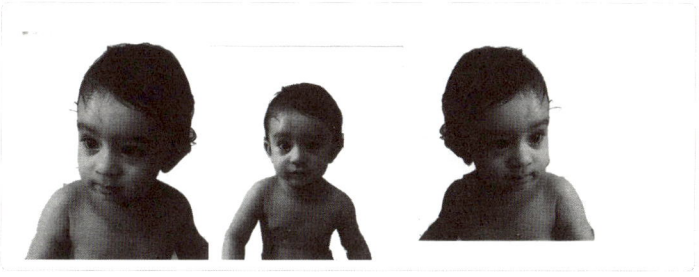

그림 2.3 학습에 사용된 사진

- 세 번째 변수는 OUTPUT_DIR로 파인튜닝된 모델이 저장될 디렉터리를 지정합니다. 코드를 실행하기 전에 이 디렉터리가 비어 있는지 확인하기 바랍니다.
- instance_prompt 매개변수는 추론 과정에서 중요한 역할을 하는 식별자(identifier)입니다. 제공된 코드에서 instance_promt는 아이 사진(a photo of sks boy)으로 설정되어 있습니다. 정확한 추론을 위해 학습 과정에 적합한 식별자를 제공해야 합니다.

모델의 전체 학습 시간은 컴퓨터 사양과 가속(acceleration) 설정에 따라 달라질 수 있습니다. 일반적으로 전체 학습 시간은 30분~1시간 정도 소요됩니다. 예를 들어, 저자가 M2 Max 프로세서와 32GB RAM이 장착된 맥북에서 학습을 수행한 결과, 약 45분이 소요됐습니다.

02.3.3 추론

드림부스 모델을 성공적으로 생성했습니다. 이제 해당 모델에 다양한 프롬프트를 입력해서 이미지를 생성해보겠습니다.

```
from diffusers import StableDiffusionPipeline import torch model_id ="/Users/premtimsina/
Documents/bpbbook/chapter2_huggingFace/datasets/dreambooth/model/"

pipe = StableDiffusionPipeline.from_pretrained(model_id, torch_dtype=torch.float16
).to("mps") prompt = "a photo of sks boy riding horse"
image = pipe(prompt, num_inference_steps=500, guidance_scale=7.5).images[0]
image.save("/Users/premtimsina/Documents/bpbbook/chapter2_huggingFace/datasets/
dreambooth/photo/boy_ridding_horse.png")
```

- 먼저 맥 컴퓨터 시스템에서 코드를 실행하기 위해 텐서를 "mps" 형식으로 변환했습니다. 그러나 GPU에서 코드를 실행하는 경우 텐서를 cuda 형식으로 변환해야 합니다.
- 코드 실행 중 오류를 방지하려면 텐서가 올바른 형식인지 확인하는 것이 중요합니다. 문제가 발생할 경우 텐서 형식을 확인하고 필요한 경우 수정해야 합니다.
- 또한, 프롬프트가 "a photo of sks boy~"로 시작한다는 점에 유의하세요. 우리는 학습 과정에서 이 식별자를 부여했으며, 추론할 때는 항상 이 식별자로 시작해야 합니다.

다음은 커스텀 드림부스 모델에 의해 생성된 이미지입니다. 모델이 출력한 이미지는 훌륭하며, 얼굴의 특징이 잘 살아 있습니다. 더 높은 품질의 이미지를 생성하려면 학습 파라미터를 최적화해야 합니다.

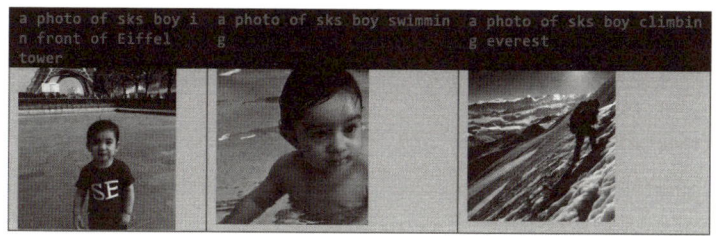

그림 2.4 커스텀 드림부스 모델에 의해 생성된 이미지

이처럼 단 몇 줄의 코드만으로 우리가 지정한 주제로 텍스트에서 이미지를 생성해냈습니다.

02.4 허깅페이스 모델 공유

허깅페이스에서 모델을 공유하고 Gradle을 통해 스페이스(Space)를 생성하는 과정을 알아보겠습니다. Gradle은 빌드 자동화(build automation) 도구로, 주로 애플리케이션의 빌드, 테스트, 배포 과정을 자동화하는 데 사용됩니다. 이 과정에 대한 자세한 지침은 예제 소스 내 [Ch2] 폴더에 수록된 Transformers.ipynb의 후반부에서 확인할 수 있습니다.

02.4.1 모델(Model) 공유

다음 화면은 허깅페이스(https://huggingface.co)에 업로드된 dreambooth_boy 모델을 보여줍니다. 여기서 프롬프트를 입력하면, 앞의 예시처럼 주어진 프롬프트에 해당하는 이미지를 생성할 수 있습니다.

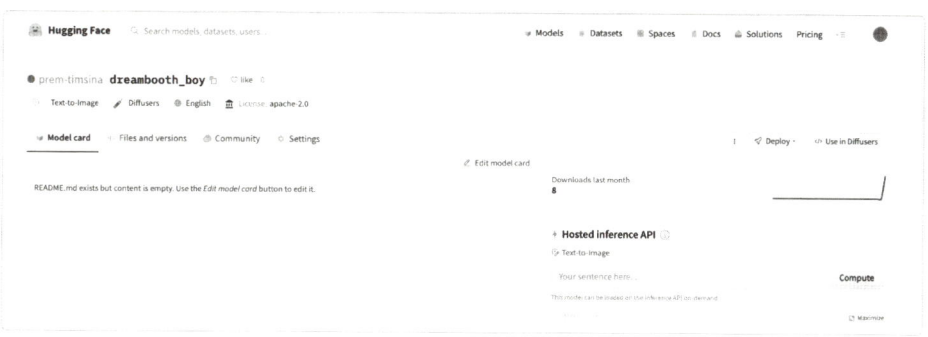

그림 2.5 허깅페이스의 공유 모델

02.4.2 스페이스(Spaces) 사용

다음 화면은 dreambooth_boy 모델에 부여된 스페이스를 보여줍니다.

허깅페이스 스페이스는 여러분이 개발한 모델을 기반으로 애플리케이션을 개발할 수 있는 간편한 접근법을 제공합니다. 이를 통해 모델 배포 시 다음 작업을 수행할 수 있습니다. 참고로 아래 설명에 사용된 Streamlit은 파이썬으로 인터랙티브 웹 애플리케이션을 빠르게 만들 수 있는 오픈소스 프레임워크입니다.

그림 2.6 허깅페이스의 모델 스페이스

모델 배포

- 주피터 노트북 호스팅(hosting)
- Gradle를 활용하여 사용자 친화적인 인터페이스 설계
- Streamlit을 사용하여 대화형 웹 애플리케이션 생성
- 공동 작업자와 여러분의 스페이스를 공유하여 여러 사람이 같은 앱에서 작업

CHAPTER

03

파이토치 트랜스포머 모델

03.1 _ 파이토치 트랜스포머 구성 요소

03.2 _ 임베딩

03.3 _ 위치 인코딩

03.4 _ 마스킹

03.5 _ 트랜스포머 인코더 구성 요소

03.6 _ 트랜스포머 디코더 구성 요소

03.7 _ 파이토치 트랜스포머 층

파이토치의 트랜스포머 모델 구현에 대해 자세히 알아보고자 합니다. 이와 함께 인코더, 디코더, 트랜스포머 층과 같은 다양한 설정을 살펴봅니다. 또한 트랜스포머 모델 작동에 큰 역할을 하는 위치 인코딩과 마스킹을 알아보며, 각 구성 요소에 대해 자세히 설명하고 실제 예제를 다룹니다. 이번에 배울 내용을 통해 파이토치에서 트랜스포머 모델이 어떻게 작동하는지를 상세히 이해할 수 있습니다.

이 장의 목표는 트랜스포머 아키텍처의 파이토치 구현을 살펴보고 다양한 구성 요소를 검토하는 것입니다. 이를 위해 파이토치로 트랜스포머 모델을 개발하는 과정을 상세히 안내합니다. 여기에는 인코더 전용 모델, 디코더 전용 모델 및 인코더-디코더 모델 설정과 같은 다양한 구성으로 모델을 구축하는 방법도 설명합니다. 이러한 각 모델을 포괄적으로 이해하여 프로젝트에서 효과적으로 구현할 수 있는 실용적인 지식을 습득하는 데 중점을 둡니다.

시스템 요구 사항

다음과 같이 필요한 패키지를 미리 설치해둡니다.

```
!pip install transformers
!pip install datasets
!pip install torch
!pip install torchtext
```

03.1 파이토치 트랜스포머 구성 요소

우리는 01.2절에서 다음과 같은 트랜스포머의 아키텍처를 살펴본 적이 있습니다. 이 그림과 함께 트랜스포머의 주요 구성 요소를 하나씩 알아보겠습니다.

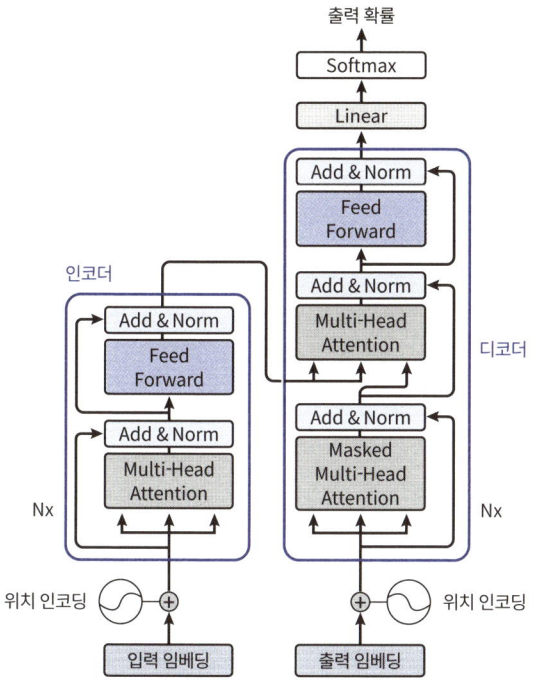

그림 3.1 트랜스포머 아키텍처

다음 표는 파이토치로 작성된 트랜스포머의 주요 구성 요소를 나타냅니다.

파이토치로 작성된 주요 트랜스포머 구성 요소

구성 요소	파이토치 구현	설명
임베딩	torch.nn.Embedding	신경망에 임베딩 층을 구현합니다. 임베딩 층은 토큰(예: 단어, 문자(character) 또는 기타 이산(discrete) 요소)을 연속적인 벡터 표현으로 변환하는 데 사용됩니다.
위치 인코딩(PE)	사용 불가(Not Available)	파이토치에는 위치 인코딩(PE) 모듈이 내장되어 있지 않습니다.
트랜스포머 인코더	torch.nn.TransformerEncoder torch.nn.TransformerEncoderLayer	두 가지 구성 요소인 멀티 헤드 어텐션과 순방향 신경망으로 구성됩니다.
트랜스포머 디코더	torch.nn.TransformerDecoder torch.nn.TransformerDecoderLayer	세 가지 구성 요소인 셀프 어텐션, 멀티 헤드 어텐션, 순방향 신경망으로 구성됩니다.
트랜스포머	Torch.nn.Transformer	인코더 층과 디코더 층으로 구성됩니다.

03.2 임베딩

torch.nn.Embedding은 사전 학습된 임베딩 모델이 아닙니다. 이는 학습 프로세스 중에 임베딩 벡터를 학습합니다. 이 모델은 조회 테이블(lookup table, 일반적으로 행렬)을 사용하여 각각의 고유한 요소(예: 단어 또는 문자)를 정숫값으로 구성된 고정 차원 연속 벡터에 매핑합니다. 이 조회 테이블은 처음에는 랜덤한 임의의 값으로 채워지고 모델에 의해 학습 과정 중에 값이 조정됩니다. torch.nn.Embedding 알고리즘에 대한 간단한 설명은 다음과 같습니다.

- 어휘(vocabulary)의 각 고유 요소에 인덱스를 할당합니다. 이때 딕셔너리 구조를 사용하여 저장합니다. ({"apple": 0, "바나나": 1, "orange": 2})
- 임베딩 행렬(조회 테이블)을 (number_of_unique_elements, embedding_dimension) 차원의 행렬로 생성합니다. 이 행렬의 각 행은 딕셔너리 요소의 인덱스에 해당하며, embedding_dimension은 각 요소의 연속 벡터 표현의 크기를 결정합니다.
- 임베딩 행렬은 처음에는 임의의 값으로 주어지며, 학습 과정 중에 값이 조정됩니다.
- 임베딩 행렬은 조회 테이블 역할을 합니다. 입력 요소를 임베딩 표현으로 변환할 때 임베딩 행렬에서 해당 행을 조회합니다.
- 모델은 학습 중에 유사한 토큰끼리는 유사한 벡터 표현을 갖도록 임베딩 행렬 값을 조정합니다. 이를 위해 손실 함수 값을 최소화하고 경사하강법 같은 옵티마이저(optimizer)를 적용하여 임베딩 행렬을 업데이트합니다.

03.2.1 임베딩 층 구현

이번에는 파이토치에서 임베딩 층이 어떻게 구현되는지 알아봅니다. 이 장에서는 예제 소스 [Ch3] 폴더에 수록된 Implementation_Transforer_with_PyTorch.ipynb의 일부 코드를 사용하여 설명합니다.

Ch3/Implementation_Transforer_with_PyTorch.ipynb

```
import torch
import torch.nn as nn

# 랜덤 시드 설정
torch.manual_seed(0)
```

```
# 파라미터 정의
num_embeddings = 10 # ①어휘(vocabulary) 개수
embedding_dim = 3   # ②임베딩 벡터 차원

# 임베딩 층
embedding = nn.Embedding(
    num_embeddings=num_embeddings, embedding_dim=embedding_dim
)
input_tokens = torch.tensor([1, 5])
output_embeddings = embedding(input_tokens)
print(output_embeddings)
```

① num_embeddings는 데이터셋 안 고유 토큰의 총 개수를 나타내며, ② embedding_dim은 각 토큰을 표현하는 벡터의 차원을 나타냅니다. 이 코드는 10개의 고유 토큰을 가진 임베딩 층을 생성하며, 각 토큰은 3차원 벡터로 표현됩니다. 텐서 [1, 5]를 입력하면 임베딩 출력은 다음과 같습니다.

실행 결과

```
tensor([[-0.4339, 0.8487, 0.6920],[-0.1116, -0.6136,  0.0316]],
grad_fn=<EmbeddingBackward0>)
```

트랜스포머 모델에서 임베딩 층은 신경망의 첫 번째 층입니다. 또한 트랜스포머 모델의 기본 설정에서 임베딩 층에 전달되는 입력의 모양은 [max_seq_length, batch_size] 차원 형태여야 합니다.

03.3 위치 인코딩

파이토치에는 위치 인코딩 모듈이 내장되어 있지 않습니다. 따라서 위치 인코딩을 수행하는 클래스를 작성해야 합니다. 위치 인코딩은 임베딩 벡터를 받아들이고, 그 임베딩 벡터에 위치 인코딩 정보를 추가하여 반환합니다. 인코더는 [sequence length, batch size, embedding dimension] 형태로 데이터를 입력 받으므로 위치 인코딩의 입력과 출력도 해당 차원을 준수해야 합니다.

Ch3/Implementation_Transforer_with_PyTorch.ipynb

```python
class PositionalEncoding(nn.Module):
    def __init__(self, dim_embedding, dropout=0.1, max_seq_len=5000):
        super(PositionalEncoding, self).__init__()
        self.dropout = nn.Dropout(p=dropout)
        postional_encoding = torch.zeros(max_seq_len, dim_embedding)
        position = torch.arange(0, max_seq_len,dtype=torch.float).unsqueeze(1) #①
        denom_term = torch.exp(torch.arange(0, dim_embedding, 2).float() *
                               (-math.log(10000.0) /
                                dim_embedding))
        postional_encoding[:, 0::2] = torch.sin(position * denom_term)
        postional_encoding[:, 1::2] = torch.cos(position * denom_term)
        postional_encoding = postional_encoding.unsqueeze(0).transpose(0, 1) #②
        self.register_buffer('postional_encoding', postional_encoding)

    def forward(self, x):
        x = x + self.postional_encoding[:x.size(0), :]
        return self.dropout(x)
```

① unsqueeze(1)를 사용하여 position 텐서를 [max_seq_len, 1] 차원으로 변경합니다. 이는 후속 행렬곱 연산을 위해 필요합니다.

보충수업 / unsqueeze(1)의 역할

이 코드에서 unsqueeze(1)의 역할은 인덱스 1에 새로운 차원을 추가하는 것입니다.

1. torch.arange(0, max_seq_len, dtype=torch.float): max_seq_len 크기의 텐서를 생성합니다. 이 텐서에는 0부터 max_seq_len-1까지의 숫자가 순차적으로 들어 있습니다. 따라서 1D 텐서이며, 각 항목은 시퀀스의 각 토큰에 대한 위치 인덱스를 나타냅니다. 예를 들어 max_seq_len=3은 'torch.arange(0, 3)'으로 표현되며 결과는 다음과 같습니다.

실행 결과

tensor([0., 1., 2.])

2. unsqueeze(1): 이 함수는 인덱스 1에 크기가 1인 새로운 차원을 추가합니다. 이 경우 unsqueeze(1)은 (max_seq_len) 형태의 1D 텐서를 (max_seq_len, 1) 형태의 2D 텐서로 변환합니다. 예를 들어, 위 예시 텐서에 unsqueeze(1)을 적용하면 결과는 다음과 같습니다.

실행 결과

```
tensor([[0.],
        [1.],
        [2.]])
```

② `unsqueeze(0).transpose(0, 1)` 연산은 위치 인코딩 텐서의 형태를 트랜스포머 모델이 요구하는 입력 형태와 맞추기 위해 사용됩니다.

`unsqueeze(0)` 연산은 위치 0에 차원을 하나 더 추가합니다. 만약 원래 위치 인코딩 텐서의 형태가 `[max_len, d_model]`이었다면, `unsqueeze(0)` 이후의 형태는 `[1, max_len, d_model]`이 됩니다. 이 연산은 2D 텐서를 배치 차원 크기가 1인 3D 텐서로 변환합니다.

`transpose(0, 1)` 연산은 텐서의 처음 두 차원을 서로 바꿉니다. 따라서 `[1, max_len, d_model]` 모양은 `[max_len, 1, d_model]`이 됩니다. 이러한 행렬 차원 변경은 위치 인코딩 텐서를 트랜스포머가 요구하는 입력 행렬 차원인 `[sequence length, batch size, embedding dimmension]`으로 만들기 위해 수행됩니다.

위치 인코딩에 대한 전체 코드는 예제 소스 내 [Ch3] 폴더에 수록된 Implementation_Transforer_with_PyTorch.ipynb 파일에 담겨 있습니다.

03.4 마스킹

마스킹은 트랜스포머 아키텍처에서 중요한 개념으로, 데이터 처리 중 특정 입력 토큰을 숨기거나 대체하는 데 사용됩니다. 정확한 트랜스포머 모델을 생성하려면 마스킹에 대한 제대로 된 이해가 필요합니다. 이러한 마스킹 파라미터는 트랜스포머 모델의 모든 변형 모델에 존재하며, 실제 모델 개발에 들어가기 전에 이를 잘 파악하는 것이 중요합니다.

1. tgt_mask

tgt_mask는 입력 시퀀스에 대한 마스크를 나타내는 (seq_len, seq_len) 형태의 옵션(optional) 텐서입니다. 여기서 tgt는 타깃(target)의 약자입니다. 이는 디코더가 미래 토큰을 주목하지 못하게 작용합니다. 형식은 다음과 같습니다.

```
tensor([[0., -inf, -inf],
        [0., 0., -inf],
        [0., 0., 0.]], device='mps:0')
```

이 예시에서 seq_length=3이며, -inf는 마스킹해야 할 토큰을 나타냅니다.

> **역자의 한마디** / device 형식 설정하기
>
> 원서의 저자는 맥북 아나콘다 환경을 사용하기 위해 device='mps:0' 코드를 사용했습니다. 만약 코랩에서 GPU를 사용하는 환경이라면 해당 코드는 device='cuda:0'으로 변경됩니다. 03.5절에서 사용된 코드의 mps도 모두 cuda로 변경됩니다.

2. memory_mask

이는 인코더 출력 시퀀스에 대한 마스크를 나타내는 (seq_len, src_seq_len) 형태의 옵션 텐서입니다. src_seq_len의 src는 source의 약자입니다. 디코더가 인코더 입력 시퀀스에서 미래의 토큰에 주목하지 못하게 사용됩니다.

```
tensor([[0., -inf, -inf],
        [0., 0., -inf],
        [0., 0., 0.]], device='mps:0')
```

이 예에서 seq_length=3이며, --inf는 마스킹해야 할 토큰을 나타냅니다. 일반적으로 메모리는 마스킹하지 않습니다. 따라서 보통은 다음과 같은 형태로 전달됩니다.

```
tensor([[0., 0, 0],
        [0., 0., 0],
        [0., 0., 0.]], device='mps:0')
```

3. tgt_key_padding_mask

tgt_key_padding_mask는 입력 시퀀스에서 패딩된 토큰에 대한 마스크를 나타내는 (batch_size, seq_len) 형태의 옵션 텐서입니다.

```
tensor([[False, False, False],
        [False, False, False],
        [False, True, False],
        [True, True, False]], device='mps:0')
```

이 예에서 batch_size=4, seq_len=3입니다. True는 특정 토큰이 패딩된 토큰임을 나타내며, False는 특정 토큰이 패딩된 토큰이 아님을 나타냅니다.

4. memory_key_padding_mask

memory_key_padding_mask는 인코더 출력 시퀀스에서 패딩된 토큰에 대한 마스크를 나타내는 (batch_size, src_seq_len) 형태의 옵션 텐서입니다.

```
tensor([[False, False, False],
        [False, False, False],
        [False, True, False],
        [True, True, False]], device='mps:0')
```

여기에서는 batch_size=4이며, seq_len=3입니다. True는 특정 토큰이 패딩된 토큰임을 나타내고 False는 특정 토큰이 패딩된 토큰이 아님을 나타냅니다.

예제 소스 [Ch3] 폴더에 수록된 Implementation_Transforer_with_PyTorch.ipynb에는 파이토치 모델을 만드는 동안 마스킹을 구현하는 방법이 설명돼 있습니다.

03.5 트랜스포머 인코더 구성 요소

트랜스포머의 인코더 층만 필요한 경우가 많이 있습니다. 예를 들어 감성 분석, 텍스트 분류, 개체명 인식(NER) 등의 작업이 해당됩니다. 이 경우 파이토치를 통해 인코더 층만 작성해서 사용할 수 있습니다. 다음은 TransformerEncoder와 TransformerEncoderLayer를 사용한 간단한 분류 모델 예시입니다.

Ch3/Implementation_Transforer_with_PyTorch.ipynb

```python
class TextClassifier(nn.Module):
    def __init__(
        self, vocab_size, embedding_dim, nhead, num_layers, num_classes):
        super(TextClassifier, self).__init__()

        self.embedding = nn.Embedding(vocab_size, embedding_dim)
        self.positional_encoding = PositionalEncoding(embedding_dim)
        # 트랜스포머 인코더 층 생성
        self.encoder_layer = nn.TransformerEncoderLayer(
            embedding_dim, nhead) #①
        self.encoder = nn.TransformerEncoder(
            self.encoder_layer, num_layers) #②
        self.fc = nn.Linear(embedding_dim, num_classes)
        self.embedding_dim=embedding_dim
        self.init_weights()

    def init_weights(self) -> None: #③
        initrange = 0.1
        self.embedding.weight.data.uniform_(-initrange, initrange)
        for layer in self.encoder.layers:
            nn.init.xavier_uniform_(layer.self_attn.out_proj.weight)
            nn.init.zeros_(layer.self_attn.out_proj.bias)
            nn.init.xavier_uniform_(layer.linear1.weight)
            nn.init.zeros_(layer.linear1.bias)
            nn.init.xavier_uniform_(layer.linear2.weight)
            nn.init.zeros_(layer.linear2.bias)
        self.fc.bias.data.zero_()
        self.fc.weight.data.uniform_(-initrange, initrange)
```

```
def forward(self, x, key_padding_mask=None):
    x = self.embedding(x)* math.sqrt(self.embedding_dim)
    x = self.positional_encoding(x)
    x = self.encoder(x, src_key_padding_mask=key_padding_mask)

    # 첫 번째 차원을 기준으로 나머지 차원(마지막 차원) 값의 평균값 생성
    x = x.mean(dim=0) #④

    # 분류 작업용 완전 연결 층
    x = self.fc(x)
    x=torch.sigmoid(x) #⑤
    return x
```

여기서는 두 단계로 TransformerEncoder를 구성하고 있습니다.

① 첫 번째 단계는, TransformerEncoderLayer(embedding_dim, nhead)를 사용하여 하나의 인코더 블록을 정의합니다. nhead를 선택할 때 중요한 고려 사항은 embedding_dim을 n_head로 나눌 때(embedding_dim // n_head) 연산의 나머지가 0이어야 한다는 점입니다.

② 두 번째 단계는, TransformerEncoder를 인스턴스화하고, 사용할 인코더 블록 수와 함께 TransformerEncoderLayer를 전달하여 전체 인코더를 생성합니다.

③ 여기서는 신경망의 효율적인 학습과 향상된 수렴을 유도하는 가중치 초기화 조치를 도입합니다. 이 가중치 초기화 조치가 없으면 기울기가 폭발적으로 증가하거나 수렴이 느려질 수 있습니다.

④ 입력이 임베딩, 위치 인코딩, 트랜스포머 인코더 층을 통과한 후 텐서 x는 (sequence_length, batch_size, embedding_dim) 차원을 갖습니다. 우리는 분류 작업용 완전 연결 층(Fully connected layer)에 전달할 전체 시퀀스에 대한 고정 크기 시퀀스 표현을 생성하고자 합니다. 이를 위한 간단한 방법으로 시퀀스 내 모든 토큰의 임베딩의 평균을 구합니다. 이를 **평균 풀링**(mean poolin)이라고 합니다. 평균 풀링을 실행하려면 mean() 함수에 인자 dim=0을 추가하여 시퀀스 차원을 따라 평균을 계산하면 됩니다. 이렇게 하면 텐서의 차원 형태를 (sequence_length, batch_size, embedding_dim)에서 (batch_size, embedding_dim)으로 줄일 수 있습니다.

⑤ 인코더의 마지막 블록의 출력이 분류 작업용 완전 연결 층으로 전달됩니다.

IMDB 데이터셋을 사용한 텍스트 분류 작업 전체 코드는 예제 소스 내 [Ch3] 폴더에 수록된 Implementation_Transforer_with_PyTorch.ipynb에서 확인할 수 있습니다.

03.6 트랜스포머 디코더 구성 요소

트랜스포머의 디코더 층만 필요한 경우는 텍스트 생성, 코드 생성, 음악 생성 작업 등이 해당됩니다. 이 경우 파이토치에서는 트랜스포머 디코더만 사용할 수 있습니다. 다음은 TransformerDecoderLayer와 TransformerDecoder을 사용하는 간단한 텍스트 생성 모델 예시입니다.

Ch3/Implementation_Transforer_with_PyTorch.ipynb

```python
class TransformerDecoder(nn.Module):
    def __init__(self, vocab_size, embedding_dim, num_layers, dropout):
        super().__init__()

        self.memory_embedding = nn.Embedding(vocab_size, embedding_dim)
        self.memory_pos_encoder = PositionalEncoding(embedding_dim, dropout)
        self.tgt_embedding = nn.Embedding(vocab_size, embedding_dim)
        self.tgt_pos_encoder = PositionalEncoding(embedding_dim, dropout)
        self.decoder = nn.TransformerDecoder(
            nn.TransformerDecoderLayer(d_model=embedding_dim,nhead=8,
                                       dim_feedforward=2048, dropout=dropout),
            num_layers=num_layers)

        self.fc = nn.Linear(embedding_dim, vocab_size)
        self.d_model=embedding_dim
        self.init_weights()

    def init_weights(self) -> None:
        initrange = 0.1

        # 임베딩 층 초기화
```

```python
        nn.init.uniform_(self.memory_embedding.weight,-initrange, initrange)
        nn.init.uniform_(self.tgt_embedding.weight,-initrange, initrange)

        # 디코더 층 초기화
        for param in self.decoder.parameters():
            if param.dim() > 1:
                nn.init.xavier_uniform_(param)

        # 출력 층 초기화
        nn.init.uniform_(self.fc.weight, -initrange, initrange)
        nn.init.zeros_(self.fc.bias)

    def forward(self, tgt, memory=None, tgt_mask=None, memory_mask=None,
                memory_key_padding_mask=None,tgt_key_padding_mask=None):
        tgt = self.tgt_embedding(tgt) * self.d_model ** 0.5
        tgt=self.tgt_pos_encoder(tgt)
        print(tgt)
        memory=self.memory_embedding(memory) * self.d_model ** 0.5
        memory=self.memory_pos_encoder(memory)
        print(memory)
        output = self.decoder(
            tgt=tgt, memory=memory, tgt_mask=tgt_mask,
            memory_mask=memory_mask, memory_key_padding_mask=memory_key_padding_mask,
            tgt_key_padding_mask=tgt_key_padding_mask
        )
        print(output)
        output = self.fc(output)
        return output
```

이 모델은 트랜스포머 기반의 디코더 전용 언어 모델로, 입력으로 타깃 시퀀스(tgt)와 메모리 시퀀스(memory)를 받아 입력 시퀀스와 같은 길이의 출력 시퀀스를 생성합니다.

입력된 타깃 시퀀스는 먼저 임베딩 층과 위치 인코딩 층을 통과합니다. 마찬가지로 입력된 메모리 시퀀스도 임베딩 층과 위치 인코딩 층을 통과합니다.

다음은 모델 학습에 대한 설명입니다.

- 모델 학습 시 forward 함수(클래스 내에서 정의된 함수인 메서드)에 사용된 수 memory는 (seq_len, batch_size) 차원의 학습 데이터입니다.

- 모델 학습 시 타깃 시퀀스는 입력 시퀀스를 한 위치씩 이동시킨(shifted by one position) 값이 됩니다.

- 이렇게 처리된 입력 시퀀스는 트랜스포머 디코더에 입력됩니다. 이때 트랜스포머 디코더는 여러 개의 트랜스포머 디코더 층으로 구성됩니다. 각 디코더 층은 멀티 헤드 셀프 어텐션과 순방향 신경망을 사용하여 입력 시퀀스를 처리합니다.

- 마지막으로 트랜스포머 디코더의 출력은 완전 연결 층인 선형 층을 통과하여 최종 출력 시퀀스를 생성합니다. 이때 시퀀스의 각 요소는 타깃 언어 어휘에 대한 확률 분포를 나타냅니다.

03.7 파이토치 트랜스포머 층

기계 번역과 같이 시퀀스-to-시퀀스 모델이 필요한 상황이 종종 있습니다. 이러한 경우 torch.nn.Transformer를 사용합니다. 이제 torch.nn.Transformer를 사용하여 기계 번역 모델을 구현해 보겠습니다.

Ch3/Implementation_Transforer_with_PyTorch.ipynb

```
class TransformerModel(nn.Module):
    def __init__(self,num_encoder_layers, num_decoder_layers, d_model,
                 nhead, src_vocab_size=tokenizer_src.vocab_size,
                 tgt_vocab_size=tokenizer_tgt.vocab_size,
                 dim_feedforward=512, dropout=0.1):
        super(TransformerModel, self).__init__()
        self.src_embedding = nn.Embedding(input_dim, d_model)    #①
        self.trg_embedding = nn.Embedding(output_dim, d_model)   #②
        self.src_pos_encoder = PositionalEncoding(d_model, dropout)
        self.trg_pos_encoder = PositionalEncoding(d_model, dropout)
        self.transformer = nn.Transformer(
            d_model=d_model, nhead=nhead,
            num_encoder_layers=num_encoder_layers,
            num_decoder_layers=num_decoder_layers,
            dim_feedforward=dim_feedforward, dropout=dropout)
        self.fc = nn.Linear(d_model, tgt_vocab_size)
```

```python
        self.dropout = nn.Dropout(dropout)
        self.d_model = d_model

    def forward(self, src, trg, src_mask=None, #③
                src_padding_mask=None, trg_mask=None,
                trg_padding_mask=None, memory_key_padding_mask=None):
        src = self.src_embedding(src) * (self.d_model ** 0.5)
        src = self.src_pos_encoder(src)
        trg = self.trg_embedding(trg) * (self.d_model ** 0.5)
        trg = self.trg_pos_encoder(trg)
        output = self.transformer(src, trg, src_mask, trg_mask, None,
                                  src_padding_mask, trg_padding_mask,
                                  memory_key_padding_mask)
        output = self.fc(self.dropout(output))
        return output
```

코드를 자세히 살펴보겠습니다. 먼저 모델의 주요 구성 요소는 임베딩, 위치 인코딩, 그리고 트랜스포머 층입니다. ①, ②와 같이 소스 시퀀스와 타깃 시퀀스에 대해 서로 다른 임베딩을 사용해야 합니다.

③ forward 함수의 주요 기능은 다음과 같습니다.

- 소스 및 타깃 시퀀스는 임베딩되며, 임베딩 차원의 제곱근으로 스케일링됩니다. 이 스케일링은 학습 과정에서 발생할 수 있는 기울기 폭발/소멸 문제를 완화하는 데 도움이 됩니다.
- 위치 인코딩이 임베딩에 추가됩니다.
- 트랜스포머는 마스킹을 통해 소스 및 타깃 시퀀스를 처리합니다.
  - src_mask, trg_mask: 이는 미래의 정보가 흐르지 않도록 조치합니다.
  - src_padding_mask, trg_padding_mask: 이는 패딩된 데이터를 마스킹합니다. 이를 통해 모델이 패딩된 토큰에 주목하지 않도록 합니다.

이 코드에서 트랜스포머의 출력은 완전 연결 층에 전달되어 타깃 예측값 시퀀스를 얻습니다. 모델은 모든 영어 토큰과 현재 단계까지의 독일어 토큰을 기반으로, 다음 독일어 토큰을 예측합니다.

이번 장에서는 파이토치를 사용하여 트랜스포머 아키텍처의 핵심 요소를 살펴보았습니다. 트랜스포머의 인코더 층과 디코더 층은 인코더만 사용하거나, 디코더만 사용하거나, 아니면 둘을 함께 사용하는 등 다양한 구성으로 활용할 수 있습니다. 이러한 유연성 덕분에 트랜스포머 모델은 데이터 분류부터 언어 번역까지 다양한 작업에 사용할 수 있습니다.

또한 트랜스포머 모델의 위치 인코딩은 데이터 요소의 시퀀스 순서를 유지하는 데 필수적이며, 예시에서 제안한 것처럼 파이토치에서 이를 구현할 수 있습니다. 또 다른 중요한 기능인 마스킹은 모델이 불필요한 부분을 무시하고 관련 데이터에 집중해서 처리할 수 있습니다.

CHAPTER

04

파이토치와 허깅페이스를 사용한 전이 학습

04.1 _ 전이 학습 필요성

04.2 _ 전이 학습 사용법

04.3 _ 사전 학습 모델 저장소

04.4 _ 사전 학습 모델

04.5 _ 프로젝트 1: BERT-base-uncased 모델 파인튜닝으로 분류기 생성

여러분이 백엔드 개발에 탁월한 컴퓨터 프로그래머라고 상상해보세요. 수년간 파이썬 기술을 익히고 멀티 스레딩과 멀티 프로세싱을 마스터했으며, 복잡한 백엔드 시스템이 어떻게 작동하는지 깊이 이해한 상태입니다. 어느 날 여러분은 경력을 전환하여 모델 개발, 배포, 운영에 중점을 둔 머신러닝·딥러닝 세계에 뛰어들기로 결심합니다.

이제 여러분은 머신러닝·딥러닝 알고리즘과 AI 기술을 학습하는 데 주력할 것입니다. 지금까지 쌓아온 풍부한 지식을 차세대 AI 시스템 구축이라는 흥미로운 작업에 적용할 수 있습니다. 머지않아 여러분은 놀라운 모델을 개발하고 이를 원활하게 배포하며, 개발 환경에서 안정성과 확장성을 보장하는 일을 하게 될 것입니다.

딥러닝 모델의 맥락에서 전이 학습(Transfer Learning)은 이와 비슷한 원리로 작동합니다. 사전 학습된 모델은 이미 방대한 양의 데이터를 처리하면서 풍부한 지식을 습득한 상태입니다. 예를 들어, ResNet과 같은 모델은 수백만 개의 이미지를 학습하여 이미지 특성을 정확하게 추출합니다. 이 사전 학습 모델을 새로운 작업(예: ResNet을 사용한 코로나 여부 판별)에 맞게 파인튜닝하는 것은, 백엔드 개발자가 AI 모델을 만들기 위해 배우는 것과 같습니다. 모델은 처음부터 개발할 필요가 없으며, 기존 지식을 활용하여 새로운 작업에 빠르게 적응할 수 있어서 모델의 우수한 성능을 보장하고 추가적인 학습을 빠르게 마칠 수 있습니다. 전이 학습으로 인해 각 사례마다 처음부터 모델을 새로 개발해야 했던 기존의 AI모델 개발 방식을 답습할 필요가 없어졌습니다.

이 장에서는 전이 학습이 무엇인지, 왜 유용한지, 어디에 사용하는지에 대해 알아봅니다. 또한 자연어 처리(NLP), 음성 처리, 컴퓨터 비전과 같은 분야에서 매우 인기 있는 사전 학습 모델을 소개합니다.

그리고 그 모델들이 실생활에서 어떻게 사용되는지 알아보기 위해 허깅페이스와 파이토치로 전이 학습 예제를 시연합니다. 특히 04.5절에서는 BERT-base-uncased 모델로 가짜 뉴스 판별 시스템을 개발하는 프로젝트를 소개합니다. 이를 통해 전이 학습이 실제로 어떻게 작동하는지 확인할 수 있습니다.

시스템 요구 사항

이번 장의 실습을 위해 다음과 같이 필요한 패키지를 설치합니다.

```
!pip install transformers
!pip install datasets
!pip install torch
!pip install torchtext
!pip install accelerate
!pip install sentencepiece
!pip install sacremoses
```

04.1 전이 학습 필요성

트랜스포머 기반 아키텍처를 사용하여 흉부 엑스레이 이미지에서 폐렴을 진단하는 딥러닝 모델을 구축한다고 생각해보겠습니다. 수십만 개의 레이블이 붙은 흉부 엑스레이 이미지를 개인이 수집하는 것은 현실적으로 거의 불가능합니다. 이렇게 방대한 양의 폐렴 데이터에 접근하기도 어렵고, 여러 기관 간의 데이터 공유도 HIPAA(미국 건강정보보호법) 및 기타 정부 규제로 인해 현실적으로 쉽지 않습니다. 설령 수천 개의 레이블이 붙은 데이터를 얻었다 할지라도, 소규모 기관에서는 모델 학습을 수행하는 데 드는 GPU 비용을 감당하지 못하는 경우도 생깁니다. 이처럼 모델을 학습시키는 작업은 비용이 많이 듭니다.

이때 전이 학습이 해결책을 제시합니다. 처음부터 모델을 학습시키는 대신에 방대한 이미지 데이터 집합을 통해 학습한 기존 사전 학습 모델인 ViT(Vision Transformer)를 사용할 수 있습니다. 이 모델은 이미지의 특성을 추출하는 방법을 사전 학습했으며, 흉부 엑스레이 이미지를 입력하여 폐렴을 진단하는 작업에 적용할 수 있습니다.

다음 표는 처음부터 모델을 개발하는 경우와 비교한 전이 학습의 장점을 나열하고 있습니다.

전이 학습의 장점

장점	설명
성능 향상	사전 학습된 ViT 모델은 이미 방대한 학습 데이터셋에서 유용한 특성과 표현을 학습했습니다. 이 지식을 특정 작업에 적용하면 제한된 흉부 엑스레이 데이터셋에서 처음부터 다시 학습한 모델보다 더 나은 성능을 얻을 수 있습니다.
학습 시간 단축	사전 학습된 ViT 모델을 타깃 작업용으로 파인튜닝하는 데 매우 적은 시간이 소요됩니다.

장점	설명
작은 데이터셋 활용	전이 학습을 통해 제한된 흉부 엑스레이 이미지 데이터를 최대한 활용할 수 있습니다.
적응성 (adaptability)	ViT 모델을 전이 학습시켜서 MRI 스캔 시 종양을 탐지하거나 망막 질환을 식별하는 등 다양한 의료 영상 작업에 적용할 수 있습니다.
자원 절약	상대적으로 낮은 컴퓨팅 능력으로 좋은 결과를 얻을 수 있어서, 제한된 자원을 가진 연구자들이 더 쉽게 작업할 수 있습니다.

04.2 전이 학습 사용법

[그림 4.1]은 사전 학습된 머신러닝·딥러닝 모델의 일반 구조를 보여줍니다. 이 구조에서 볼 수 있듯이 일반적인 모델은 **피처 추출기**(Feature Extractor)와 완전 연결 층을 갖고 있습니다. 구체적으로 distilbert-base-uncased-finetuned-sst-2-english 아키텍처를 통해 더 알아보겠습니다. 이 모델은 영어 감성 분석을 위해 SST-2 데이터셋을 파인튜닝한 경량 트랜스포머 기반 모델이며 분석 결과를 '긍정' 또는 '부정'으로 판별합니다.

> **보충 수업** / SST-2 데이터셋
>
> SST-2 데이터셋은 Stanford Sentiment Treebank 2 데이터셋의 약자로, 감성 분석을 위한 데이터셋입니다. 이 데이터셋은 영화 리뷰 문장들로 구성되며, 각 문장은 '긍정' 또는 '부정'의 감정 레이블이 부여돼 있습니다. SST-2는 자연어 처리 분야에서 모델의 감정 분석 성능을 훈련하고 평가하는 데 널리 사용됩니다.

전형적인 사전 학습 모델의 구성 요소는 다음과 같습니다.

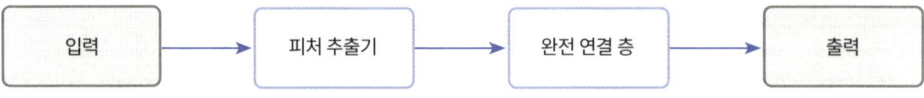

그림 4.1 사전 학습 모델의 일반 구조

다음은 주요 용어에 대한 자세한 설명입니다.

- **피처 추출기(Feature Extractor)**: 원본 입력 데이터에서 관련 특성(피처)을 추출하고 해당 특성의 벡터 표현을 생성합니다. distilbert-base-uncased-finetuned-sst-2-english 모델에서 피처 추출기는 트랜스포머 인코더입니다. 피처 추출기의 주요 목적은 원본 입력을 타깃 작업에 알맞은, 보다 의미 있는 표현으로 변환하는 것입니다.
- **완전 연결 층(Fully Connected Layer)**: 신경망을 구성하는 층의 모든 뉴런(노드)이 이전 층의 모든 뉴런과 연결된 선형 층입니다. 예를 들어, distilbert-base-uncased-finetuned-sst-2-english 모델에서는 마지막에 배치된 완전 연결 층이 소프트맥스 함수를 통해 출력을 제공합니다. 이 구성 요소는 피처 추출기에서 추출한 특성을 기반으로 예측을 수행합니다.

사전 학습 모델을 사용하는 패러다임에는 세 가지가 있습니다.

- **사전 학습 모델(그대로 사용)**: 일반적인 영어 텍스트의 감성을 분석하는 작업인 경우, 새로운 감성 분석 작업에 distilbert-base-uncased-finetuned-sst-2-english 모델을 그대로 사용할 수 있습니다.
- **피처 추출기 고정**: 이 방식은 사전 학습 모델 피처 추출기의 가중치는 업데이트에서 제외됩니다. 즉, distilbert-base-uncased-finetuned-sst-2-english의 인코더 부분의 가중치를 동결하고 완전 연결 층만 재학습(retraining)시킵니다. 이런 방식으로 소량의 데이터로도 제법 훌륭한 성능의 모델을 개발할 수 있습니다.
- **파인튜닝**: 이 방식에서는 특정 작업에 맞게 모델의 가중치를 업데이트하여 사전 학습 모델을 타깃 작업에 맞게 조정합니다. 즉, 피처 추출기와 완전 연결 층 모두의 가중치를 업데이트합니다. 파인튜닝 시 전체 모델의 가중치를 업데이트하거나, 일부 층의 가중치만 업데이트할 수도 있습니다. 이때는 이전에 학습된 특징을 잃지 않도록 일반적으로 학습률 값을 작게 설정합니다.

이제 문제는 전이 학습의 패러다임을 선택하는 것입니다. 이를 위해 크기와 유사도라는 두 가지 차원을 고려합니다.

- **크기(size)**: 재학습 데이터의 크기
- **유사도(similarity)**: 사전 학습 모델이 학습한 원본 데이터셋 및 원래 과제와의 유사성 정도

앞서 설명한 세 가지 패러다임을 언제 사용하는지 다음 표를 통해 알아봅시다.

전이 학습 패러다임

사전 학습 모델 (그대로 사용)	1. 새 과제가 원래의 과제/데이터셋과 완전히 동일한 경우 사용합니다. 2. 예를 들어 영화 리뷰 감성을 이해하는 과제인 경우, `distilbert-base-uncased-finetuned-sst-2-english`를 파인튜닝하지 않고 그대로 사용할 수 있습니다. `distilbert-base-uncased-finetuned-sst-2-english`는 IMDB 데이터셋으로 학습되었기 때문입니다.
피처 추출기 고정	1. 새 과제가 원래 과제/데이터셋과 유사한 경우 사용합니다. 혹은 새 데이터셋의 크기가 작은 경우 사용합니다. 2. 예를 들어 아마존 리뷰의 감성을 파악하는 것이 과제인 경우, 피처 추출기만 고정한 채 `distilbert-base-uncased-finetuned-sst-2-english`를 사용할 수 있습니다.
파인튜닝	1. 새 과제가 원래 과제/데이터셋과 유사하지 않는 경우 사용합니다. 혹은 대량의 데이터셋이 있을 경우 사용합니다. 2. 예를 들어 임상 노트(clinical notes)의 감성을 판별하는 것이 과제인 경우, `distilbert-base-uncased-finetuned-sst-2-english`를 파인튜닝하여 사용합니다. 새 과제는 `distilbert-base-uncased-finetuned-sst-2-english`가 학습된 원래 데이터셋과 유사하지 않기 때문입니다.

04.3 사전 학습 모델 저장소

다음은 사전 학습 모델을 얻을 수 있는 저장소(repositories) 혹은 라이브러리 목록입니다.

- **허깅페이스(Hugging Face)**: BERT, GPT-2, RoBERTa, T5, ViT 등 최신 사전 학습 모델을 제공하는 널리 사용되는 라이브러리입니다(https://huggingface.co/transformers).
- **파이토치 허브(Pytorch Hub)**: 이미지 분류, 객체 탐지, NLP 작업용 모델을 포함하여 파이토치에서 제공하는 사전 학습 모델 저장소입니다(https://pytorch.org/hub/).
- **파이토치 이미지 모델(Torch Image Models, TIMM)**: EfficientNet, ResNet 등 다양한 사전 학습 이미지 분류 모델이 포함된 저장소입니다(https://github.com/rwightman/pytorch-image-models).
  ▶ TIMM에는 M이 두 개 들어갑니다. 이는 Torch Image Models에서 굵게 표시한 영어 철자를 모아서 조합했기 때문입니다.

이러한 저장소와 라이브러리는 전이 학습, 파인튜닝, 또는 다양한 머신러닝·딥러닝 작업용 피처 추출기로 활용할 수 있는 사전 학습 모델을 제공합니다.

04.4 사전 학습 모델

이 섹션에서는 자연어 처리(NLP, Natural Language Processing), 컴퓨터 비전, 음성 처리 분야에서 주로 사용되는 다양한 트랜스포머 기반의 사전 학습 모델에 대해 살펴봅니다. 이러한 모델들은 대규모 데이터로 사전 학습되어 있어서 작업 시간을 크게 절약할 수 있습니다. 사용자는 특정 작업에 맞게 모델들을 조정하여 시간과 컴퓨팅 파워를 절감할 수 있습니다.

각 모델은 특정 작업 도메인에서 강력한 성능을 발휘하고 확장성도 뛰어납니다. 이것은 다양한 프로젝트에 사용할 수 있음을 의미합니다. 예를 들어, BERT는 마스크된(masked) 언어 모델링을 목표로 학습된 반면, GPT는 시퀀스 모델링을 목표로 학습되었습니다. 각 모델의 구조에도 차이가 있습니다.

모델들을 살펴보며 여러 툴을 활용하여 자신의 프로젝트를 개선하는 방법을 더 잘 이해할 수 있을 것입니다.

04.4.1 자연어 처리(NLP)

다음은 널리 사용되는 사전 학습 NLP 모델의 목록입니다.

- **BERT**: 양방향 인코더 모델로 감성 분석, 개체명 인식, 질의 응답과 같은 다양한 NLP 작업에 사용되는 강력한 사전 학습 모델입니다.
- **GPT-o1, GPT-o3**: 텍스트 생성 기능으로 잘 알려진 오픈AI의 대규모 언어 모델입니다.
- **Claude 3.5**: 앤트로픽의 생성형 AI 모델로 한국어 문장 생성 측면에서는 가장 빠른 처리 속도와 자연스러운 문장을 생성한다는 평가가 있습니다.
- **T5**: 통합 텍스트-to-텍스트 형식을 사용하여 다양한 NLP 작업을 처리하도록 설계된 다목적 사전 학습 모델입니다.
- **BART**: 양방향 인코더(BERT와 유사)를 사용하고 자기회귀 디코더를 통합한 인코더-디코더 모델입니다.
- **LLAMA3.1**: 가장 인기 있는 오픈소스 자기회귀 모델로, 개발사인 메타(Meta)에 따르면 AI 모델 평가 테스트인 대규모 다중작업 언어 이해(MMLU)의 다수 평가 항목에서는 오픈AI의 GPT-4o와 앤스로픽의 소네트(Claude 3.5 Sonnet, 클로드 3.5 시리즈 중 하나)를 능가한다고 알려져 있습니다.
- **Falcon**: 아부다비에 위치한 기술혁신연구소에서 개발했으며 Apache 2.0 라이선스로 출시한 모델입니다. Falcon 180b는 LLAMA2 70b보다 2.5배 더 큽니다. 또한 MMLU 테스트에서 Llama2 70B와 OpenAI의 GPT-3.5의 성능을 능가한 바 있습니다.

▶ MMLU 테스트는 Massive Multitask Language Understanding의 약자로, 대규모 멀티 태스크 언어 이해 능력을 평가하는 벤치마크입니다. 이는 다양한 주제와 난이도의 문제들을 포함하며, 언어 모델이 폭넓은 지식과 이해력을 얼마나 잘 발휘하는지를 측정합니다.

04.4.2 컴퓨터 비전

다음은 널리 사용되는 컴퓨터 비전의 사전 학습 모델 목록입니다.

- **ViT(Vision Transformer)**: 이미지 분류 작업에 트랜스포머 아키텍처를 적용하여 이미지를 패치로 나누고 이를 시퀀스로 처리하는 트랜스포머 기반 모델입니다.

- **DeiT(Data-efficient Image Transformer)**: 데이터를 효율적으로 학습하기 위해 특별히 설계된 비전 트랜스포머 변형 모델로, 레이블이 붙은 이미지를 적게 투입해도 뛰어난 성능을 발휘합니다.

- **Swin Transformer**: 컴퓨터 비전 작업 용도의 계층적(hierarchical) 트랜스포머 모델로, 윈도우 이동(shifted window) 기법으로 로컬 및 글로벌(전역) 정보를 효율적으로 파악합니다.

- **스테이블 디퓨전**: 텍스트에서 이미지를 생성하는 작업에서 가장 많이 사용되는 모델입니다. 이 모델은 잠재 확산 원리를 기반으로 하며 오토인코더, U-Net, CLIP 텍스트 인코더라는 세 가지 주요 구성 요소를 갖고 있습니다.

> **용어정리** / 잠재 확산 원리, 오토인코더, U-Net, Clip의 텍스트 인코더
>
> - **잠재 확산 원리(latent diffusion principles)**: 모델이 잠재 공간에서 무작위 노이즈를 점진적으로 의미 있는 이미지로 변환하는 방법입니다. 복잡한 전체 이미지 대신 압축된 형태로 작업하여, 텍스트로부터 고품질의 이미지를 효율적으로 생성할 수 있습니다.
>
> - **오토인코더(Autoencoder)**: 데이터를 입력받아 중요한 특성을 학습하고, 이를 기반으로 데이터를 재구성하는 신경망 모델입니다. 이 모델은 입력 데이터를 압축하는 인코더 부분과, 압축된 정보를 사용해 원본 데이터를 복원하는 디코더 부분으로 구성되어 있습니다. 차원 축소, 특성 추출, 노이즈 제거 작업 등에 사용됩니다.
>
> - **U-Net**: 이미지 처리에서 중요 부분을 정확하게 구분하기 위해 개발된 딥러닝 모델입니다. 이 모델은 인코더와 디코더 구조로 구성되어 있으며, 입력 이미지를 점진적으로 축소하면서 특성을 추출하고 다시 확대하여 원래 크기로 복원합니다. 이러한 U자 형태의 구조 때문에 U-Net이라고 불리며, 이미지 분할 작업에서 뛰어난 성능을 보입니다.
>
> - **CLIP 텍스트 인코더**: CLIP 모델의 텍스트 처리 인코더를 의미합니다. CLIP은 텍스트와 이미지를 함께 이해할 수 있도록 설계되어, 텍스트와 이미지 간의 연관성을 학습하는 모델입니다. Clip의 텍스트 인코더는 입력문을 벡터로 변환합니다.

04.4.3 음성 처리

다음은 널리 사용되는 음성 처리의 사전 학습 모델들입니다.

- **Wav2Vec 2.0**: 원본 오디오 데이터에서 직접적으로 음성 표현을 학습하기 위해 자기지도(self-supervised) 음성 인식 용도의 트랜스포머 기반 모델입니다.
- **Conformer**: 합성곱, 순환 신경망, 셀프 어텐션 메커니즘을 결합한 하이브리드 모델로 자동 음성 인식 및 키워드 감지 같은 다양한 음성 처리 작업에 사용됩니다.

> **보충 수업** 키워드 감지(keyword spotting)란?
>
> 음성 신호에서 특정 단어나 구절을 인식하여 감지하는 기술로, 미리 정해진 특정 키워드를 찾아내는 것입니다. 예를 들어, 스마트 스피커에서 '시리', '헤이, 구글', '알렉사'와 같은 말을 인식하는 데 사용됩니다.

04.5 프로젝트 1: BERT-base-uncased 모델 파인튜닝으로 분류기 생성

지금까지 전이 학습의 기초 지식에 대해 알아보았습니다. 지금부터는 BERT-uncased 모델을 파인튜닝한 분류기(classifier)를 생성해보겠습니다. 분류기 생성은 진짜 뉴스와 가짜 뉴스를 탐지하며, 파이프라인을 통해 조직의 특정 요구 사항에 맞게 조작하는 방법을 알려줍니다. 여기서는 사전에 만들어둔 데이터셋을 사용하는 대신, 캐글(kaggle.com)에서 데이터셋을 다운로드하여 파인튜닝합니다. 이러한 접근 방식은 실제 애플리케이션에서 커스텀 데이터셋으로 작업하기 위해 파이프라인을 사용하는 방법을 알려줍니다. 다음은 파인튜닝 과정의 개요를 보여주는 그림입니다.

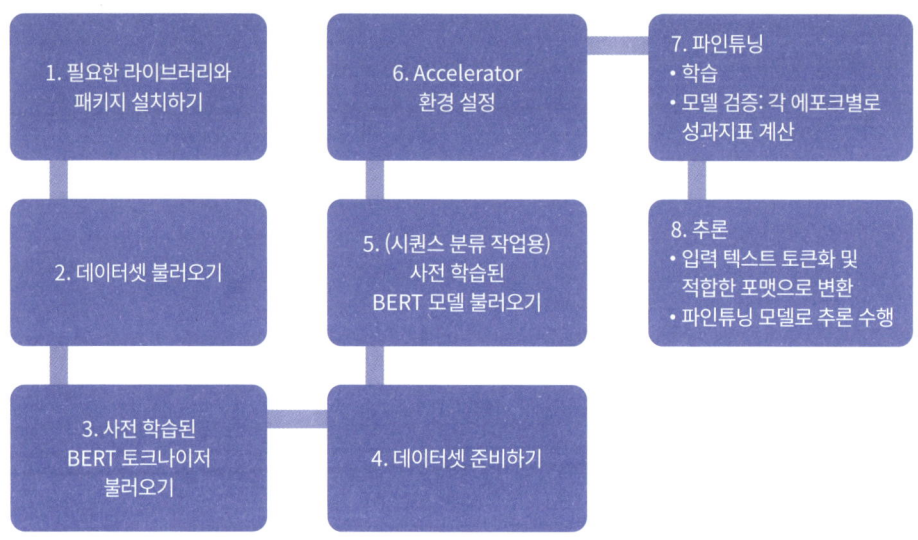

그림 4.2 NLP 분류기 파인튜닝을 위한 개요

지금부터 파인튜닝에 대한 과정을 단계별로 설명하면서, 예제 소스 [Ch4] 폴더에 수록된 Transfer_Learning.ipynb의 일부 코드를 사용합니다.

1단계: 필요한 라이브러리와 패키지 설치하기

허깅페이스 transformers 라이브러리와 파이토치를 사용하여 필요한 라이브러리와 패키지를 불러옵니다. 이는 시퀀스-to-시퀀스 모델을 학습하는 데 필요합니다.

Ch4/Transfer_Learning.ipynb

```
import pandas as pd

from sklearn.model_selection import train_test_split
from accelerate import Accelerator

import torch
from torch.utils.data import DataLoader, RandomSampler, SequentialSampler

from tqdm import tqdm

from transformers import AutoTokenizer
from transformers import AutoModelForSequenceClassification
```

```
from transformers import AdamW
from transformers import get_scheduler
```

이제 디바이스를 설정합니다. 다음 코드는 `get_device()` 함수를 정의합니다. 이를 통해 사용 가능한 하드웨어(CUDA, Apple의 Metal Performance Shaders(MPS), 혹은 CPU)를 확인하고 파이토치 텐서 연산에 적합한 디바이스를 반환합니다.

Ch4/Transfer_Learning.ipynb
```
def get_device():
  device="cpu"
  if torch.cuda.is_available():
    device="cuda"
  elif  torch.backends.mps.is_available():
    device='mps'
  else:
    device="cpu"
  return device

device = get_device()
print(device)
```

2단계: 데이터셋 불러오기

먼저 캐글 (https://www.kaggle.com/datasets/clmentbisaillon/fake-and-real-news-dataset)에서 데이터셋을 다운로드합니다. 참고로 데이터셋을 다운로드하려면 먼저 캐글에 로그인을 해야 합니다(무료 가입 가능). 다운로드한 압축 파일을 풀면 True.csv와 Fake.csv 파일이 보입니다. 이 두 파일을 구글 드라이브의 MyDrive/Book6/Ch4 폴더에 업로드해둡니다.

▶ 만약 구글 드라이브에 [Book6] 폴더를 생성하지 않았다면 2장의 내용을 따라 해당 폴더를 만든 후 진행하세요.

다음으로 데이터 클리닝을 수행합니다.

Ch4/Transfer_Learning.ipynb
```
#①
real=pd.read_csv('/content/drive/MyDrive/Book6/Ch4/True.csv')
fake=pd.read_csv('/content/drive/MyDrive/Book6/Ch4/Fake.csv')

#②
real = real.drop(['title','subject','date'], axis=1)
real['label']=1.0
fake = fake.drop(['title','subject','date'], axis=1)
fake['label']=0.0

#③
dataframe=pd.concat([real, fake], axis=0, ignore_index=True)

#④
real = real.drop(['title','subject','date'], axis=1)
real['label']=1.0
fake = fake.drop(['title','subject','date'], axis=1)
fake['label']=0.0
dataframe=pd.concat([real, fake], axis=0, ignore_index=True)
```

이 코드는 다음의 작업을 수행하고 있습니다

① 두 개의 CSV 파일에서 데이터 불러옵니다(True.csv: 진짜 뉴스, Fake.csv: 가짜 뉴스).

② 각 CSV 파일의 데이터 클리닝 및 전처리를 합니다.

③ 두 데이터프레임(dataframe)을 하나의 데이터프레임으로 병합합니다.

④ 데이터프레임은 뉴스 콘텐츠에 대한 text 열과 해당 카테고리(Real 또는 Fake)를 나타내는 label 열을 갖습니다.

3단계: 사전 학습된 BERT 토크나이저 불러오기

파인튜닝을 위해 사전 학습 모델 BERT-base-uncased를 사용합니다. 이때 입력 데이터가 모델과 호환되도록 전용 토크나이저를 사용하는 것이 중요합니다. 잘못된 토크나이저를 사용하면 모델에 입력된 데이터의 호환성이 떨어져서 학습 과정에 부정적인 영향을 미치고 성능이 저하될 수 있습니다.

Ch4/Transfer_Learning.ipynb
```
tokenizer = AutoTokenizer.from_pretrained("bert-base-uncased")
```

4단계: 데이터셋 준비하기

BERT-based-uncased 모델의 데이터 전처리 과정에는 텍스트 토큰화, 토큰을 input_ids에 매핑, 어텐션 마스크(attention_mask) 생성, 텐서 형식의 레이블 준비가 필요합니다. Dataset 클래스의 각 항목(item)은 다음과 같은 딕셔너리 구조를 가집니다.

```
{'input_ids': torch.Tensor(), 'attention_mask':torch.Tensor(), 'labels': torch.Tensor() }
```

이 딕셔너리의 구성 요소에 대해 알아보겠습니다.

- **input_ids**: 토큰화된 텍스트의 각 토큰은 BERT의 어휘를 사용하여 ID에 매핑됩니다. 그 결과로 생성된 input_ids는 (batch_size, max_sequence_length) 차원을 가진 텐서 또는 배열(array)이어야 합니다.

- **attention_mask**: 어텐션 마스크는 실제 토큰과 패딩 토큰을 구분하는 데 사용합니다. 또한 input_ids 텐서와 같은 차원, 즉 (batch_size, max_sequence_length) 모양을 갖습니다. 이때 실제 토큰은 1, 패딩 토큰은 0값을 부여합니다.

- **labels**: 레이블 텐서에는 데이터셋의 각 예제에 대한 실제 클래스가 포함됩니다. 일반적으로 (batch_size,) 모양을 갖습니다. 분류 작업의 경우 이러한 레이블은 원-핫 인코딩된 레이블입니다.

다음 코드는 데이터 처리 과정을 보여줍니다. 이를 통해 학습 및 검증 데이터셋에 대한 input_ids, attention_mask, labels 이렇게 세 리스트를 출력합니다.

Ch4/Transfer_Learning.ipynb
```
# (text, label) 형태의 튜플로 구성된 리스트 생성
data=list(zip(df['text'].tolist(), df['label'].tolist()))

# 다음 함수는 파라미터로 texts와 labels로 구성된 리스트를 가지며
```

```python
# 출력으로 input_ids, attention_mask, labels_out을 생성
def tokenize_and_encode(texts, labels):
    input_ids, attention_masks, labels_out = [], [], []
    for text, label in zip(texts, labels):
        encoded = tokenizer.encode_plus(
            text, max_length=512, padding='max_length', truncation=True)
        input_ids.append(encoded['input_ids'])
        attention_masks.append(encoded['attention_mask'])
        labels_out.append(label)
    return torch.tensor(input_ids), torch.tensor(attention_masks),
torch.tensor(labels_out)

# 튜플을 분리하여 containing texts, containing labels 리스트 생성
texts, labels = zip(*data)

# 학습 및 검증 데이터셋 분리
train_texts, val_texts, train_labels, val_labels = train_test_split(
    texts, labels, test_size=0.2)

# 토큰화
train_input_ids, train_attention_masks, train_labels = \
tokenize_and_encode(train_texts, train_labels)

val_input_ids, val_attention_masks, val_labels = \
tokenize_and_encode(val_texts, val_labels)
```

04.5.1 커스텀 데이터셋 클래스

이번에는 커스텀 데이터셋 클래스인 TextClassificationDataset을 작성해보겠습니다.

Ch4/Transfer_Learning.ipynb

```python
class TextClassificationDataset(torch.utils.data.Dataset):
    def __init__(self, input_ids, attention_masks, labels, num_classes=2): #①
        self.input_ids = input_ids
        self.attention_masks = attention_masks
        self.labels = labels
        self.num_classes = num_classes
```

```
        self.one_hot_labels = self.one_hot_encode(labels, num_classes)

    def __len__(self):
        return len(self.input_ids)

    def __getitem__(self, idx): #②
        return {
            'input_ids': self.input_ids[idx],
            'attention_mask': self.attention_masks[idx],
            'labels': self.one_hot_labels[idx]
        }

    @staticmethod #③
    def one_hot_encode(targets, num_classes): #④
        targets = targets.long()
        one_hot_targets = torch.zeros(targets.size(0), num_classes)
        one_hot_targets.scatter_(1, targets.unsqueeze(1), 1.0)
        return one_hot_targets

train_dataset = TextClassificationDataset(
    train_input_ids, train_attention_masks, train_labels)

val_dataset = TextClassificationDataset(
    val_input_ids, val_attention_masks, val_labels)
```

보충 수업 @의 역할

파이썬에서 @ 기호는 데코레이터라고 합니다. 이는 함수나 메서드의 동작을 수정하거나 확장하는 방법입니다. 참고로 메서드는 클래스 내부에 정의된 함수입니다. 코드에서(#③ 참고) @staticmethod는 정적 메서드를 의미합니다. 정적 메서드는 클래스 인스턴스('self')에 접근하지 않고, 클래스 자체에서 호출될 수 있습니다. @staticmethod는 메서드가 인스턴스 없이 클래스에서 직접 호출될 수 있도록 해줍니다.

코드의 내용을 살펴보겠습니다.

① BERT-based-uncased 튜닝을 위한 데이터셋의 각 항목(item)은 다음과 같이 키(key)를 포함한 딕셔너리 타입이어야 합니다.

- input_IDs
- attention_mask
- labels

② __getitem__ 메서드는 다음과 같은 딕셔너리 구조를 반환합니다.

```
{
    'input_ids': self.input_ids[idx],
    'attention_mask': self.attention_masks[idx],
        'labels': self.one_hot_labels[idx]
}
```

④ one_hot_encode 메서드는 타깃(레이블)과 num_class를 인자로 받습니다. 이는 주어진 타깃을 원-핫 인코딩 텐서로 변환합니다. 이 메서드는 먼저 타깃을 long 텐서로 변환한 다음, (샘플 수, num_classes) 모양을 갖추고 0으로 값이 채워진 제로 텐서로 초기화합니다.

> 파이토치에서 long 텐서는 64비트 정수를 저장하는 텐서입니다. 주로 정수값을 다룰 때 사용되며, 예를 들어 클래스 레이블이나 인덱스 등을 표현할 때 쓰입니다.

이어서 scatter_ 함수를 사용하여 각 샘플의 레이블의 적절한 위치에 1.0값을 주어 원-핫 인코딩 텐서를 생성합니다.

04.5.2 DataLoader 생성

이제 파인튜닝 작업에 사용하는 DataLoader를 생성해보겠습니다.

Ch4/Transfer_Learning.ipynb
```
train_dataloader = DataLoader(train_dataset, batch_size=8, shuffle=True)
eval_dataloader = DataLoader(val_dataset, batch_size=8)
```

03장에서 다룬 파이토치에서의 트랜스포머 차원 요구 사항을 다시 살펴보겠습니다. 인코더는 (seq_len, batch_size) 차원의 데이터를 요구합니다. 하지만 허깅페이스의 BERT-based-uncased 모델은 (batch_size, seq_len) 차원의 데이터를 필요로 합니다. 그 결과로 train_dataloader의 출력은 (batch_size, seq_len) 차원을 갖습니다. 다음의 코드를 실행하여 dataloader의 차원을 점검할 수 있습니다.

Ch4/Transfer_Learning.ipynb
```
item=next(iter(train_dataloader))
item_ids,item_mask,item_labels=item['input_ids'],item['attention_mask'],\
item['labels']
print ('item_ids, ',item_ids.shape, '\n',
       'item_mask, ',item_mask.shape, '\n',
       'item_labels, ',item_labels.shape, '\n',)
```

실행 결과
```
item_ids, torch.Size([8, 512])
item_mask, torch.Size([8, 512])
item_labels, torch.Size([8, 2])
```

이 결과는 'BERT-based-uncased'를 파인튜닝하기 위한 데이터 차원 요구 사항과 일치합니다.

계속해서 [그림 4.2] 과정 중 5~6단계를 진행하겠습니다.

5단계: 사전 학습된 BERT-based-uncased 모델 불러오기

다음 코드에는 중요한 두 가지 사항이 있습니다.

- 이 단계에서는 AutoModelForSequenceClassification 클래스를 사용하여 BERT-base-uncased 모델을 불러옵니다. 이 클래스는 분류 작업을 위해 트랜스포머 아키텍처에 최종 완전 연결 층을 추가합니다. 이를 통해 사전 학습 모델을 특정 분류 문제에 적용할 수 있습니다.

- 또한 AdamW 옵티마이저를 초기화합니다. 이는 딥러닝 모델 학습 시 널리 사용되는 최적화 알고리즘으로, 트랜스포머 모델 학습을 위해 설계되었습니다.

Ch4/Transfer_Learning.ipynb

```
model = AutoModelForSequenceClassification.from_pretrained(
    "bert-base-uncased", num_labels=2)
optimizer = AdamW(model.parameters(), lr=5e-5)
```

6단계: Accelerator 환경 설정

Accelerator는 다양한 딥러닝 모델을 손쉽게 학습할 수 있도록 사용자 친화적인 API를 제공하는 유용한 툴로, 다음의 두 가지 이점이 있습니다.

- GPU, TPU, MPS(Apple의 Metal Performance Shaders) 등 다양한 하드웨어 가속기에서 학습을 유연하게 수행할 수 있습니다.
- Accelerator 라이브러리는 분산 학습과 혼합 정밀도 학습에 특히 유용합니다.
  ▶ 혼합 정밀도는 연산 속도를 높이고 메모리 사용을 줄이기 위해 16비트와 32비트 부동 소수점 숫자를 함께 사용하는 방법입니다.

다음은 Accelerator를 준비하는 코드입니다.

Ch4/Transfer_Learning.ipynb

```
# 모델 및 옵티마이저 준비
accelerator = Accelerator()
model, optimizer, train_dataloader, eval_dataloader = accelerator.prepare(
    model, optimizer, train_dataloader, eval_dataloader
)
```

7단계: 파인튜닝

다음 코드는 파인튜닝을 구현합니다.

Ch4/Transfer_Learning.ipynb

```
num_epochs = 1
num_training_steps = num_epochs * len(train_dataloader)
lr_scheduler = get_scheduler(
    "linear",
    optimizer=optimizer,
    num_warmup_steps=0,
    num_training_steps=num_training_steps
```

```python
    )
progress_bar = tqdm(range(num_training_steps))

for epoch in range(num_epochs):
    for batch in train_dataloader:
        outputs = model(**batch)
        loss = outputs.loss
        accelerator.backward(loss)
        optimizer.step()
        lr_scheduler.step()      #①
        optimizer.zero_grad()
        progress_bar.update(1) #②
    model.eval()
    #device = 'mps' 원서에 수록된 코드이나, 코랩에서는 불필요하여 주석 처리함
    preds = []
    out_label_ids = []
    epochs=1
    epoch=1

    for batch in eval_dataloader:
        with torch.no_grad():
            inputs = {k: v.to(device) for k, v in batch.items()}
            outputs = model(**inputs)
            logits = outputs.logits

        preds.extend(torch.argmax(logits.detach().cpu(), dim=1).numpy())
        out_label_ids.extend(
            torch.argmax(inputs["labels"].detach().cpu(),dim=1).numpy())
    accuracy = accuracy_score(out_label_ids, preds)
    f1 = f1_score(out_label_ids, preds, average='weighted')
    recall = recall_score(out_label_ids, preds, average='weighted')
    precision = precision_score(out_label_ids, preds, average='weighted')

    print(f"Epoch {epoch + 1}/{num_epochs} Evaluation Results:")
    print(f"Accuracy: {accuracy}")
    print(f"F1 Score: {f1}")
    print(f"Recall: {recall}")
    print(f"Precision: {precision}")
```

코드를 상세히 살펴보겠습니다.

① `lr_scheduler`는 학습률 스케줄러의 인스턴스로, 학습 과정 중 학습률을 조절하는 역할을 합니다. 학습률 스케줄러는 학습 단계 수에 따라 학습률을 동적으로 조절하여 학습 과정을 개선합니다. 이 코드에서 학습률은 옵티마이저에서 설정한 초깃값으로 시작해서 학습이 진행됨에 따라 선형적으로 0을 향해 감소합니다.

- 오버슈팅(과도한 최적화) 방지: 고정된 학습률을 사용할 경우, 특히 학습 프로세스 후반부에서 옵티마이저가 최적 솔루션 값을 지나칠 가능성이 있습니다. 학습률을 시간이 경과할수록 감소시키면 모델이 더 작은 스텝으로 가중치를 업데이트하여 파인튜닝을 더 잘 실행합니다.

② `progress_bar`는 학습 진행 상황을 보여주는 유틸리티입니다.

참고로 다음 코드 블록은 파인튜닝용 표준 코드 블록입니다.

```
for epoch in range(num_epochs):
    for batch in train_dataloader:
        outputs = model(**batch)
        loss = outputs.loss
        accelerator.backward(loss)
        optimizer.step()
        lr_scheduler.step()      #①
        optimizer.zero_grad()
        progress_bar.update(1)  #②
```

또한 학습 중에는 텐서를 디바이스에 맞춰 일일이 지정해서 변환하지 않고, `Accelerator`가 자동으로 디바이스를 식별하여 텐서를 적절한 형식으로 변환합니다. 각 에포크가 끝나면 평가 데이터셋에 대한 평가 지표를 출력합니다.

다음은 우리가 작성한 분류기를 파인튜닝한 출력 결과입니다. 결과를 보면 진짜 뉴스와 가짜 뉴스를 판별하는 분류기를 성공적으로 만들었다는 것을 알 수 있습니다. 주의할 점은 데이터셋에서 진짜 뉴스 기사에 대해서는 신뢰가 가는 뉴스 제공자 정보(예: ABC, CBS)가 포함되어 있다는 것입니다. 모델이 이렇게 신뢰성이 있는 정보에 크게 의존했기 때문에 성능이 예외적으로 높아진 것일 수도 있습니다.

> **역자의 한마디** / 실행 결과가 다르게 나온다면
>
> 참고로 딥러닝 모델은 매번 실행할 때마다 결과가 미묘하게 다르기 때문에 여러분 코드 결과와 책의 결과가 조금 다를 수 있습니다. 이 현상은 이 책의 모든 딥러닝 코드 결과에도 동일하게 적용됩니다.

```
100%|██████████| 449/449 [09:35<00:00, 1.28s/it]
100%|██████████| 449/449 [05:29<00:00, 1.34it/s]Epoch 2/1 Evaluation Results:
Accuracy: 0.9977728285077951
F1 Score: 0.9977729390368493
Recall: 0.9977728285077951
Precision: 0.9977829520145779
```

그림 4.3 파인튜닝 결과

04.5.3 추론

우리는 진짜 뉴스와 가짜 뉴스를 판별하는 딥러닝 모델을 개발했습니다. 이제 추론 파이프라인을 만들 차례입니다. 이 파이프라인을 통해 텍스트를 입력하면 모델이 해당 텍스트의 진짜 또는 가짜 뉴스 여부를 판별합니다.

Ch4/Transfer_Learning.ipynb

```python
from transformers import BertTokenizer
import torch
tokenizer = BertTokenizer.from_pretrained('bert-base-uncased') #①

def inference(text, model, label, device=device):
    # 토크나이저 불러오기 및 입력 텍스트 토큰화
    inputs = tokenizer(text, return_tensors='pt', padding=True, truncation=True)
    # 입력 텐서를 특정 디바이스로 전송(디폴트 값: 'cpu')
    inputs = {k: v.to(device) for k, v in inputs.items()}

    # 모델을 eval 모드로 설정 후 추론
    model.eval()
    with torch.no_grad():
        outputs = model(**inputs)
        logits = outputs.logits

    # predicted label 인덱스 추출
    pred_label_idx = torch.argmax(logits.detach().cpu(), dim=1).item() #②
```

```
        print(f"Predicted label index: {pred_label_idx}, actual label {label}")
        return pred_label_idx
```

이 코드에서 몇 가지 중요한 사항은 다음과 같습니다.

① 파인튜닝에 사용된 것과 동일한 토크나이저를 사용합니다.

② `logits.detach().cpu()`

- detach()는 의도하지 않은(unintended) 역전파를 방지합니다.
- cpu()는 출력(outputs)이 scikit-learn 라이브러리와 호환되게 만들어서 추가적인 연산을 수행할 수 있게 해줍니다.

8단계: 추론

다음 코드는 추론을 실행합니다.

```
#https://abcnews.go.com/US/tornado-confirmed-delaware-powerful-storm-moves-east/story?id=98293454

text="""
WASHINGTON (ABC) A confirmed tornado was located near Bridgeville in Sussex County, Delaware, shortly after 6 p.m. ET Saturday, moving east at 50 mph, according to the National Weather Service. Downed trees and wires were reported in the area.
"""
inference(text, model, 1.0)

text="this is definately junk text I am typing"
inference(text, model, 0.0)
```

실행 결과

```
Predicted label index: 1, actual label 1.0
Predicted label index: 0, actual label 0.0
```

처음 텍스트 입력은 뉴스 기사를 검색한 것이므로 진짜 뉴스라고 올바르게 모델이 판별합니다. 두 번째 입력은 저자가 임의로 생성한 내용으로, 모델도 가짜 뉴스로 판별합니다.

CHAPTER

05

대규모 언어 모델

05.1 _ 대규모 언어 모델(LLM)

05.2 _ 성능을 결정하는 핵심 요인

05.3 _ 선도적인 LLM: BERT, GPT-3, BART

05.4 _ 커스텀 LLM 생성

지난 몇 년 동안 트랜스포머 모델은 자연어 처리(NLP) 작업의 독보적인 대세로 떠올랐습니다. 이 모델은 전통적인 방법을 압도하며 다양한 작업에서 새로운 벤치마크 기록을 세웠습니다. 분류, 감성 분석, 질의 응답, 텍스트 요약에 이르기까지 트랜스포머 모델은 연구자와 실무자들이 가장 선호하는 모델입니다.

더 나아가 트랜스포머 모델은 전통적인 머신러닝·딥러닝 작업에 국한되지 않고 더 흥미로운 분야로도 나아가고 있습니다. NLP 연구는 이미 인공지능의 궁극적 목표인 인공 일반 지능(AGI, Artificial General Intelligence) 연구에 기여하고 있습니다. AGI는 인간처럼 다양한 작업과 도메인에서 이해하고, 학습하며, 추론할 수 있는 기계를 만드는 것을 목표로 합니다. 우리가 AGI를 추구하는 과정에서 트랜스포머 모델은 디딤돌 역할을 하고 있습니다. 이미 GPT4-o1 및 Codex와 같은 대규모 언어 모델이 개발되어 놀라운 성능과 결과를 보여주고 있습니다.

여기에서는 NLP작업 용도의 다양한 트랜스포머 모델에 대해 논의하고, 여러분이 속한 조직과 업무에 반영할 수 있는 언어 모델을 만드는 방법에 대해 설명합니다.

이 장의 궁극적인 목표는 대규모 언어 모델(LLM, Large Language Model)에 대한 이해입니다. 이를 위해 먼저 LLM의 개념을 살펴보고 NLP작업에서 LLM이 갖는 의미를 탐구하는 것으로 시작합니다. 그런 다음 LLM의 다양한 변형을 살펴보고, 아키텍처 및 다양한 NLP 애플리케이션과의 관련된 부분을 알아봅니다. 또한 사전 학습 모델과 특정 작업 용도(task-specific)의 모델을 구분하여 트랜스포머 모델을 세부적으로 살펴봅니다. 마지막으로 조직의 업무 맥락을 반영한 커스텀 언어 모델을 만드는 과정을 설명하고, 이러한 커스텀 LLM의 실제 구현에 대한 통찰력을 제공합니다.

05.1 대규모 언어 모델(LLM)

LLM은 사람처럼 텍스트를 이해하고 생성하도록 설계된 컴퓨터 프로그램입니다. LLM의 한 예로 챗GPT를 생각해볼 수 있습니다. LLM은 셰익스피어처럼 시를 쓰고, 의예과 시험을 통과하며, 프로그램의 버그를 찾고, 복잡한 코드를 간단하게 요약 설명합니다. 이는 마치 전문가가 여러분의 작업을 도와주는 것과 같습니다. 일반적으로 LLM은 사용자의 질문을 이해하고 전문가처럼 답변을 생성할 수 있습니다. 그럼 LLM이 어떻게 만들어지는지 알아보겠습니다.

LLM을 만드는 과정에는 모델이 방대한 양의 데이터를 학습하고 그 지식을 다양한 언어 작업에 적용하도록 돕는 절차가 필요합니다. LLM을 만드는 절차를 요약하면 다음과 같습니다.

1. **데이터 수집**: 첫 번째 단계는 웹사이트, 책, 기사, 소셜 미디어 등 다양한 출처에서 텍스트를 포함한 방대한 데이터셋을 수집하는 것입니다. 이 데이터셋은 학습할 원본 데이터를 제공하여 모델이 언어 구조, 문법 및 문맥을 이해하는 데 도움을 줍니다.

2. **데이터 전처리**: 모델을 학습시키기 전에 텍스트 데이터를 전처리하고 정리(클리닝)해야 합니다. 그런 다음, 모델 아키텍처가 요구하는 형태로 데이터를 변환합니다.

3. **모델 아키텍처 정의**: 다음 절차에 따라 모델 아키텍처를 개발합니다.

    3-1. 모델 구조를 정의하고 트랜스포머 변형 모델(인코더 전용 모델, 디코더 전용 모델, 인코더–디코더 모델) 중에서 하나를 선택합니다.

    3-2. 층(레이어) 개수와 뉴런 개수를 결정합니다.

    3-3. 모델이 데이터를 학습하고 처리하는 방법을 정의합니다. 예를 들어, GPT 모델은 다음 단어를 예측하도록 학습됩니다.

4. **사전 학습**: 모델 아키텍처와 데이터셋이 준비되면 사전 학습 단계를 시작합니다. 일반적으로 NLP 작업은 비지도 방식으로 학습합니다. 즉, 모델에 텍스트 데이터를 입력하여 일관된 텍스트를 생성하는 방법을 학습시킵니다. 전형적인 사전 학습 방법은 다음 단어를 예측하는 것입니다. 따라서 데이터는 텍스트 시퀀스로 구성되며, 레이블은 기본적으로 한 위치씩 이동된 입력 텍스트를 의미합니다. 예시를 들어보겠습니다.

    ```
    Data = ['I', 'live', 'in', 'New York']
    Label = ['live', 'in', 'New York']
    ```

    사전 학습 단계의 핵심 아이디어는 모델이 언어의 일반 구조를 이해하게 만드는 것입니다. 사전 학습된 LLM의 예로는 DistilBERT–base–uncased를 들 수 있습니다.

5. **파인튜닝**: 사전 학습을 통해 언어의 일반적인 구조와 뉘앙스를 학습한 모델을 감성 분석, 질의 응답 또는 텍스트 요약과 같은 특정 작업에 맞게 파인튜닝합니다. 파인튜닝은 일반적으로 지도 학습을 사용합니다. 이 과정에서 더 작은 작업별 데이터셋인 배치(batch)를 구성하여 모델을 학습시켜 특정 작업 용도로 특화시킵니다. 파인튜닝된 모델의 예로 distilbert–base–uncased–finetuned–sst–2–english를 들 수 있습니다. 이 모델은 주어진 텍스트의 감성을 예측하기 위해 SST–2 데이터셋에 파인튜닝된 Distil–BERT–base–uncased 모델입니다.

    ▶ SST-2(Stanford Sentiment Treebank 2)는 영화 리뷰에 대한 이진 감성 분석 데이터셋입니다.

6. **모델 평가/테스트**: 파인튜닝 이후에는 모델의 성능을 평가해야 합니다. LLM을 평가하는 좋은 방법 중 하나는 SuperGLUE(Super General Language Understanding Evaluation) 벤치마크 점수를 구하는 것입니다. SuperGLUE는 다양한 작업에서 성능을 평가하도록 설계된 벤치마크 지표입니다.

7. **모델 배포**: 모델을 사전 학습시키고 파인튜닝한 다음에는 배포할 차례입니다. 예를 들어 질의 응답 작업용으로 모델을 파인튜닝했다면 챗봇에 통합시킬 수 있습니다. 분류 작업용으로 모델을 파인튜닝했다면 분류 문제를 해결하는 용도로 배포할 수 있습니다. 즉, 배포는 모델이 파인튜닝된 특정 작업에 따라 달라집니다.

이 장의 후반부에서는 커스텀 LLM을 만들기 위한 흥미로운 여정을 시작할 것입니다. 이를 통해 조직의 고유한 업무 맥락과 문제를 반영한 LLM을 개발하여 조직의 AI 역량을 최적화할 수 있습니다.

05.2 성능을 결정하는 핵심 요인

LLM의 성능은 모델의 규모(scale) 및 복잡성 등의 요인에 의해 결정됩니다. 이 섹션에서는 이러한 요인에 대해 자세히 살펴보겠습니다.

05.2.1 네트워크 사이즈: 인코더 층과 디코더 층 개수

인코더 층 개수와 디코더 층 개수로 표현되는 신경망의 깊이는 언어의 복잡한 패턴과 관계를 모델링하는 중요한 역할을 합니다. 예를 들어, BERT 파생형인 BERT-Base 모델은 12개의 인코더 층을 갖고, 또 다른 파생형인 BERT-Large는 24개의 인코더 층을 갖습니다. 더 깊은 네트워크는 더 높은 수준의 추상적 개념(abstractions)을 포착하고 입력 데이터의 더 정교한 표현을 학습할 수 있으며, 이는 성능 향상으로 이어집니다.

모델 파라미터 개수

신경망 파라미터는 뉴런 연결 시 사용되는 가중치(weights)와 바이어스(biases)로 구성됩니다. 가중치는 뉴런 간 연결 강도를 결정하고, 바이어스는 뉴런의 출력을 조절하는 데 도움을 줍니다. 신경망의 총 파라미터 수는 모델의 복잡성과 데이터가 가진 복잡한 관계를 학습할 수 있는 능력을 나타내는 지표입니다. LLM 모델은 다양한 파라미터를 갖습니다. 예를 들어,

BERT-Base에는 1억 1천만 개의 파라미터가 있는 반면, GPT-4에는 170조에 달하는 파라미터가 있습니다. 따라서 GPT-4는 BERT 기반에 비해 더 넓은 범위의 텍스트를 더 높은 정확도로 처리할 수 있습니다.

최대 시퀀스 길이

모델의 최대 시퀀스(max-sequence) 길이는 한 번에 처리할 수 있는 가장 긴 입력 텍스트를 의미합니다. BERT의 경우 디폴트 최대 시퀀스 길이는 512 토큰인 반면, Longformer의 경우 최대 시퀀스 길이는 4,096입니다. 최대 시퀀스 길이는 모델이 장기 의존성을 포착하고 더 긴 문서를 처리하는 능력에 영향을 미칩니다.

임베딩 차원 크기

임베딩 벡터는 각 입력 토큰을 표현하는 고정 길이 벡터입니다. 이 임베딩 벡터의 행렬 차원을 '임베딩 차원'이라고 부르겠습니다. BERT-Base의 임베딩 차원은 768이고, BERT-Large의 임베딩 차원은 1,024입니다. 임베딩 차원이 클수록 모델이 입력 토큰에 대한 더 많은 정보를 파악할 수 있어서, NLP 작업 시 모델은 더 나은 성능을 발휘합니다.

사전 학습 데이터셋 크기 및 타입

모델 성능은 사용된 사전 학습 데이터셋의 크기와 다양성에 의해 영향을 받습니다. 많은 종류의 사전 학습 언어 모델은 다양한 출처에서 가져온 방대한 데이터로 학습됩니다. 예를 들어, GPT-3는 웹 크롤링, 도서, 다국어 위키피디아의 데이터 등 4,890억 개의 토큰으로 구성된 데이터셋으로 학습되었습니다. 반면, BERT는 BookCorpus(8억 개 단어)와 영어판 위키피디아(2.5억 개 단어)로 구성된 더 작은 데이터셋으로 학습되었습니다. 이러한 데이터셋의 품질과 다양성은 모델이 언어 패턴을 이해하고 다양한 작업에서의 성능을 발휘하는 데 있어서 중요한 역할을 합니다.

05.3 선도적인 LLM: BERT, GTP-3, BART

이번에는 세 가지 선도적인 LLM 모델인 BERT, GPT, BART에 대해 자세히 알아보겠습니다.

05.3.1 BERT 및 계열 모델

BERT(Bidirectional Encoder Representations from Transformers)는 2018년 구글에서 개발한 강력한 사전 학습 언어 모델로, 인코더 전용 모델입니다. 계속해서 BERT의 사전 학습, 파인튜닝, 그리고 다양한 계열 모델에 대해 설명하겠습니다.

BERT 사전 학습

BERT는 마스크된 언어 모델링(MLM, Masked Language Modeling)과 다음 문장 예측(NSP, Next Sentence Prediction) 기법을 사용하여 대규모 텍스트 말뭉치(corpus)로 학습되었습니다. 다음 그림은 BERT의 사전 학습 과정을 보여줍니다. 사전 학습 단계에서 BERT는 MLM 작업을 위한 마스크된 단어와, NSP 작업을 위한 문장 쌍을 모두 포함한 입력 시퀀스를 처리합니다.

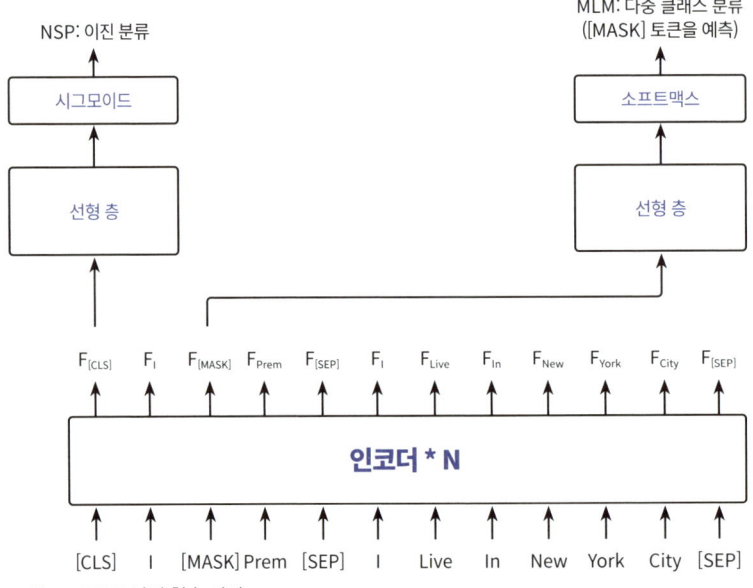

그림 5.1 BERT 사전 학습 과정

사전 학습을 위한 입력 시퀀스를 생성하는 방법은 다음과 같습니다.

- **문장 쌍(sentence pairs) 수집**: 입력 말뭉치에서 연속된 문장 쌍(문장 A와 문장 B)을 추출합니다. 문장 쌍은 50%는 연속된 문장으로, 50%는 무작위 쌍으로 구성됩니다. [그림 5.1]에서 보듯 사전 학습 입력 시퀀스로 이 문장 쌍을 투입합니다.

- **토큰화**: 문장 쌍을 토큰화합니다.
- **특수 토큰(special token) 추가**: 토큰화된 시퀀스에 스페셜 토큰을 추가합니다. 각 시퀀스의 시작에 [CLS]가 추가되고, [SEP]가 문장 A와 문장 B 사이, 그리고 문장 B의 끝에 추가됩니다. 참고로 다음 예에서 Prem은 이 책의 저자 이름입니다.
  - ▶ 스페셜 토큰 [CLS]는 Classification의 약자이고, [SEP]는 Separator의 약자입니다.

    [CLS] I Am Prem [SEP] I Live In New York City [SEP]

- **MLM 마스킹**: 입력 시퀀스에서 일정 비율(예: 15%)의 토큰을 무작위로 선택하여 마스킹합니다. 마스킹 용도로 선택된 토큰은 [MASK] 토큰으로 대체됩니다. 다음은 특수 토큰과 마스킹 토큰을 추가한 입력 시퀀스입니다.

    [CLS] I [MASK] Prem [SEP] I Live In New York City [SEP]

- **MLM 및 NSP 작업용 입력 레이블 생성**: MLM의 경우 레이블은 마스크된 위치에 해당하는 (마스킹 이전의) 원래 토큰입니다. NSP의 경우, 레이블은 문장 B가 문장 A의 다음 문장인 경우 1이고 그렇지 않은 경우 0을 부여합니다.
- **최적화**: [그림 5.1]과 같이 BERT는 사전 학습 중에 MLM과 NSP 작업에 대해 각각 두 개의 별도 선형 층을 사용합니다. MLM의 경우, 선형 층의 출력 노드 수는 어휘의 크기입니다. 이는 어휘 내 모든 토큰 중에서 마스크된 토큰을 식별해야 하기 때문입니다. 반면 NSP의 경우 선형 층의 출력 노드는 2개인데 그 이유는 NSP가 이진 분류 문제이기 때문입니다. BERT 모델은 두 작업을 모두 고려하여 최적화되며, 총 손실(loss)은 MLM 손실과 NSP 손실의 평균으로 계산됩니다. 이러한 결합 최적화 방식을 통해 BERT는 MLM과 NSP 작업 모두에 대해 학습할 수 있습니다.

참고로 사전 학습된 BERT모델은 허깅페이스에서 bert-base-uncased를 검색해 찾을 수 있습니다.

BERT 파인튜닝

BERT 사전 학습이 완료되면 다음 단계는 특정 작업 용도로 혹은 특정 데이터셋에 대해 모델을 파인튜닝하는 것입니다. 파인튜닝은 타깃 작업용으로 레이블된 데이터셋에 대해 몇 번의 에포크 동안 추가 학습하는 과정을 말합니다.

▶ 딥러닝에서 에포크는 학습 데이터셋 전체를 모델에 학습시키는 1회의 과정을 의미합니다. 한 에포크가 끝나면 전체 데이터셋을 모델에 처음부터 끝까지 투입한 셈입니다.

예를 들어 만족 고객과 불만족 고객을 구분하려는 경우, 고객 센터에서 작성된 고객과의 채팅 로그를 입력 텍스트로 사용할 수 있습니다. 이러한 고객 채팅 내용에 대한 레이블을 수동으로 만든 다음(예: 긍정 혹은 부정 레이블 생성), 이 레이블이 붙은 데이터셋을 투입하여 BERT-base-uncased 모델을 추가로 학습시켜서 분류 문제를 처리할 수 있습니다. BERT 사전 학습으로 얻은 일반적인 언어 이해 능력을 활용하면서도 이러한 파인튜닝을 통해 특정 작업에 추가적으로 적용할 수 있습니다.

BERT 계열 모델

다음은 BERT의 계열 모델을 보여주는 표입니다. 이 모델들은 인코더 전용 아키텍처를 공유하지만, 사전 학습 목표와 구체적인 아키텍처 설계에서는 차이가 있습니다.

BERT계열 모델

모델	출시 연도	기본 모델	아키텍처	차별화된 특징
BERT	2018	110M	• 12개의 인코더 층으로 구성.	• 표준형 기본 모델.
RoBERTa(Robustly Optimized BERT Approach)	2019	125M	• MLM만 사용. • 동적 마스킹을 사용하며 각 에포크마다 마스크된 토큰이 변경됨.	• 대규모 텍스트 말뭉치를 학습에 사용. • BERT 대비 성능 향상.
ALBERT (A Lite BERT)	2019	12M	• 모델의 은닉 층 사이즈(H)에서 단어 임베딩 사이즈(E)를 분리. • NSP 대신 SOP(Sentence Order Prediction) 작업에 사용.	• 신경망 층간(Cross-layer) 파라미터를 공유.
DistilBERT (Distilled BERT)	2019	66 M	• 6개의 인코더 층으로 구성.	
LONGFORMER	2020	148 M	• 슬라이딩 윈도우 어텐션을 사용해서 복잡성이 $O(2n)$에서 $O(n)$으로 감소.	• 최대 시퀀스 길이가 4096임(참고로 BERT의 길이는 512).

▶ $O(2^n)$은 입력 크기가 커질수록 지수적으로 실행 시간이 증가하고, $O(n)$은 입력 크기에 따라 선형적으로 실행 시간이 증가합니다.

애플리케이션

BERT는 일반적으로 양방향 컨텍스트(문맥) 이해가 필요한 작업에 더 적합합니다. BERT가 우수한 성능을 발휘하는 NLP 작업은 다음과 같습니다.

- 텍스트 분류
- 개체명 인식(NER, Named Entity Recognition)

- 질의 응답(QA, Question-Answering)
- 감성 분석
- 유사 문장 탐지(paraphrase detection)

05.3.2 GPT

GPT(Generative Pre-trained Transformer)는 자연어 처리 작업을 위해 OpenAI에서 개발한 트랜스포머 디코더 전용 모델입니다. 이 모델은 자기회귀(autoregressive) 방식을 채택해서, 이전에 생성된 토큰을 다음 예측을 위한 컨텍스트로 재입력해 한 번에 하나씩 토큰을 예측하며 전체 텍스트를 생성합니다. 다음 그림은 GPT-2 아키텍처를 보여줍니다. 'Describe First Law of Robotics(로봇 제1법칙을 설명해 줘)'라는 프롬프트를 입력하면, 이전에 생성한 토큰(⟨s⟩, A)을 GPT가 사용해서 다음 토큰인 'Robot(로봇)'을 예측합니다.

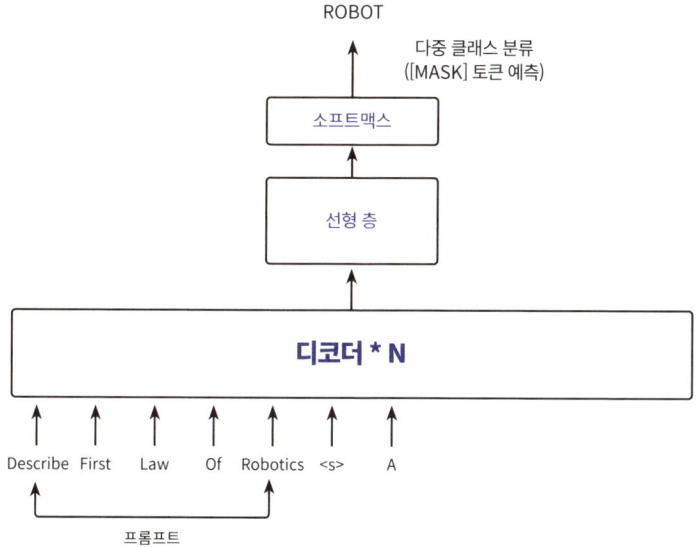

그림 5.2 GPT-2 아키텍처

GPT 사전 학습

GPT의 사전 학습 과정을 살펴보겠습니다.

1. **데이터 수집 및 처리**: GPT-2는 웹 페이지, 도서, 위키피디아 등 다양한 출처에서 수집된 대규모 텍스트 데이터 말뭉치로 사전 학습했습니다. 첫 번째 단계는 이 데이터를 수집하고 정리하여 모델 학습에 적합하게 만드는 것입니다. 원본 텍스트 데이터는 모델에서 처리할 수 있는 일련의 토큰으로 변환하는 토큰화 과정을 거칩니다.

2. **입력 데이터 전처리**: 토큰화된 텍스트는 고정 길이의 청크(Chunk)로 분할됩니다. 예를 들어, GPT-2에서 최대 시퀀스 길이는 512입니다. 따라서 각 입력은 512 길이의 시퀀스로 구성되어야 합니다. 특정 시퀀스가 512보다 작으면 스페셜 패딩 토큰을 추가합니다.

3. **레이블 준비**: 입력 시퀀스는 오리지널 청크이고 레이블 시퀀스는 동일한 청크가 왼쪽으로 한 위치 이동한 것입니다. 예를 들어 시퀀스 청크가 다음과 같이 Text Chunk 변수에 담겨 있다고 가정합니다.

   ```
   Text Chunk=['A', 'robot', 'may', 'not', 'injure', 'a', 'human', 'being',
   'or', ',', 'through', 'inaction', ',', 'allow', 'a', 'human', 'being',
   'to', 'come', 'to', 'harm', '.']
   ```

   입력 시퀀스는 Text Chunk 변수에 담긴 내용물을 Input 변수에 그대로 담은 형태입니다.

   ```
   Input=['A', 'robot', 'may', 'not', 'injure', 'a', 'human', 'being', 'or',
   ',', 'through', 'inaction', ',', 'allow', 'a', 'human', ' being', 'to',
   'come', ' to', 'harm', '.']
   ```

   그러면 대응하는 레이블 시퀀스는 다음과 같이 하나씩 왼쪽으로 이동합니다. 이때 기존의 맨 처음 단어 'A'는 왼쪽으로 밀려서 사라집니다.

   ```
   Label=['robot', 'may', 'not', 'injure', 'a', 'human', 'being', 'or', ',',
   'through', 'inaction', ',', 'allow', 'a', 'human', 'being', 'to', 'come',
   'to', 'harm', '.', '<end>']
   ```

4. **배치 처리**: 학습을 위해 입력-레이블(input-label) 시퀀스 쌍으로 구성된 배치를 만듭니다. 각 배치는 특정한 배치 크기(예: 16, 32, 64 등)를 가져야 합니다.

5. **모델 아키텍처**: 예로서 GPT-2 모델 아키텍처를 선택하고 신경망 층 개수, 어텐션 헤드 및 은닉 층 차원 등을 정의합니다. GPT-2는 여러 가지 크기로 제공되며, 소형(12층), 중형(24층), 대형(36층), 초대형(48층) 모델 등 여러 변형 모델을 생성할 수 있습니다. 이때 모델 크기는 성능과 연산 요구량에 영향을 미칩니다.

6. **사전 학습**: 모델을 사전 학습시킵니다.

7. **파인튜닝**: 이어서 사전 학습된 모델을 특정 작업 용도에 맞게 파인튜닝합니다.

다음 표는 GPT 아키텍처의 다양한 변형 버전을 보여줍니다.

GPT 계열 모델

버전	설명
GPT-2	• 아키텍처: 신경망 층 수가 여러 버전으로 제공되는 디코더 전용 모델입니다. 12개, 24개, 36개, 48개 층 등 다양한 크기의 모델이 있습니다. • 사전 학습된 데이터셋: 40Gb 텍스트 • 파라미터 수: 1억1,700만(소형), 3억4,500만(중형), 7억7,400만(대형), 15억(초대형)
GPT-3	• 아키텍처: GPT-2와 유사하며 다양한 모델 크기에 따라 96, 192, 384개의 신경망 층 제공 • 사전 학습된 데이터셋: 45TB 텍스트 • 파라미터 수: 1억2,500만(소형), 3억5,000만(중형), 7억6,000만(대형), 13억(이하 초대형), 27억, 67억, 130억, 1,750억
GPT-4 GPT4-o GPT4-o1, GPT4-o3	아키텍처 및 정보 미공개

애플리케이션

GPT는 자기회귀 모델이므로 다음과 같이 텍스트 생성 작업에 적합합니다.

- 텍스트 완성 또는 연속 생성(text completion or continuation)
- 콘텐츠 생성(예: 스토리, 기사, 시 작성 등)
- 코드 완성 또는 생성
- 대화형 AI 및 챗봇

05.3.3 BART

BART(Bidirectional and Auto-Regressive Transformers)는 BERT와 GPT 아키텍처의 강점을 결합한 아키텍처입니다. 양방향 인코더와 자기회귀 디코더가 있어서 BERT와 GPT 사전 학습 모델의 장점을 모두 활용할 수 있습니다. BART의 인코더-디코더 아키텍처는 원래의 트랜스포머 아키텍처와 유사합니다. 그러나 BART의 사전 학습 목표는 다른 모델에 비해 독특한 면이 있습니다. 이 BART에 대해 자세히 살펴보겠습니다.

사전 학습

BART 사전 학습의 목표는 원본 입력 텍스트를 훼손시킨 후 재구성하는 것으로, 이를 통해 언어의 구조와 의미를 학습할 수 있습니다.

1. **데이터 수집 및 전처리**: 데이터 수집, 정리 및 전처리를 수행합니다. 이 프로세스는 BERT 모델의 사전 학습 과정과 유사합니다.
2. **텍스트 훼손(text corruption)용 노이즈 함수 생성**: 입력 텍스트에 적용할 노이즈 함수를 생성합니다. 이 함수는 토큰 마스킹, 토큰 삭제, 토큰 교체, 텍스트 셔플링 등과 같은 다양한 텍스트 훼손 기능을 갖습니다.
3. **입력 텍스트 훼손**: 전처리된 텍스트에 노이즈 함수를 적용하여 훼손된 버전의 입력 텍스트를 생성합니다.
4. **모델 아키텍처**: BART 기본 모델은 인코더 6개와 디코더 6개로 구성되며, BART 대형 모델은 인코더 12개와 디코더 12개로 구성되어 있습니다.
5. **레이블 준비**: BART의 True 레이블은 손상되지 않은 원래의 입력 시퀀스입니다.
6. **사전 학습**: BART의 사전 학습 목표는 디코더에 의해 생성된 재구성된 텍스트와 훼손되지 않은 원본 텍스트 간의 차이를 최소화하는 것입니다. 이를 위해 각 위치에서 예측된 토큰 확률을 원본 텍스트의 실제 토큰과 비교하는 교차 엔트로피 손실 함수를 사용합니다.

애플리케이션

BERT는 양방향 문맥 이해가 필요한 작업에 탁월하고 GPT는 자기회귀 특성으로 인해 텍스트 생성 작업에 더 적합합니다. 그리고 BART는 이 두 모델의 강점을 결합하여 두 모델 간의 간극을 메웁니다. 특히 BART는 다음과 같은 애플리케이션 영역에서 뛰어난 성능을 발휘하는 것으로 알려져 있습니다.

- 텍스트 요약
- 기계 번역
- 텍스트 생성
- 감성 분석
- 대화형 AI
- 질의 응답

요약하면, 양방향 문맥 이해 및 자기회귀 특성이 필요한 작업 모두에 뛰어난 LLM이 필요한 경우 BART가 최선의 선택입니다.

05.4 커스텀 LLM 생성

집 짓는 과정을 한번 생각해봅시다. 홈디포(미국 철물점 프랜차이즈)에 가서 미리 제작된 집 부품과 문을 구입하면 빠르게 집을 조립할 수 있습니다. 하지만 집 디자인이 여러분 특유의 필요와 욕구를 반영하면 더욱 좋지 않을까요? 아울러 모든 자재를 처음부터 제작하는 것은 비용 면에서 바람직하지 않습니다. 이런 상황에서는 나만의 커스텀 LLM을 만드는 것을 고려해야 합니다.

기존 오픈소스나 상용 LLM은 그 기능이 인상적이지만, 이 모델들은 여러분의 조직이 사용하는 특정 데이터, 업계 전문 용어, 그리고 맥락 정보를 반영하지 못할 수 있습니다. 전문 분야라면 이 문제는 더욱 심각해집니다. 의료 분야를 예로 들어보겠습니다. 임상 노트(clinical notes)는 HIPAA(미국 건강정보보호법) 및 정부 규정으로 인해 일반 LLM의 사전 학습 시 입력 데이터로 활용할 수 없습니다. 그 결과 인터넷 데이터와 도서 데이터를 학습한 BERT-based-uncased 모델로는 의사가 임상 노트를 작성하는 방식을 제대로 파악하지 못합니다.

반면에 자체적인 커스텀 LLM을 만들면 여러분의 조직이 가진 정보 및 맥락에 최적화시킬 수 있습니다. 또한 처음부터 새로 시작할 필요도 없습니다. LLM을 처음부터 만들려면 수십만 달러의 GPU 비용이 듭니다. 대신에 사전 학습 모델을 가져와 여러분 조직의 데이터셋으로 추가적인 학습을 시키는 것이 바람직합니다. 조직에 맞춘 커스텀 LLM의 주요 이점은 다음과 같습니다.

- **맞춤형 지식**: 사내(in-house) LLM은 조직의 특정 데이터, 업계 전문 용어 및 맥락 정보에 대해 추가 학습을 할 수 있습니다. 이 모델은 마치 숙련된 직원처럼 조직의 언어를 이해하여 더 나은 성능과 결과를 보장합니다.
- **적응성**: 최신 트렌드, 신기술, 변화하는 우선 순위에 맞춰 지속적으로 사전 학습을 실행할 수 있어서, LLM이 항상 유효하고 효과적인 상태로 유지됩니다.
- **개인정보 보호 및 보안**: NLP 성능을 저하시키지 않으면서도 민감한 데이터를 통제할 수 있습니다.
- **경쟁 우위**: 조직과 산업에 맞춘 커스텀 LLM은 일반적인 LLM이 제공할 수 없는 이해와 통찰력을 제공합니다. 이를 통해 업계의 타 조직 종사자 대비 경쟁 우위를 확보할 수 있습니다.

05.4.1 Clincal-BERT 구현

우리의 목표는 임상 노트(clinical notes) 데이터셋을 사용하여 BERT-based-uncased 모델을 추가로 사전 학습하는 것입니다. 예제 소스 [Ch5] 폴더에 수록된 CreatLLM.ipynb 파일은 이에 대한 포괄적인 코드 구현을 제공합니다. 해당 파일의 접근 방식에 따라 조직에 맞는 LLM을 만들 수 있습니다. 작업 순서를 다음과 같이 정리할 수 있습니다.

▶ 전체 코드는 'Ch5/CreatLLM.ipynb' 파일을 참고하세요.

1. 필요한 패키지 설치하기
2. Kaggle에서 데이터셋 불러오기
    - www.kaggle.com/datasets/akashadesai/clinical-notes 데이터셋을 사용합니다.
    - 데이터셋을 컴퓨터에 저장합니다.
3. 데이터 클리닝 및 정비(organizing)하기
    - 판다스(Pandas) 데이터프레임을 만들어 각 문장을 새 행에 배치합니다.
    - 연속된 문장이 연속된 행에 위치하도록 합니다(예: 문장 A는 i행, 문장 B는 i+1행에 배치).

Ch5/Create LLM.ipynb

```python
import pandas as pd
import nltk
import re
from nltk.tokenize import sent_tokenize

def create_sentence_dataframe(df):
    # 문장(sentences)를 담을 빈 리스트 생성
    sentences = []

    # 특수 문자 처리 패턴 생성
    special_chars_pattern = re.compile(r'[^a-zA-Z0-9\s.,?!]+|\n')
    # 데이터프레임의 각 행 기준으로 반복 루프
    for text in df['TEXT']:
        # 텍스트에서 특수 문자 제거
        clean_text = special_chars_pattern.sub('', text)
```

```python
    # 클린 텍스트를 문장(sentences)으로 토큰화
    tokenized_sentences = sent_tokenize(clean_text)

    # 토큰화된 문장(sentences)을 리스트에 추가
    sentences.extend(tokenized_sentences)

# 문장(sentences)를 담은 데이터프레임 생성
sentence_df = pd.DataFrame(sentences, columns=['text'])

return sentence_df
...(중략)...

# medical_data.csv 데이터셋 파일을 구글 드라이브 경로에 저장한 후, 불러오기
data_txt = pd.read_csv("/content/drive/MyDrive/Book6/medical_data.csv")

pd.options.display.max_colwidth = 100
data=create_sentence_dataframe(data_txt)

data.head()
```

실행 결과

	text
0	Admission Date 216233 Discharge Date 2162325Date of Birth 208014 Se...
1	Known lastname 1829 was seen at Hospital1 18 after a mechanical fall froma height of 10 feet.
2	CT scan noted unstable fracture of C67 posterior elements.Major Surgical or Invasive Procedure1.
3	Anterior cervical osteotomy, C6C7, with decompression andexcision of ossification of the posteri...
4	Anterior cervical deformity correction.3.

4. 커스텀 데이터셋 클래스 개발

- BERT 학습의 경우 각 항목(Item)을 '문장 A + [SEP] + 문장 B' 형식으로 포맷합니다.
- getitem 메서드는 '문장 A + [SEP] + 문장 B' 형식의 토큰화 결과를 반환해야 합니다.

5. DataLoader 용도로 DataCollatorForPreTraining 클래스 생성하기

- 이 클래스는 DataCollatorForLanguageModeling에서 상속을 받아야 합니다.
- 문장 A에서 일부의 토큰을 마스킹합니다.

6. DataLoader 설정하기

    - DataCollatorForPreTraining 객체를 collate_fn이라는 인자로 DataLoader에 전달합니다.

    Ch5/Create LLM.ipynb

    ```
    from torch.utils.data import DataLoader

    # 토크나이저, 데이터셋, 데이터 콜레이터(collator) 초기화
    data_collator = DataCollatorForPreTraining(tokenizer)

    # DataLoader 생성
    train_dataloader = DataLoader(
        dataset, shuffle=True, collate_fn=data_collator, batch_size=16
    )
    ```

7. 모델, 손실 함수 및 옵티마이저 선택하기
8. GPU 및 멀티 디바이스 학습을 위한 Accelerator 준비하기
9. BERT-based-uncased 모델을 추가로 학습시켜서 Clinical BERT 모델 생성하기

    Ch5/Create LLM.ipynb

    ```
    # 역자 주: 이하 코드는 코랩 램을 모두 소진하여 코랩에서 중도에 실행이 중단됩니다.
    # 이를 방지하기 위해서는 유료 버전 코랩을 구독하거나, 사용자의 컴퓨터에서 주피터
    노트북 환경으로 실행할 수 있습니다.

    import torch
    from torch.nn import CrossEntropyLoss
    from torch.optim import AdamW
    from transformers import BertForPreTraining, BertConfig
    from accelerate import Accelerator

    # Accelerator 초기화
    accelerator = Accelerator()

    # BERT 모델 불러오기
    config = BertConfig.from_pretrained("bert-base-uncased")
    model = BertForPreTraining(config)
    ```

```python
# 옵티마이저 설정
optimizer = AdamW(model.parameters(), lr=5e-5)

# 모델과 옵티마이저를 accelerate.prepare()로 처리
model, optimizer, train_dataloader = accelerator.prepare(
    model, optimizer, train_dataloader)

# 학습 파라미터 설정
num_epochs = 1
print_every = 10

# 학습 루프
for epoch in range(num_epochs):
    print(f"Epoch {epoch + 1}/{num_epochs}")
    model.train()
    running_loss = 0.0

    for step, batch in enumerate(train_dataloader):
        input_ids = batch["input_ids"].to(accelerator.device)
        attention_mask = batch["attention_mask"].to(accelerator.device)
        labels = batch["labels"].to(accelerator.device)
        next_sentence_label = batch["next_sentence_label"].to(accelerator.device)

        # 포워드 패스(pass)
        outputs = model(input_ids=input_ids,
                        attention_mask=attention_mask,
                        labels=labels,
                        next_sentence_label=next_sentence_label)
        loss = outputs.loss

        # 백워드 패스(pass)
        accelerator.backward(loss)
        optimizer.step()
        optimizer.zero_grad()

        running_loss += loss.item()

        if (step + 1) % print_every == 0:
```

```
            print(f"Step {step + 1}: Loss = {running_loss/print_every:.4f}")
            running_loss = 0.0

print("Training complete!")
```

LLM을 만들기 전, 다음 3가지 사항을 염두에 두길 바랍니다.

- 다음을 기준으로 모델(인코더 전용 모델, 디코더 전용 모델, 인코더-디코더 모델) 아키텍처 선택해야 합니다.

    - 해결해야 하는 과제

    - 사전 학습 데이터의 크기

    - 가용 가능한 컴퓨팅 자원

- 사전 학습 목표에 따라 데이터셋을 준비해야 합니다.

- 데이터 클리닝은 매우 중요합니다. 아무리 훌륭한 모델 아키텍처를 사용해도 최적화되지 않은 사전 학습 데이터셋을 사용하면 모델이 최적의 결과를 내지 못합니다.

CHAPTER

06

트랜스포머 NLP 작업

06.1 _ NLP 작업

06.2 _ 텍스트 분류

06.3 _ 텍스트 생성

06.4 _ 트랜스포머 챗봇

06.5 _ PEFT 및 LoRA로 학습하기

자연어 처리(NLP)의 궁극적인 목표는 컴퓨터가 의미 있고 유용한 방식으로 인간과 유사한 언어를 이해하고 해석하며 생성하는 것입니다. T5, GPT, BERT와 같은 트랜스포머 모델이 도입되면서 NLP는 기능과 성능 면에서 크게 발전하여 다양한 작업에서 놀라운 결과를 내고 있습니다.

이 장에서는 다양한 NLP 작업과 이를 수행하기 위해 트랜스포머를 사용하는 방법에 대해 설명합니다. 또한 긴 시퀀스 처리에 강점을 가진 텍스트 분류 작업용 트랜스포머의 활용법을 이해하며, 텍스트 생성 작업용 트랜스포머를 파인튜닝하는 방법을 배우게 됩니다. 그리고 지시 추종 모델(instruction following models)을 만들기 위해 트랜스포머를 파인튜닝하는 법을 이해하고, 통상적인 범용 하드웨어에서 트랜스포머를 파인튜닝하는 방법도 알아봅니다.

시스템 요구 사항

6장의 실습을 위해 다음과 같은 패키지를 설치합니다.

```
!pip install transformers
!pip install datasets
!pip install accelerate
!pip install peft
!pip install bitsandbytes
!pip install sentencePiece
```

06.1 NLP 작업

자연어 처리는 기계가 텍스트 데이터를 보다 효과적으로 이해하고, 텍스트 데이터와 상호작용할 수 있는 다양한 작업을 포함합니다. 여기에서는 여러 NLP 작업을 알아보고, 이를 위해 기계가 텍스트 정보를 이해하고 상호작용하도록 돕기 위해 설계된 메커니즘을 살펴봅니다. 다음 표를 통해 주요 NLP 작업을 엿볼 수 있습니다. 허깅페이스 모델 저장소(https://huggingface.co/models)에서 이 표에 언급된 모델을 검색할 수 있습니다.

주요 NLP 작업

작업	설명	인기 모델
텍스트 분류	주어진 텍스트에 대해 사전에 정의된 클래스/카테고리를 부여합니다. (예: 감성 분석, 스팸 탐지, 주제 분류)	BERT, RoBERTa, DistilBERT, cardiffnlp/twitter-roberta-base-sentiment, distilbert-base-uncased-finetuned-sst-2-english
토큰 분류	텍스트 내의 개별 토큰에 (사전에 정의된) 특정 카테고리 레이블을 부여합니다. (예: 개체명 인식(NER), 품사(POS) 태깅)	BERT, BioBERT, Davlan/distilbert-base-multilingual-cased-ner-hrl
테이블 질의 응답	구조화된 데이터(예: 테이블 데이터)에서 질의에 대한 답을 추출합니다.	tapas-base, tapex-base
질의 응답	주어진 문맥에 따라 자연어 질의에 대한 답을 생성합니다.	Roberta-base-squad2
제로샷 분류	모델이 학습한 적이 없는 입력 데이터에 대해 카테고리를 부여하여 분류합니다.	GPT3, bart-large-mnli
요약	주어진 텍스트를 간결하게 요약합니다.	facebook/bart-large-cnn, google/pegasus-cnn_dailymail
텍스트 생성	주어진 프롬프트를 따라 일관성 있는 텍스트를 생성합니다.	gpt2, distilgpt2, Llama
텍스트-to-텍스트 생성	한 형식의 텍스트를 다른 형식의 테스트로 변환합니다. (예: 의역하기)	T5, prithivida/parrot_paraphraser_on_T5
마스크 채우기 (Fill mask)	주어진 문장에서 적절한 문맥 정보를 바탕으로 누락된(마스크된) 단어를 예측합니다.	BERT, GPT, xlm-roberta-base
문장 유사도	두 문장 사이의 의미적 유사성을 측정합니다.	SBERT, USE (Universal Sentence Encoder), sentence-transformers/all-MiniLM-L6-v2
번역	한 언어에서 다른 언어로 텍스트를 번역합니다.	t5-base, BART
대화	인간이 말하고 반응하는 것 같은 대화를 생성합니다. (예: 챗봇)	GPT, microsoft/DialoGPT-medium, PygmalionAI/pygmalion-6b

이어서 몇 가지 NLP 작업에 대해 자세히 살펴보겠습니다.

06.2 텍스트 분류

텍스트 분류는 모든 산업에서 가장 흔히 접하는 NLP 작업 중 하나입니다. 텍스트 분류의 예로는 감성 분석, 주제 식별, 스팸 탐지, 언어 식별, 의도 인식, 감정 탐지 등이 있습니다.

06.2.1 텍스트 분류에 알맞은 아키텍처

일반적으로 인코더 전용 모델 또는 BERT 계열의 모델들이 텍스트 분류에 가장 적합합니다. 그 이유는 다음과 같습니다.

- **입력 텍스트 이해**: BERT 계열 모델들은 각 토큰에 대해 문맥을 반영한 임베딩을 생성하여 입력 토큰을 이해하도록 설계되었습니다.
- **양방향 컨텍스트**: BERT 계열 모델들은 GPT와 같은 자기회귀 모델과 달리 양방향 문맥을 이해하도록 사전 학습되었습니다. 따라서 언어의 문맥을 양방향으로 이해할 수 있습니다.
- **효율성**: 인코더 전용 모델은 완전 연결 층을 추가하기만 하면 텍스트 분류에 사용할 수 있는 반면, 디코더 전용 모델은 더 복잡한 조치가 필요한 경우가 많습니다.

06.2.2 트랜스포머 파인튜닝으로 텍스트 분류하기

다음은 기존 언어 모델을 파인튜닝하여 텍스트 분류 작업을 수행하는 프로세스를 보여줍니다.

전처리	인코딩	파인튜닝	추론
· 불용어(stop words), 문장 부호 및 기타 문자(character) 제거 · 선택한 트랜스포머 모델에 부합하는 토크나이저로 텍스트 토큰화	· 텍스트를 숫자 형태(input_ids)로 바꾸고 상응하는 어텐션 마스크(attention_mask) 생성 · 텍스트가 너무 긴 경우, 절사(truncation) 혹은 계층적 어텐션(hierarchical attention)등의 조치 추가	· 분류 헤드를 추가하여 트랜스포머 모델 파인튜닝 · 테스트 데이터셋에 대한 평가지표 생성	· 파인튜닝 시 사용한 것과 동일한 전처리 및 인코딩 방법 적용 · Input_ids와 attention_mask를 파인튜닝 모델에 전달

그림 6.1 텍스트 분류 프로세스

06.2.3 긴 시퀀스 처리

대부분의 트랜스포머 아키텍처는 처리할 수 있는 시퀀스 길이에 최대 길이 제한이 있습니다. 예를 들어, BERT의 최대 시퀀스 길이는 512 토큰입니다. 트랜스포머는 셀프 어텐션이 토큰 입력 수의 제곱에 비례해서 복잡해지기 때문에 최대 시퀀스 길이가 작은 것이 좋습니다. 하지만 기업에서 실제로 다루는 텍스트 데이터는 트랜스포머 모델이 처리할 수 있는 최대 시퀀스 길이보다 더 긴 경우가 종종 있습니다. 따라서 최대 시퀀스 길이 문제를 효과적으로 해결할 방법이 필요합니다. 이를 위한 몇 가지 해결책을 소개하겠습니다.

- **절사(truncate)**: 시퀀스가 모델의 최대 시퀀스 길이보다 긴 경우, 시퀀스를 간단히 잘라낼 수 있습니다. 이는 가장 쉬운 방법이지만 전체 문맥을 이해해야 하는 작업의 경우 정보가 손실되고 성능이 저하될 수 있습니다.

- **청킹(chunking)**: 긴 시퀀스를 겹치지 않는 청크로 나누고 이 청크에 대해 개별적으로 셀프 어텐션으로 처리합니다. 평균, 최대 풀링, 병합(concatenation) 같은 다양한 전략을 사용하여 출력 결과를 처리할 수 있습니다. 다만 이 접근 방식은 청크 간 문맥에 대한 정보를 소실할 수 있습니다.

- **계층적 접근(hierarchical approach)**: 긴 시퀀스를 문장이나 단락으로 나누어 계층 구조를 만듭니다. 그런 다음 각 문장/단락을 고정 크기로 인코딩합니다. 이어서 문장/단락의 표현에 어텐션을 적용합니다. 이렇게 하면 모델이 로컬 및 글로벌(전역) 어텐션을 모두 포착할 수 있습니다.

- **커스텀 아키텍처**: LongFormer(max-seq_len=4096) 및 BigBird(max-seq_len=4096)와 같은 일부 트랜스포머는 긴 시퀀스를 처리하도록 특별히 설계되었습니다. 이러한 아키텍처는 로컬 및 글로벌(전역) 어텐션의 조합을 사용하므로 어텐션 연산의 복잡성이 제곱에 비례하여(이차 함수적으로) 증대되지 않습니다.

실제 업무를 할 때는 다양한 접근 방식을 시도해보고 전체 문맥과 컴퓨팅 자원 제약을 고려하여 적합한 접근 방식을 선택하는 것이 중요합니다. 이제부터는 두 가지 프로젝트로 문서 청킹과 계층적 어텐션을 통해 긴 시퀀스를 처리하는 메커니즘을 수행합니다.

06.2.4 문서 청킹 구현 예제

이 프로젝트는 IMDB 데이터셋을 입력해 감성을 예측하기 위해 BERT-base-uncased 모델을 파인튜닝합니다. 다음은 모델 아키텍처 개요이며, 전체 프로젝트 구현은 Ch6/Text_Classification.ipynb 파일을 참조하기 바랍니다.

1. **긴 텍스트를 작은 청크로 나누기**: 이 코드는 긴 텍스트 데이터를 더 작고 관리하기 쉬운 청크나 문장으로 나눕니다. 이는 긴 시퀀스를 효과적으로 처리하는 데 필수적인 조치입니다.
2. **BERT로 각 청크를 처리**: 이렇게 작은 청크는 개별적으로 BERT 모델을 통해 처리됩니다. 이 처리를 통해 각 문장에 대한 벡터 표현을 생성해서 문장의 핵심적인 특성과 의미를 파악합니다.
3. **복합(composite) 표현 생성**: 마지막으로, 모든 청크에서 이러한 벡터 표현을 평균 내서 전체 긴 텍스트의 포괄적인 단일 표현을 출력합니다. 이러한 평균 표현은 텍스트의 전반적인 문맥이나 정서를 요약해서 담고 있습니다.

06.2.5 계층적 어텐션 구현 예제

이전 프로젝트와 유사하게, IMDB 데이터셋에 대한 감성 점수를 계산합니다. 이번에는 문서 청킹 대신 계층적 어텐션 메커니즘을 사용합니다. 전체 프로젝트 구현은 Ch6/Text_Classification.ipynb 파일을 참조하기 바랍니다.

1. 계층적 어텐션

- 이 모델은 다음 두 단계로 구성된 계층적 어텐션 메커니즘을 사용합니다.
- 로컬 어텐션: 문서 내 개별 문장에 적용하여 문장 표현을 생성합니다.
- 글로벌(전역) 어텐션: 문서내 전체 문장에 적용하여 문서 표현을 생성합니다.

2. 문장 표현(Sentence representation)

- 데이터를 (batch_size * num_sentences, hidden_size) 차원으로 변환하고, 입력 ID와 어텐션 마스크를 ALBERT 모델에 전달하여 은닉 상태(outputs.last_hidden_state)를 얻습니다.
- 이 은닉 상태에 어텐션 층(self.attention)를 적용한 후, 소프트맥스 함수를 사용하여 어텐션 가중치(attention_weights)를 계산합니다. 어텐션 가중치는 각 토큰의 중요도를 나타냅니다.
- 은닉 상태에 해당 어텐션 가중치를 곱하고 나서, 시퀀스 차원 기준으로 합산하여 문장 표현을 계산합니다(torch.sum(attention_weights * hidden_states, dim=1)).
- 문장 표현 텐서를 (batch_size, num_sentences, hidden_size)차원을 갖도록 변환합니다.

3. 문서 표현(Document representation)

- 위에서 구한 문장 표현에 어텐션 층(self.attention)을 적용한 후, 소프트맥스 함수를 사용해 문서 수준의 어텐션 가중치(doc_attention_weights)를 계산합니다.
- 그런 후에 위의 문장 표현 작성의 마지막 단계와 동일한 방법으로 문서 표현을 생성합니다.

4. ALBERT 모델 아키텍처

Ch6/Text_Classification.ipynb

```python
from transformers import AlbertModel

class AlbertTextClassifier(nn.Module):
    def __init__(self, num_classes):
        super(AlbertTextClassifier, self).__init__()
        self.albert = AlbertModel.from_pretrained("albert-base-v2")
        self.attention = nn.Linear(self.albert.config.hidden_size, 1)
        self.classifier = nn.Linear(self.albert.config.hidden_size,
                                    num_classes)
        self.dropout = nn.Dropout(0.1)

    def forward(self, input_ids, attention_mask):
        batch_size, num_sentences, seq_len = input_ids.shape
        input_ids = input_ids.view(batch_size * num_sentences, seq_len)
        attention_mask = attention_mask.view(batch_size * num_sentences,
                                             seq_len)

        outputs = self.albert(input_ids, attention_mask=attention_mask)
        hidden_states = outputs.last_hidden_state
        attention_weights = torch.softmax(self.attention(hidden_states), dim=1)
        sentence_representation = torch.sum(attention_weights *
                                            hidden_states, dim=1)
        sentence_representation = sentence_representation.view(
            batch_size, num_sentences, -1)

        doc_attention_weights = torch.softmax(
            self.attention(sentence_representation), dim=1)
        doc_representation = torch.sum(doc_attention_weights *
                                       sentence_representation, dim=1)
        doc_representation = self.dropout(doc_representation)  # dropout 추가
        logits = self.classifier(doc_representation)
        return logits
```

06.3 텍스트 생성

트랜스포머 기반 모델을 사용한 텍스트 생성에 대해 알아봅시다. 텍스트 생성 모델을 만드는 전형적인 단계는 다음과 같습니다.

1. **데이터 수집 및 전처리**
2. **트랜스포머 모델 선택 및 파인튜닝**: 적절한 사전 학습 모델을 선택 후 파인튜닝합니다. 일반적으로 GPT 같은 자기회귀 모델이 텍스트 생성 작업에 적합합니다.
3. **텍스트 생성**: 학습된 모델을 활용하여 새로운 텍스트를 생성합니다. 모델에 프롬프트 또는 최초 입력 텍스트인 시드 텍스트(seed text)를 입력하면 모델이 이를 시작점으로 삼아 텍스트를 생성합니다.
4. **후처리(post-process)**: 생성된 텍스트를 사람이 더 읽기 쉽도록, 그리고 사용 목적에 적합하도록 정리하고 알맞은 서식을 적용합니다.

06.3.1 프로젝트 2: 셰익스피어가 쓴 것 같은 텍스트 생성

이 프로젝트에서는 Tiny Shakespeare 데이터셋에서 파인튜닝된 GPT-2 모델을 사용해 셰익스피어 류의 텍스트를 생성합니다. 여기에서 사용한 예제 코드는 Ch6/Text_Generation. ipynb 파일을 참고하세요.

데이터 전처리

다음에 소개할 코드 블록의 ①번 영역의 코드는 데이터셋이 긴 텍스트 시퀀스(num_rows=1)라는 것을 의미합니다. 데이터 준비가 끝나면 데이터셋 클래스의 각 항목은 다음과 같이 구성됩니다.

- `input_ids`: 토큰화된 입력 텍스트 청크입니다. 전체 텍스트를 텍스트 청크로 나눕니다.
- `attention_mask`: 순방향 처리(forward pass) 과정 중 모델이 어텐션을 취해야 할 토큰을 나타내는 바이너리 마스크입니다.
- `lables`: Input_ids가 한 위치씩(1 position) 이동(shift)한 것입니다. 텍스트 생성 작업에서는 현재 위치의 토큰이 주어졌을 때 다음 단어를 예측하도록 모델을 학습시켜야 하므로, `input_ids`의 한 위치 이동은 텍스트 생성 파인튜닝에서 매우 중요합니다.

Ch6/Text_Generation.ipynb

```
import torch
from torch.utils.data import DataLoader, Dataset
from datasets import load_dataset
from transformers import AutoModelForCausalLM, AutoTokenizer

# 역자 주: 아래 주석 처리한 원서의 Llama-7b-hf 모델은 접근 권한을 얻으려면 신청 후 상당한
시일을 기다려야 합니다. 따라서 여기서는 gpt2 모델로 대체합니다.
# model_name = "decapoda-research/llama-7b-hf"
model_name = "gpt2"
model = AutoModelForCausalLM.from_pretrained(model_name)
tokenizer = AutoTokenizer.from_pretrained(model_name)

# 패딩 토큰 설정
tokenizer.pad_token = tokenizer.eos_token

# ①데이터셋 불러오기
dataset = load_dataset("tiny_shakespeare")
'''
DatasetDict({
    train: Dataset({
        features: ['text'],
        num_rows: 1
    })
    validation: Dataset({
        features: ['text'],
        num_rows: 1
    })
    test: Dataset({
        features: ['text'],
        num_rows: 1
    })
})
'''

# ②연속형 텍스트를 작은 청크로 분리
def split_text(text, max_length=100):
    return [text[i:i+max_length] for i in range(0, len(text), max_length)]
```

```python
# ③split_text 함수를 데이터셋에 적용
split_texts = split_text(dataset["train"]["text"][0])

# split_texts 변수에 담긴 값을 토큰화
tokenized_texts = tokenizer(split_texts, return_tensors="pt", padding=True,
                            truncation=True)
```

위 코드에서 주요 부분을 살펴보겠습니다. ②, ③ 부분은 전체 텍스트를 청크로 나누고 각 청크는 100개의 토큰으로 구성됩니다.

이어지는 코드 블록은 다음과 같습니다.

Ch6/Text_Generation.ipynb

```python
class ShiftedDataset(Dataset):
    def __init__(self, encodings):
        self.encodings = encodings

    def __getitem__(self, idx):
        input_ids = self.encodings["input_ids"][idx]
        attention_mask = self.encodings["attention_mask"][idx]
        labels = input_ids[1:].tolist() + [tokenizer.eos_token_id]
        return {"input_ids": input_ids,
                "attention_mask": attention_mask,
                "labels": torch.tensor(labels)}

    def __len__(self):
        return len(self.encodings["input_ids"])

# DataLoader 생성
train_dataset = ShiftedDataset(tokenized_texts)
train_dataloader = DataLoader(train_dataset, shuffle=True, batch_size=4)
```

ShiftedDataset 클래스는 커스텀 데이터셋 준비 과정을 보여줍니다. 파인튜닝의 주요 목표는 텍스트를 제공하고 다음 토큰을 예측하는 것입니다. 그 결과 input_ids는 토큰화된 텍스트 청크로 구성되며, 레이블(labels)은 한 위치씩 이동한 입력 텍스트를 나타냅니다. 또한 레이블 끝에 eos_token_id를 추가합니다.

학습

다음 코드 블록에서는 데이터 로더(`DataLoader`), 모델, 그리고 `Accelerator`용 옵티마이저를 준비합니다. 여기서 중요한 점은 텍스트 생성 작업을 위해 GPT-2 파인튜닝 시 LMHeadModel 파생형 모델(예: `GPT2LMHeadModel`)을 사용한다는 것입니다. 사유는 다음과 같습니다.

- LMHeadModel은 언어 모델링 작업을 위해 설계되었습니다. 이 작업은 토큰 시퀀스에서 다음 토큰을 예측하는 작업을 포함합니다. GPT-2의 경우 GPT2LMHeadModel은 이러한 작업에 특화되어 있으며, 모델이 일관된 텍스트 시퀀스를 생성해야 하는 텍스트 생성 작업에 적합합니다.
- GPT2LMHeadModel은 트랜스포머 위에 선형 층을 추가하여 다음 단어를 예측합니다.

다음 코드를 참조하세요.

Ch6/Text_Generation.ipynb

```python
from accelerate import Accelerator
from transformers import GPT2LMHeadModel

# Accelerator 초기화
accelerator = Accelerator()

# training arguments 설정
num_epochs = 20
learning_rate = 5e-5

# GPT-2 모델 및 옵티마이저 초기화
model = GPT2LMHeadModel.from_pretrained("gpt2")
optimizer = torch.optim.Adam(model.parameters(), lr=learning_rate)

# Accelerator와 함께 학습시키기 위해 모델과 옵티마이저 준비
model, optimizer = accelerator.prepare(model, optimizer)
train_dataloader = accelerator.prepare(train_dataloader)
```

다음 코드 블록에서 중요한 점은 매 5회의 에포크마다 모델을 저장한다는 것입니다.

- **체크포인팅(checkpointing)**: 모델을 주기적으로 저장하면 체크포인트가 생성되어 가장 최근에 저장된 에포크부터 학습을 재개할 수 있습니다.
- **조기 종료(early stopping)**: 검증 데이터셋에서 성능이 저하되기 시작하면 조기 종료를 발동할 수 있습니다.

Ch6/Text_Generation.ipynb

```python
from transformers import AdamW
from tqdm import tqdm

# 파인튜닝 반복 루프
for epoch in range(num_epochs):
    epoch_iterator = tqdm(train_dataloader, desc=f"Epoch {epoch + 1}")
    for step, batch in enumerate(epoch_iterator):
        optimizer.zero_grad()
        input_ids = batch["input_ids"]
        attention_mask = batch["attention_mask"]
        labels = batch["labels"]

        outputs = model(input_ids=input_ids,
                        attention_mask=attention_mask, labels=labels)
        loss = outputs.loss

        accelerator.backward(loss)
        optimizer.step()

        if step % 500 == 0:
            epoch_iterator.set_postfix({"Loss": loss.item()}, refresh=True)

    # 매 5회 에포크마다 모델 저장
    # 여러분 구글 드라이브의 알맞은 경로로 model_save_path 지정
    if (epoch + 1) % 5 == 0:
        model_save_path = \
            f"/content/drive/MyDrive/Book6/Ch6/model_checkpoint_epoch_{epoch + 1}"
        model.save_pretrained(model_save_path)
        print(f"Model saved at epoch {epoch + 1}")
```

모델이 준비되었으니 이제 셰익스피어처럼 시를 쓰는 데 사용할 수 있습니다.

06.4 트랜스포머 챗봇

이 섹션에서는 기업 등 조직을 위해 챗GPT와 유사한 툴을 개발할 것입니다. 이러한 유형의 모델을 **지시 추종 모델**(instruction following model)이라고 하며, 이 모델이 조직에 필요한 이유를 알아보겠습니다. 지시 추종 모델은 자연어 지시를 이해하고 이에 따라 작업을 수행하도록 설계되었습니다. 이러한 모델은 챗봇의 기반이 되는 경우가 많으며, 시스템이 사용자의 지시를 인간처럼 이해하고 응답할 수 있게 해줍니다.

지시 추종 모델을 도입하면 다음과 같은 이유로 조직의 경쟁 우위를 높일 수 있습니다.

- **커스텀 챗봇**: 조직의 데이터 맥락에 맞는 트랜스포머 모델을 만들 수 있습니다. 반대로 챗GPT와 같은 조직 외부의 시스템은 여러분 조직의 데이터와 맥락을 반영하지 못합니다.
- **개인정보 보호 및 보안**: 조직의 챗봇은 데이터가 내부 방화벽 안에서만 움직이며, 외부로 유출되지 않도록 보장합니다.

모델 내부를 살펴보면, 지시 추종 모델은 질의 응답(QA), 테이블 데이터 처리 모델(TAPAS), 요약 등과 같은 다양한 유형의 트랜스포머 모델을 포함합니다. 다만 여기서는 질의 응답 작업용으로 파인튜닝된 트랜스포머만을 사용하여 지시 추종 모델을 구현하겠습니다.

06.4.1 프로젝트 3: 클리닉 질의 응답(AI 의사) 트랜스포머

먼저 이 프로젝트의 각 단계를 살펴보겠습니다. 전체 코드는 Ch6/Chatbot.ipynb 파일을 참고하세요.

데이터 전처리

먼저 데이터를 불러옵니다. 여기서는 47,457개의 의료 분야 질의-응답 쌍(pair)으로 구성된 MedQuAD 데이터셋을 사용합니다. 이 데이터셋은 https://github.com/abachaa/MedQuAD 에서 다운로드할 수 있고, 수천 개의 XML 파일로 구성되어 있습니다. 데이터 클리닝을 거쳐 각 문서에 대해 ['Instruction', 'Input', 'Output']의 세 가지 키를 갖는 하나의 JSON 파일을 생성합니다.

JSON 파일은 다음과 형태로 생성됩니다.

```
[{'instruction':'How Can you treat my diabetes?','input': 'I have uncontrolled
diabetes. MY A1C is above 7.5','output': 'You can treat in following ways:\n 1.
Get physical\n 2. take medication as prescribed by your doctor \n3. check your
blood sugar regularly' }]
```

모델 선언

여기서는 메타(Meta)에서 제작한 lama-7b-hf 모델을 사용합니다. LlaMA 7b는 다음 단어 예측을 목표로 1조 개의 토큰으로 사전 학습되었습니다. LLaMA모델은 감성 분석과 같은 여러 자연어 처리 작업에서 GPT-3를 능가합니다. 이는 LLaMA의 방대한 학습 데이터셋에 기인한 것으로 보입니다. 아울러 LlaMA는 비상업적 라이선스와 함께 배포되므로 이 모델을 사용할 때는 상업적 용도로 사용하지 않도록 주의하기 바랍니다.

원래 메타에서 이 모델의 가중치를 얻으려면 https://ai.facebook.com/blog/large-language-model-llama-meta-ai 링크에서 이와 관련된 요청(Request)을 제출해야 합니다. 그러나 행운인지 불행인지 라마 모델의 가중치가 유출되어 허깅페이스의 baffo32/decapoda-research-llama-7B-hf에 통합되어 제공됩니다. 따라서 시간이 오래 걸리는 메타에 가중치를 요청하는 대신, 여기서는 허깅페이스에서 baffo32/decapoda-research의 라마 모델을 사용하겠습니다.

▶ 원서의 허깅페이스 모델은 decapoda-research-llama-7B-hf이었으나, 이후 업데이트되어 한국어판에서는 baffo32/decapoda-research-llama-7B-hf 모델로 바뀌었습니다.

프롬프트 생성 및 토큰화

토큰화 실행 이전에 먼저 프롬프트를 작성합니다. 프롬프트 구조는 다음과 같습니다.

Ch6/Chatbot.ipynb

```
def generate_prompt(data_point):
    if data_point["input"]:
        return f"""Below is an instruction that describes a task, paired with an
input that provides further context. Write a response that appropriately completes
the request.
```

```
### 지시(Instruction)
{data_point["instruction"]}

### 입력(Input)
{data_point["input"]}

### 출력(Response)
{data_point["output"]}"""
    else:
        return f"""Below is an instruction that describes a task. Write a response
that appropriately completes the request. ...(중략)..."""
```

이어서 프롬프트를 토큰화시킵니다. 그리고 다음과 같은 형식으로 학습 및 검증 데이터셋을 생성합니다.

```
Dataset({
    features: ['instruction', 'input', 'output', 'input_ids', 'attention_mask'],
    num_rows: 14762
})
```

06.5 PEFT 및 LoRA로 학습하기

LLM을 사용하는 일반적인 방법은 다음 두 단계로 이루어집니다.

1. 방대한 양의 데이터로 LLM을 사전 학습시키기(예: GPT, BERT, T5).
2. 성능을 개선하기 위해 다운스트림 작업에 맞게 파인튜닝하기.

> **보충수업** 업스트림 작업 vs 다운스트림 작업
>
> 딥러닝 및 AI업계에서 업스트림 작업(upstream task)은 모델의 사전 학습을 의미하며, 주로 대규모 데이터로 일반적인 패턴을 학습하는 과정을 말합니다. 반면에 다운스트림 작업(downstream task)은 이렇게 사전 학습된 모델을 적용해야 하는 구체적인 특정 작업을 의미합니다. 예를 들어 분류, 번역, 요약 등 특정 작업들이 그것입니다.

그러나 LLM이 커질수록 파인튜닝에 수반되는 계산 비용이 커지기 때문에, 통상적인 범용 하드웨어에서 수많은 LLM을 일일이 파인튜닝하는 것이 현실적으로 여의치 않습니다. 또한 하나의 파인튜닝 모델의 용량이 수백 기가바이트에 달할 수 있기에 작업별로 파인튜닝 모델을 저장하는 것도 문제가 됩니다. 이러한 문제를 해결하기 위해 PEFT(Parameter-Efficient Fine-Tuning, 파라미터-효율적 파인튜닝)이 도입되었습니다.

PEFT는 사전 학습된 원래 모델 파라미터의 대부분을 동결하고 소수의 추가 파라미터만 학습시킵니다. 이 방법은 원래 모델의 파라미터를 동결하기 때문에, 치명적인 망각(forgetting) 문제를 방지할 수 있습니다. PEFT의 또 다른 중요한 이점은 작업별로 파인튜닝된 모델의 크기를 줄여 휴대성을 높인다는 점입니다. PEFT는 LoRA, AdaLoRA, Prefix Tuning, P-Tuning, Prompt Tuning 등 다양한 방법을 제공합니다.

> **용어정리** / LaRA, AdaLoRa, Prefix Tuning, P-Tuning, Prompt Tuning
>
> - **LoRA(Low-Rank Adaptation)**: 모델의 일부 가중치를 저차원으로 표현해 파라미터 효율성을 높여 파인튜닝하는 기법입니다.
> - **AdaLoRA(Adaptive Low-Rank Adaptation)**: LoRA의 확장 버전으로, 학습 중에 각 신경망 층에서 저차원 공간의 적응적(Adaptive) 변화를 허용해 더 효율적으로 파인튜닝하는 방법입니다.
> - **Prefix Tuning**: 입력 앞에 추가적인 프롬프트를 붙여, 파인튜닝 없이 사전 학습된 모델이 새로운 작업을 수행하도록 유도하는 기법입니다.
> - **P-Tuning**: 프롬프트를 연속적인 벡터로 표현하고 학습 가능한 임베딩을 사용해 프롬프트를 파인튜닝하는 기법으로 주로 작은 데이터셋에서 성능을 높이는 데 사용됩니다.
> - **Prompt Tuning**: 일반적으로 프롬프트를 고정된 텍스트나 벡터로 파인튜닝하는 방법을 의미합니다.

이번 AI 의사 프로젝트에는 LoRA를 적용합니다. LoRA는 사전 학습 모델의 모든 파라미터를 동결하고, 학습 가능한 랭크 분해 행렬(Rank decomposition matrices)을 트랜스포머 아키텍처의 각 층에 주입하여 다운스트림 작업에 필요한 학습가능 파라미터의 수를 크게 줄입니다. AI 의사 프로젝트의 경우, LoRA 덕분에 LlaMA의 원래 파라미터 중 0.06%만 학습하면 됩니다.

이 AI 의사 프로젝트에 대한 허깅페이스에서의 모델 개발, 추론 및 공유를 위한 전체 코드는 책에서 제공하는 예제 소스 내 [Ch6] 폴더에 수록된 Chatbot.ipynb 파일을 참조하기 바랍니다.

다음은 AI 의사가 추론한 예시 결과입니다.

```
print(ask_ai_doctor('What are symptoms of Cirrhosis?', model))
```

▶ 질의 번역: 간경화 증상은 무엇이니?

실행 결과

```
The following list of signs and symptoms may be associated with
cirrhosis.  Some people with cirrhosis do not have any of these
symptoms.   If you are concerned about how your general health is
affected by cirrhosis, talk to your doctor or nurse practitioner.
Signs and Symptoms of Cirrhosis   ------------------------   Abdominal
swelling (ascites)   Bleeding problems    Blurred vision    Breath odor
Confusion    Constipation    Difficulty concentrating    Dizziness
Fatigue    Fluid retention    Gallstones    Gout    Hair loss    Headache
Itching    Jaundice    Liver cancer    Memory loss    Muscle weakness
Nausea    Neuropathy    Night sweats    Pain in the upper right abdomen
Poor appetite    Skin itching    Sleepiness    Stomach pain    Swollen
legs and feet    Tiredness    Weight gain    Yellow skin and eyes
------------------------    How common are these symptoms?    These
symptoms can occur at different times
```

위의 답변은 전문적인 의학 용어를 많이 포함하고 있어서, 챗GPT에게 도움을 요청해보았습니다.

프롬프트 입력: 출력 문장을 최대한 병원과 학계의 의학 용어를 사용해서 한국어로 번역해줄래?

결과는 다음과 같습니다.

챗GPT 출력: 위의 문장을 한국어로 번역하면 다음과 같습니다.

다음에 나열된 징후와 증상은 간경변과 관련이 있을 수 있습니다. 일부 간경변 환자는 이러한 증상 중 어떤 것도 나타나지 않을 수 있습니다. 간경변이 전반적인 건강에 미치는 영향을 걱정하신다면 의사나 간호사와 상담하시기 바랍니다.

간경변의 징후 및 증상: 복부 부종(복수), 출혈 문제, 시력 흐림, 구취, 혼란, 변비, 집중력 저하, 어지럼증, 피로, 체액 저류, 담석, 통풍, 탈모, 두통, 가려움, 황달, 간암, 기억력 상실, 근육 약화, 메스꺼움, 신경병증, 야간 발한, 오른쪽 상복부 통증, 식욕 부진, 피부 가려움, 졸음, 복통, 다리와 발의 부기, 피로감, 체중 증가, 피부와 눈의 황변

이러한 증상은 얼마나 흔한가요? 이러한 증상은 다양한 시점에 나타날 수 있습니다.

AI 의사가 다양한 질문에 답할 수 있는 능력을 갖춘 것은 놀라운 일입니다. 더욱 흥미로운 점은 32GB 램을 탑재한 단일 GPU 장치에서 불과 30분 만에 파인튜닝을 완료했다는 사실입니다. 게다가 학습 비용도 단 몇 달러에 불과합니다.

CHAPTER

07

컴퓨터 비전(CV) 모델

07.1 _ 이미지 전처리

07.2 _ 비전 트랜스포머 아키텍처

07.3 _ Distillation 트랜스포머

07.4 _ Detection 트랜스포머

이 장에서는 트랜스포머 아키텍처를 활용해서 컴퓨터 비전의 새로운 차원을 연 비전 트랜스포머(ViT)에 대해 심층적으로 살펴봅니다. ViT는 이미지를 패치(patch) 시퀀스로 처리하고 이러한 패치 전체에 셀프 어텐션을 적용하여 이미지의 전체적인 맥락을 이해합니다. 이는 이미지 분류 같은 복잡한 작업에서 성능을 크게 향상시킵니다.

또한 여기서 이미지 전처리 작업도 다룰 것입니다. 이미지 전처리는 이미지를 트랜스포머 모델에 적합하게 만들기 위해 크기 조정(resizing), 정규화(normalizing) 및 이미지 증강(augmentation) 등을 포함한 처리 과정입니다. 이 과정을 통해 모델이 고품질의 정규화된 데이터를 입력받아, 효과적인 학습과 정확한 결과를 도출해 냅니다.

트랜스포머 기반 모델의 두 가지 고급 버전인 DeiT(Distilled Vision Transformer, 증류 비전 트랜스포머)와 DETR(Detection Transformer, 탐지 트랜스포머)에 대해서도 다룹니다. DeiT는 지식 증류를 통해 학습 과정을 개선하여 더 적은 데이터로도 효율적인 학습이 가능하며, DETR은 객체 탐지 작업을 혁신적으로 처리하여 전통적인 방식에서 사용되던 복잡한 네트워크를 쓰지 않습니다.

> **역자의 한마디** / DeiT 명칭 유래
>
> DeiT는 Distilled Vision Transformer의 약어지만, 전체 영어 명칭에서는 e가 보이지 않습니다. 이는 일반적인 약어 규칙을 벗어나 특정 알파벳을 추가한 이름입니다. 모델 개발자들이 Deit라는 단어가 Deity(신성, 신의 존재)를 연상시키는 점에서, 모델명이 독특하게 보이도록 영어 소문자 e를 추가한 것으로 보입니다.

이러한 모델들의 이론적 토대를 분석할 뿐만 아니라 실제 컴퓨터 비전 문제를 해결하는 데 사용하는 애플리케이션도 다룹니다. 이러한 실습을 통해 독자들은 자신의 프로젝트에서 이러한 최첨단 기술을 이해하고 구현할 수 있는 포괄적인 툴을 얻을 수 있습니다.

이번에 우리가 배울 내용은 이미지 전처리에 대한 기초적인 이해와, 컴퓨터 비전 작업에서 전처리 기술이 가지는 중요성입니다. 또한 ViT의 아키텍처와 이미지 분류에서의 역할을 탐구하고, DeiT의 독특한 특성과 ViT 대비 장점을 설명하며, DETR의 아키텍처와 객체 탐지 작업 적용을 살펴봅니다. 마지막으로 실제 예제를 통해 ViT, DeiT, DETR를 들여다봅니다.

시스템 요구 사항

7장의 실습을 위해 다음과 같은 패키지를 설치합니다.

```
!pip install transformers
!pip install datasets
!pip install accelerate
!pip install torch
!pip install torchvision
!pip install scikit-learn
```

07.1 이미지 전처리

이미지 전처리는 컴퓨터 비전의 필수 과정입니다. NLP에서 텍스트를 임베딩으로 변환하는 것과 마찬가지로, 이미지를 모델에 입력하기 전에 미리 전처리를 해야 합니다. 이미지 전처리의 주요 단계는 다음과 같습니다.

1. **이미지 크기 조정(resizing)**: 대부분의 머신러닝·딥러닝 모델은 고정된 크기의 이미지를 요구합니다. 따라서 모델 요구 사항에 맞게 이미지 크기를 조정해야 합니다. 예를 들어, vit_base_patch16_224를 사용하는 경우 이미지 크기가 224×224픽셀 모양이어야 합니다. 이 단계는 필수 사항입니다.

2. **이미지 정규화**: 이는 픽셀 값을 특정 범위(일반적으로 0과 1 사이 또는 -1과 1 사이)로 스케일링하는 과정으로, 학습 과정을 안정화하여 모델이 최적의 가중치를 학습할 수 있도록 돕습니다. Min-Max 스케일링, 평균-표준편차 스케일링, 픽셀 값을 255로 나누기 등 다양한 기법이 있습니다. 이 단계는 선택 사항이지만 권장 사항이기도 합니다.

3. **데이터 증강**: 이는 원본 이미지에 무작위 변환을 적용하는 작업입니다. 이를 통해 다양한 이미지 예제에 노출시켜 모델의 일반화 기능을 향상시킵니다. 또한 데이터 증강 기술을 통해 원본 이미지 샘플을 변환하여 새로운 샘플을 만들 수도 있습니다. 이 단계는 선택 사항입니다. 다음 표를 통해 기본적인 데이터 증강 기법의 종류를 알 수 있습니다.

데이터 증강 기법

방법	설명
회전(rotation)	이미지를 임의의 각도로 회전합니다.
이동(translation)	이미지를 가로 또는 세로로 이동(shift)합니다.

방법	설명
뒤집기(flipping)	이미지를 가로 또는 세로를 기준으로 반전합니다.
확대/축소(zooming)	이미지의 가로 세로 비율을 유지하면서 이미지 크기를 조정합니다.
색상 변화(color perturbation)	이미지의 밝기, 대비, 채도를 조정합니다.

4. **그레이스케일(grayscale) 변환**: 컬러 이미지를 그레이스케일(흑백) 단일 채널로 변환하는 작업입니다. 색상 정보가 작업에 중요하지 않을 때 유용합니다. 이렇게 하면 이미지 크기가 줄어들어 학습 및 추론을 위한 계산 요구량이 줄어듭니다. 이 단계는 선택 사항입니다.

5. **RGB 변환**: 컬러 이미지에 알파(alpha) 채널과 같은 추가 채널이 포함될 수 있습니다. 이 경우 이미지를 RGB 형식으로 변환해야 합니다. 이 단계 또한 선택 사항입니다.

07.1.1 이미지 전처리 예제

이제 이미지 전처리 기법의 예제를 살펴보겠습니다. 다음 코드를 사용하여 이미지를 불러옵니다. 예제 소스 내 [Ch7] 폴더에 있는 tulip_field.png 이미지를 사용합니다. 또한 예제 코드로는 같은 폴더에 들어 있는 Image_Pre_Processing.ipynb의 일부를 설명합니다.

Ch7/Image_Pre_Processing.ipynb

```
import torch
import torchvision.transforms as T
from PIL import Image
import requests
from io import BytesIO

# 예제 이미지 불러오기
# Ch7/tulip_field.png 파일을 구글 드라이브에 업로드하여 그 경로를 사용
img_path = '/content/drive/MyDrive/Book6/Ch7/tulip_field.png'

# 이미지 열기
img = Image.open(img_path)

# RGB로 변환
img = img.convert("RGB")
```

그리고 다음 코드를 사용하여 원본 이미지를 표시합니다.

Ch7/Image_Pre_Processing.ipynb

```
from IPython.display import display
display(img)
```

그림 7.1 이미지 전처리 전 예제 이미지

이제 전처리 작업을 합니다. 이를 위해 다음과 같은 작업을 수행합니다.

- `RandomRotation`: 이미지를 -15도에서 15도 사이에서 무작위로 회전시킵니다. 빈 픽셀은 0으로 채웁니다.

- `RandomResizedCrop`: 이미지 크기를 224 x 224픽셀 크기로 조정합니다. 또한 이미지 크기를 원본 크기의 80%에서 100% 사이에서 임의로 조정합니다.

- `RandomHorizontalFlip`: 50% 확률로 이미지를 수평으로 뒤집습니다.

- `RandomVerticalFlip`: 50% 확률로 이미지를 수직으로 뒤집습니다.

- `ColorJitter`: 이미지의 밝기, 대비, 채도를 조정합니다.

- `ToTensor`: 이미지를 파이토치 텐서로 변환합니다.

- `Normalize`: 지정된 평균 및 표준 편차 값을 사용하여 이미지를 정규화합니다.

Ch7/Image_Pre_Processing.ipynb

```python
# 데이터 증강 파이프라인 정의
transforms = T.Compose([
    T.RandomRotation(degrees=(-15, 15), fill=0),
    T.RandomResizedCrop(size=(224, 224), scale=(0.8, 1.0)),
    T.RandomHorizontalFlip(p=0.5),
    T.RandomVerticalFlip(p=0.5),
    T.ColorJitter(brightness=0.2, contrast=0.2, saturation=0.2, hue=0.1),
    T.ToTensor(),
    T.Normalize(mean=[0.485, 0.456, 0.406], std=[0.229, 0.224, 0.225]),
])

# 이미지에 데이터 증강 파이프라인을 적용
augmented_img = transforms(img)

# 이미지를 시각화하기 위해 해당 이미지를 PIL 이미지로 변환
# 다만, 이 변환 이전에 정규화(normalization) 취소 조치 실행
unnormalized_img = T.Compose([
    T.Normalize(mean=[-0.485/0.229, -0.456/0.224, -0.406/0.225],
    std=[1/0.229, 1/0.224, 1/0.225]),T.ToPILImage()])(augmented_img)
```

다음 코드를 사용하여 변환된 이미지를 표시합니다.

Ch7/Image_Pre_Processing.ipynb

```python
from IPython.display import display
display(unnormalized_img)
```

그림 7.2 이미지 전처리 후 예제 이미지

07.2 비전 트랜스포머 아키텍처

이미지 분류 작업을 위해 트랜스포머 아키텍처를 변형한 비전 트랜스포머 아키텍처(ViT)는 도소비치키 A.(Dosovitskiy A.)에 의해 제안되었습니다[4]. ViT의 기본 아이디어는 이미지를 고정된 크기의 겹치지 않는 패치들의 시퀀스로 취급하는 것입니다. 이는 트랜스포머가 자연어를 토큰의 시퀀스로 취급하는 방식과 유사합니다.

다음 그림은 ViT의 아키텍처를 보여줍니다.

---

[4] Dosovitskiy, A. 외 11인 〈An image is worth 16x16 words: Transformers for image recognition at scale〉 참고(https://arxiv.org/abs/2010.11929).

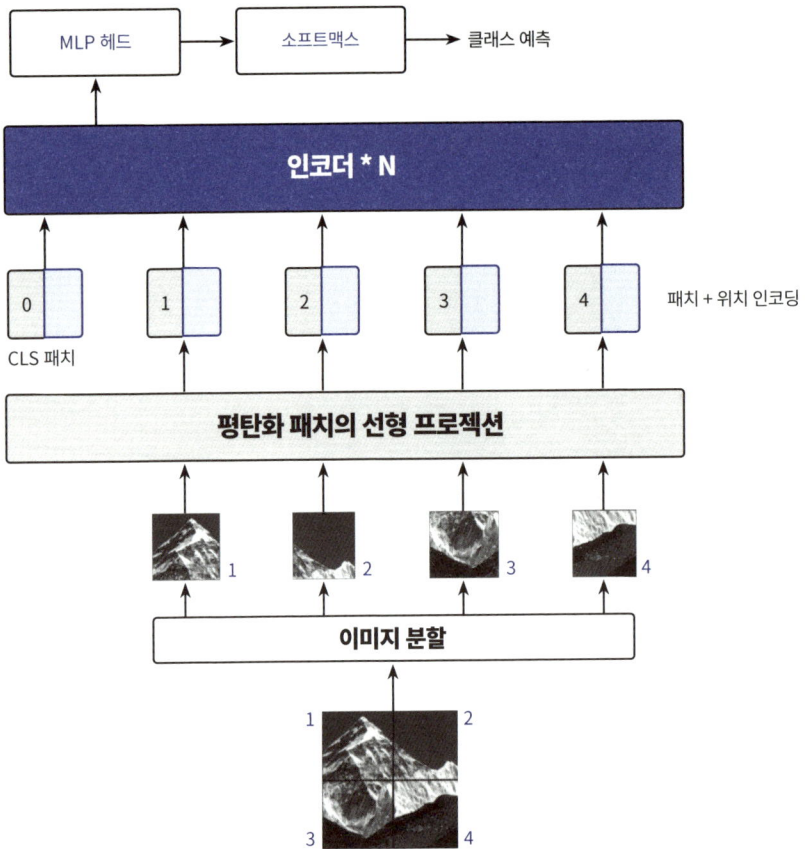

그림 7.3 ViT 아키텍처

ViT의 주요 구성 요소는 다음과 같습니다.

- **이미지 전처리**: 이미지 크기를 조정하고 겹치지 않는 패치(예: 16x16픽셀)로 분할합니다.
- **패치 임베딩**: 각 패치를 1D 벡터로 평탄화(flatten)하여 고차원 표현으로 선형 임베딩을 실시합니다. 이는 NLP의 토큰 임베딩과 유사합니다.
- **위치 인코딩**: 각 패치에 위치 정보를 추가합니다.
- **트랜스포머 층**: 패치 임베딩을 트랜스포머 층에 통과시킵니다.
- **분류**: 트랜스포머 층의 출력을 완전 연결 층에 전달하고 소프트맥스 함수를 적용해서 분류 확률을 계산합니다.

원래 ViT 모델은 1,400만 개의 이미지와 21,000개의 클래스로 구성된 ImageNet-21k 데이터셋에서 사전 학습되었습니다. 사전 학습 목표는 예측된 클래스 확률과 실제 레이블 사이의 교차 엔트로피 손실을 최소화하는 것입니다. ViT 모델은 timm 또는 허깅페이스 라이브러리를 통해 얻을 수 있습니다. 패치 크기, 이미지 크기 등과 같은 요인에 따라 다양한 ViT 모델 변형이 존재합니다. 이 책의 번역 시점 기준으로 timm 라이브러리에서 가용한 모델은 298개입니다.

> **보충 수업 / timm 라이브러리**
>
> timm은 PyTorch Image Models의 약자로, 주로 이미지 분류와 관련된 다양한 모델들을 제공하는 파이토치 기반 라이브러리입니다. 이 라이브러리에는 ViT, EfficientNet, ResNet 등 여러 종류의 사전 학습 모델이 포함되어 있습니다. 또한 timm 라이브러리는 이미지 분류, 객체 탐지, 미세분류 등의 컴퓨터 비전 작업에 매우 유용합니다.

해당 라이브러리에서 사용 가능한 모든 모델을 나열하려면 먼저 코랩에 `timm` 라이브러리를 설치합니다.

```
!pip install timm
```

그 후 다음 코드를 실행합니다.

Ch7/ViT.ipynb
```
import timm

all_models = timm.list_models()
vit_models = [model for model in all_models if 'vit' in model]

# 모델 개수 카운트 및 출력
print(f"Total number of ViT models: {len(vit_models)}")
print("Available ViT models in timm:")
for model in vit_models:
    print(model)
```

실행 결과

```
Total number of ViT models: 298
Available ViT models in timm:
convit_base
convit_small
convit_tiny
crossvit_9_240
crossvit_9_dagger_240
…(중략)…
```

참고로 모델 개수는 시간이 지남에 따라 증가할 수 있습니다. 이제 timm에서 ViT 모델을 선언하는 방법을 살펴보겠습니다.

07.2.1 프로젝트 4: AI 안과 의사

AI 안과 의사 프로젝트의 내용과 구현 목표는 다음과 같습니다. 여기에서 설명하는 코드는 예제 소스 내 [Ch7] 폴더에 수록된 ViT.ipynb 파일의 일부입니다.

이 프로젝트에서 사용하는 백내장 데이터셋은 캐글에서 구할 수 있습니다(https://www.kaggle.com/datasets/jr2ngb/cataractdataset).

Ch7/ViT.ipynb

```
# 데이터 디렉토리는 자신의 구글 드라이브 설정에 맞춰서 변경이 필요합니다.
# 실습 데이터셋(www.kaggle.com/datasets/jr2ngb/cataractdataset) 용량은 4GB입니다.
# 이 데이터셋을 구글 드라이브에 폴더당 10개씩의 이미지만 올립니다.
# 축소 데이터셋은 도서의 예제 코드에서 제공합니다.
# 폴더명은 normal, cataract, gloucoman, retina_disease입니다.

DATA_DIR = "/content/drive/MyDrive/Book6/Ch7/dataset/"
CLASSES = ["normal", "cataract", "glaucoma", "retina_disease"]

data = []
for class_idx, class_name in enumerate(CLASSES):
    class_dir = os.path.join(DATA_DIR, class_name)
    for img_name in os.listdir(class_dir):
        img_path = os.path.join(class_dir, img_name)
```

```python
        data.append([img_path, class_idx])

df = pd.DataFrame(data, columns=["image_path", "label"])
train_df, test_df = train_test_split(df, test_size=0.2, random_state=42,
                                    stratify=df["label"])

train_transforms = transforms.Compose([
    transforms.Resize((224, 224)),
    transforms.RandomHorizontalFlip(),
    transforms.ToTensor(),
    transforms.Normalize(mean=[0.485, 0.456, 0.406],
                        std=[0.229, 0.224, 0.225]),
])

test_transforms = transforms.Compose([
    transforms.Resize((224, 224)),
    transforms.ToTensor(),
    transforms.Normalize(mean=[0.485, 0.456, 0.406],
                        std=[0.229, 0.224, 0.225]),
])

class CataractDataset(Dataset):
    def __init__(self, image_paths, labels, transform=None):
        self.image_paths = image_paths
        self.labels = labels
        self.transform = transform

    def __len__(self):
        return len(self.image_paths)

    def __getitem__(self, idx):
        img_path = self.image_paths[idx]
        label = self.labels[idx]
        img = Image.open(img_path).convert("RGB")

        if self.transform:
            img = self.transform(img)
```

```python
        return img, label

train_dataset = CataractDataset(train_df["image_path"].values,
                                train_df["label"].values,
                                transform=train_transforms)
test_dataset = CataractDataset(test_df["image_path"].values,
                               test_df["label"].values, transform=test_transforms)

train_loader = DataLoader(train_dataset, batch_size=4, shuffle=True)
test_loader = DataLoader(test_dataset, batch_size=4, shuffle=False)
```

이 데이터셋에는 눈 이미지가 포함되어 있으며 정상(Normal), 백내장(Cataract), 녹내장(Glaucoma), 망막 질환(Retina_diseases)의 네 가지 클래스로 분류됩니다.

Ch7/ViT.ipynb

```python
# 역정규화(unnormalize)를 수행해서 텐서 이미지를 넘파이 어레이로 변환
def imshow(img_tensor):
    img = img_tensor.numpy()
    # 트랜스포즈(transpose)
    img = np.transpose(img, (1, 2, 0))
    mean = np.array([0.485, 0.456, 0.406])
    std = np.array([0.229, 0.224, 0.225])
    img = std * img + mean
    img = np.clip(img, 0, 1)
    return img


# 이미지와 레이블 표시
fig, axes = plt.subplots(1, len(images), figsize=(12, 12))

for idx, (image, label) in enumerate(zip(images, labels)):
    axes[idx].imshow(imshow(image))
    axes[idx].set_title(f"Label: {label.item()}")
    axes[idx].axis("off")

plt.show()
```

실행 결과

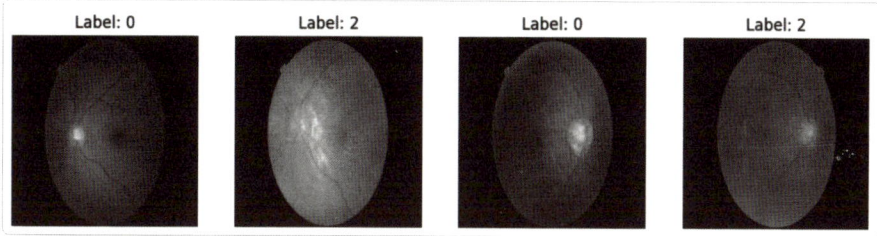

Ch7/ViT.ipynb
```
import timm
model = timm.create_model("vit_base_patch16_224", in_chans=3,
num_classes=4, pretrained=True)
```

이는 12개의 층, 768개의 은닉 층 사이즈, 12개의 헤드, 16×16픽셀의 패치 크기로 사전 학습된 ViT 이미지를 사용합니다. 입력 이미지 크기는 224×224픽셀입니다. 또한 출력에 4개의 클래스를 가진 분류 헤드를 추가합니다.

프로젝트 목표는 이미지에 존재하는 안구 질환의 유형을 자동으로 식별하는 분류기를 개발하는 것입니다.

Ch7/ViT.ipynb
```
def train(model, device, train_loader, optimizer, criterion, epoch, accelerator):
    model.train()
    running_loss = 0.0

    for batch_idx, (data, target) in enumerate(tqdm(train_loader)):
        data, target = data.to(device), target.to(device)
        optimizer.zero_grad()
        output = model(data)
        loss = criterion(output, target)
        accelerator.backward(loss)
        optimizer.step()
        running_loss += loss.item()

    avg_loss = running_loss / len(train_loader)
    print(f"Epoch: {epoch}, Loss: {avg_loss:.4f}")
```

```python
from sklearn.metrics import confusion_matrix, recall_score, precision_score

def test(model, device, test_loader, criterion, accelerator):
    model.eval()
    test_loss = 0
    correct = 0
    all_preds = []
    all_targets = []

    with torch.no_grad():
        for data, target in test_loader:
            data, target = data.to(device), target.to(device)
            output = model(data)
            test_loss += criterion(output, target).item()
            output_cpu = output.to('cpu')
            target_cpu=target.to('cpu')
            pred = output_cpu.argmax(dim=1, keepdim=True)
            correct += pred.eq(target_cpu.view_as(pred)).sum().item()

            all_preds.extend(pred.flatten().tolist())
            all_targets.extend(target.flatten().tolist())

    test_loss /= len(test_loader)
    accuracy = 100. * correct / len(test_loader.dataset)
    print(f"Test Loss: {test_loss:.4f}, Accuracy: {accuracy:.2f}%")

    # 혼동 행렬(confusion matrix), 리콜(sensitivity) 및 specificity 계산
    cm = confusion_matrix(all_targets, all_preds)
    sensitivity = recall_score(all_targets, all_preds, average=None)
    specificity = (cm.sum(axis=0) - cm.diagonal()) / cm.sum(axis=0)

    for i, (sens, spec) in enumerate(zip(sensitivity, specificity)):
        print(
            f"Class {i}: Sensitivity (Recall): {sens:.4f},"
            f"Specificity: {spec:.4f}"
        )
```

Ch7/ViT.ipynb

```python
from accelerate import Accelerator
from torch.optim import Adam

accelerator = Accelerator()
device = accelerator.device
learning_rate = 1e-4

optimizer = Adam(model.parameters(), lr=learning_rate)
criterion = nn.CrossEntropyLoss()

train_loader, test_loader = accelerator.prepare(train_loader, test_loader)
model, optimizer, criterion = accelerator.prepare(model, optimizer, criterion)

from accelerate import Accelerator
from torch.optim import Adam

accelerator = Accelerator()
device = accelerator.device
learning_rate = 1e-4

optimizer = Adam(model.parameters(), lr=learning_rate)
criterion = nn.CrossEntropyLoss()

train_loader, test_loader = accelerator.prepare(train_loader, test_loader)
model, optimizer, criterion = accelerator.prepare(model, optimizer, criterion)
```

실행 결과

```
...(중략)...
100%|██████████| 6/6 [00:03<00:00,  1.64it/s]
Epoch: 9, Loss: 1.0474
<ipython-input-16-bde4420312d5>:46: RuntimeWarning: invalid value encountered in divide
  specificity = (cm.sum(axis=0) - cm.diagonal()) / cm.sum(axis=0)
Test Loss: 1.0133, Accuracy: 66.67%
Class 0: Sensitivity (Recall): 1.0000, Specificity: 0.3333
Class 1: Sensitivity (Recall): 0.0000, Specificity: nan
Class 2: Sensitivity (Recall): 1.0000, Specificity: 0.3333
100%|██████████| 6/6 [00:03<00:00,  1.52it/s]
Epoch: 10, Loss: 1.0467
Test Loss: 0.9514, Accuracy: 66.67%
Class 0: Sensitivity (Recall): 1.0000, Specificity: 0.3333
Class 1: Sensitivity (Recall): 0.5000, Specificity: 0.5000
Class 2: Sensitivity (Recall): 0.5000, Specificity: 0.0000
```

전체 구현 코드는 예제 소스 내 [Ch7] 폴더에 수록된 ViT.ipynb 파일을 참조하기 바랍니다.

07.3 Distillation 트랜스포머

Distillation 트랜스포머(DeiT)는 ViT의 확장 모델입니다. DeiT는 사전 학습 단계만 ViT와 다릅니다. 파인튜닝 및 추론 단계에서는 기본 아키텍처가 ViT와 동일합니다. 다음은 사전 학습 단계의 아키텍처를 보여줍니다.

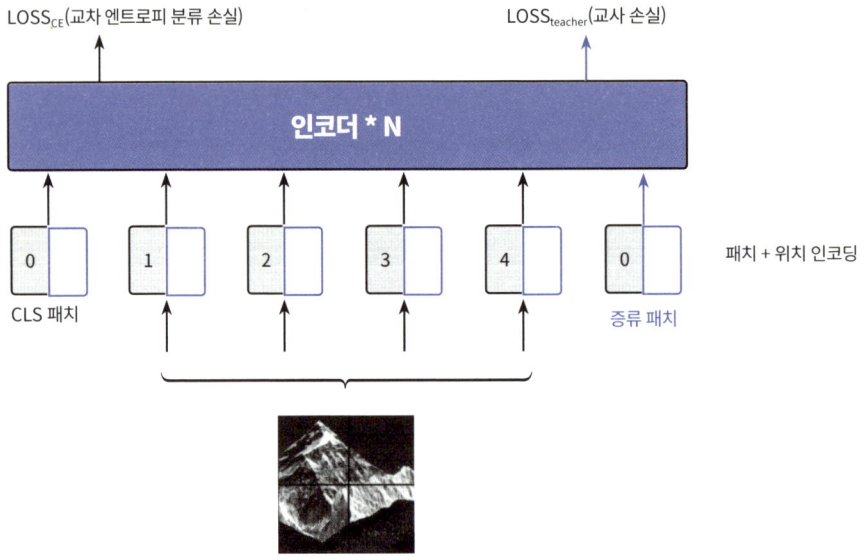

그림 7.4 DeiT 아키텍처

07.3.1 DeiT의 사전 학습 과정

DeiT의 사전 학습 과정을 자세히 살펴보겠습니다.

- **교사 모델**: 일반적으로 ResNet-50과 같은 사전 학습 합성곱(CNN) 모델을 교사 모델로 선택합니다. 교사 모델은 학습 과정에서 업데이트되지 않고 동결됩니다. 이에 대한 개념을 이해하기 위해 지식 증류(knowledge distillation)를 알아야 합니다. 지식 증류에서는 교사라는 사전 학습된 대규모 네트워크와 무작위로 초기화된 작은 네트워크인 학생 네트워크, 이렇게 두 개의 네트워크가 있습니다. 사전 학습 단계에서 학생 네트워크는 교사 네트워크를 따라 학습, 행동하려고 노력합니다.
- **이미지 처리**: 이미지를 처리합니다.

- **모델 학습**: [그림 7.4]에서 볼 수 있듯이, 사전 학습 단계에서 모델은 다음 두 가지 손실에 대해 최적화됩니다.
  - **분류 손실**: 이는 예측 확률과 실제 레이블 간의 차이를 의미합니다. 다이어그램에서 볼 수 있듯이 $LOSS_{CE}$는 트랜스포머의 마지막 층의 첫 번째 토큰에 연결됩니다.
  - **교사 손실(증류 손실)**: 학생 모델(DeiT)의 출력과 교사 모델의 출력 간의 차이를 측정합니다. 학생 모델은 이 차이를 최소화하도록 교사 모델로부터 학습합니다.
- **지식 증류**: 지식 증류에는 다양한 변형이 있습니다. DeiT는 하드 증류(hard distillation)를 사용합니다. 하드 증류에서 목적 함수는 교사의 레이블과 학생의 로짓 예측 간의 교차 엔트로피 손실을 줄이는 것을 목표로 합니다.
- **손실 함수**: 따라서 사전 학습 손실 함수는 다음과 같이 구성됩니다.

  (1/2 × 교차 엔트로피(참 레이블, 예측 로짓)) + (1/2 × 교차 엔트로피(교사 레이블, 예측 로짓))

07.3.2 DeiT의 장점

DeiT의 첫 번째 장점은 사전 학습 또는 파인튜닝 데이터셋이 충분치 않을 때 ViT에 비해 뛰어난 성능을 발휘한다는 점입니다. 두 번째 장점은 지식 증류에 있습니다. DeiT는 증류 손실을 최소화하여 교사 모델을 모방하는 방법을 학습합니다. 지식 증류로 인해 DeiT는 ViT보다 더 빠른 수렴 속도를 보입니다.

AI 안과 의사 프로젝트를 활용한 구현 예제

AI 안과 의사를 파인튜닝하기 위해 우리는 작은 규모의 데이터셋을 가지고 있습니다. 검증할 가설은 이런 작은 데이터셋을 가진 상황에서 DeiT가 ViT보다 성능이 더 좋아야 한다는 것입니다. DeiT 모델을 사용하여 AI 안과 의사를 다시 구현해보길 바랍니다.

▶ 원서에서는 이처럼 생각해볼 수 있는 예제에 대한 언급만으로 이 섹션을 마무리하고 있습니다.

07.4 Detection 트랜스포머

[그림 7.5]는 전형적인 Detection 트랜스포머(DETR) 아키텍처를 보여줍니다. 이 아키텍처는 세 가지 주요 구성 요소로 이루어져 있습니다.

- 이미지 특성 추출을 위한 합성곱(CNN) 백본
- 트랜스포머 인코더 및 디코더
- 클래스 예측과 경계 상자 예측(bounding box prediction)을 위한 두 개의 출력 헤드.

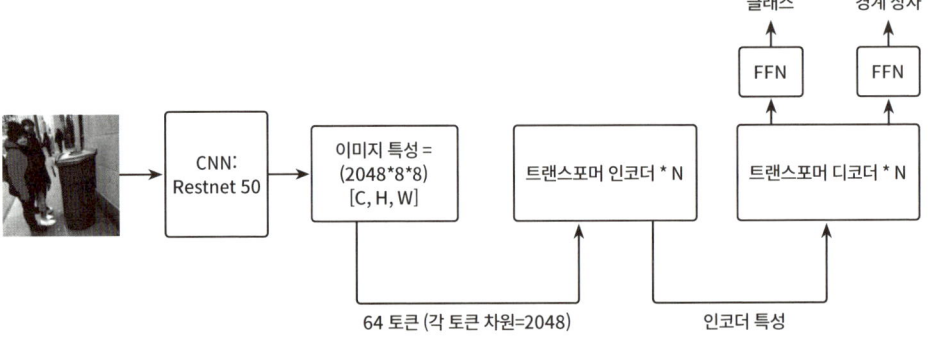

그림 7.5 DETR 아키텍처

> **보충 수업 / 경계 상자 예측**
>
> 경계 상자 예측은 객체가 이미지에서 어디에 위치하는지를 예측하는 작업입니다. 즉, 모델이 이미지 내에서 객체를 탐지한 후, 해당 객체를 포함하는 직사각형(바운딩 박스)의 좌표(위치와 크기)를 출력하는 것을 말합니다.

이 아키텍처에 대해 그림과 함께 자세히 살펴보겠습니다.

- **이미지 특성(feature) 추출**: ResNet-50과 같은 CNN 모델이 특성 맵을 생성합니다. 이 특성 맵은 트랜스포머의 입력으로 사용됩니다. 예를 들어 256x256 크기의 이미지가 있고, ResNet-50이 8x8 크기의 2,048 채널을 가진 특징 맵을 생성한다고 가정해보겠습니다. 각 8x8 셀은 입력 이미지에 대한 공간 정보를 나타내고 2,048개 채널은 고차원 특성을 나타냅니다.

- **트랜스포머 인코더**: 추출된 특성(예: [2048, 8, 8])은 평탄화된 1D 벡터의 시퀀스로 변환되어 트랜스포머 인코더에 입력됩니다. 인코더는 위치 인코딩과 셀프 어텐션을 적용하여 로컬 및 글로벌(전역) 컨텍스트 정보를 모두 파악합니다. 예제에서 2048x8x8 특성 맵을 트랜스포머 인코더에 입력하려면 이 특성 맵을 64x2048(8x8=64) 형태로 변형해야 합니다. 이제 각각 2,048차원을 가진 64개의 벡터가 생겼고, 이들 2,048 차원은 이미지의 공간 위치를 나타냅니다. 이 64개의 벡터 각각은 트랜스포머 인코더의 토큰으로 간주됩니다. 그런 다음 64개의 토큰 시퀀스(2,048 크기의 1D 벡터)가 트랜스포머 인코더에 입력됩니다.

- **트랜스포머 디코더**: 트랜스포머 디코더는 트랜스포머 인코더의 출력과 객체 쿼리(object queries)를 입력으로 받습니다. 객체 쿼리는 잠재적인 객체 탐지를 의미합니다. 전형적인 예에서는 각각 256개의 차원을 가진 100개의 객체 쿼리가 있습니다. 즉, 단일 이미지에서 최대 100개의 객체를 식별할 수 있습니다.

- **출력**: 트랜스포머 디코더의 출력은 각 객체 쿼리에 대해 예측된 경계 상자와 클래스 확률의 집합입니다. 예측된 경계 상자와 실제로 존재하는 경계 상자를 최대한 일치하도록 학습시키기 위해, 이분 매칭 손실과 같은 손실 함수가 사용됩니다. 각각의 객체 쿼리에 대해 출력 헤드는 두 가지 예측을 생성합니다. DETR의 사전 학습 시, 81개 객체 카테고리를 가진 100개의 객체 쿼리가 사용되었습니다. 80개의 객체 카테고리에 '객체 없음(No object)'을 나타내는 추가 카테고리 1개가 합쳐져 81개 카테고리를 이룹니다.

- **경계 상자 좌표**: 이미지의 예측된 경계 상자의 좌표(x, y, 너비, 높이)입니다. 여기서 (x, y)는 경계 상자의 왼쪽 상단 점의 좌표를 의미하고, 너비와 높이는 각각 경계 상자의 너비와 높이를 나타냅니다. 출력 헤드에는 각 개체 쿼리에 대한 경계 상자 좌표를 예측하는 데 사용되는 4개의 뉴런이 있습니다.

- **클래스 확률**: 각 객체 카테고리에 대한 확률을 나타냅니다.

> **보충수업**   이분 매칭 손실(Bi-partite matching loss)
>
> 두 그룹의 요소를 일대일로 매칭하여, 예측된 값과 실제 값의 차이를 최소화하는 손실 함수입니다. 주로 객체 탐지 모델에서 예측된 경계 상자와 실제 경계 상자를 일대일로 매칭하여 그 차이를 측정하는 데 사용됩니다. 이 방식은 중복 탐지를 방지하고, 각 객체가 정확하게 매칭되도록 도와줍니다.

07.4.1 프로젝트 5: 객체 탐지 모델

객체 탐지를 위한 프로그램을 만들어보겠습니다[5]. 여기서는 예제 소스 내 [Ch7] 폴더에 수록된 DETR.ipynb의 일부 코드를 설명합니다.

---

[5] https://huggingface.co/facebook/detr-resnet-50

다음 코드를 통해 필요한 패키지를 가져옵니다.

Ch7/DETR.ipynb

```python
import torch
import torchvision.transforms as T
from PIL import Image
import requests
from io import BytesIO
import matplotlib.pyplot as plt
from transformers import DetrForObjectDetection, DetrImageProcessor
```

그리고 다음 코드를 사용하여 데이터 전처리를 수행합니다.

Ch7/DETR.ipynb

```python
# Ch7/tulip_field.png 파일을 자신의 구글 드라이브에 업로드 후 그 경로를 사용
img_path = '/content/drive/MyDrive/Book6/Ch7/tulip_field.png'

# 이미지 열기
img = Image.open(img_path)

# RGB로 변환
img = img.convert("RGB")

transform = T.Compose([
    T.Resize(800),
    T.ToTensor(),
    T.Normalize([0.485, 0.456, 0.406], [0.229, 0.224, 0.225]),
])
img_tensor = transform(img).unsqueeze(0)
```

다음 코드를 사용하여 모델을 불러오고 예측을 수행합니다.

Ch7/DETR.ipynb

```python
# config를 명시적으로 정의
config = DetrConfig.from_pretrained("facebook/detr-resnet-50")

processor = DetrImageProcessor.from_pretrained("facebook/detr-resnet-50")
```

```python
model = DetrForObjectDetection.from_pretrained("facebook/detr-resnet-50",
                                                config=config)
model.eval()

# 역자 주: 예제 소스 내 ipynb 파일에서 아래 코드 블록은 다른 코드 뒤에
# 약간 떨어져서 위치합니다만, 실행 결과는 같습니다.
with torch.no_grad():
    outputs = model(img_tensor)
target_sizes = torch.tensor([img.size[::-1]])
results = processor.post_process_object_detection(
    outputs, target_sizes=target_sizes, threshold=0.9)[0]
```

그리고 다음 코드를 사용하여 예측을 시각화합니다.

Ch7/DETR.ipynb

```python
fig, ax = plt.subplots(1, 1, figsize=(10, 10))
ax.imshow(img)

# get_cmap("tab20")은 20개의 색상을 지닌 컬러맵으로
# 이미지의 개별 객체 카테고리에 고유의 색상을 배정
colors = plt.get_cmap("tab20").colors

# results["scores"]는 예측
# results["labels"]는 true 레이블
# results["boxes"]는 객체의 경계 상자
for score, label, box in zip(results["scores"], results["labels"],
                              results["boxes"]):
    x, y, w, h = box
    w = w - x
    h = h - y
    rect = plt.Rectangle((x, y), w, h, linewidth=1,
                          edgecolor=colors[label % 20], facecolor="none")
    ax.add_patch(rect)
    ax.text(
        x, y,
        f"{model.config.id2label[label.item()]}\n"
        f"{round(score.item(), 3)}",
        fontsize=15,
```

```
            color=colors[label % 20]
    )

plt.show()
```

다음 [그림 7.6]은 예측 결과를 보여줍니다. 놀랍게도 흐릿하고 뒤쪽 멀리 있는 차량도 97.9% 의 정확도로 식별해내고 있습니다.

그림 7.6 객체 탐지 결과

CHAPTER

08

트랜스포머 컴퓨터 비전 작업

08.1 _ 컴퓨터 비전 작업

08.2 _ 디퓨전 모델: 비조건부 이미지 생성

8장에서는 기계가 주변 세계를 보고 해석하고, 이미지를 인식하고, 감정을 해독하며, 나아가 시각 데이터를 생성하도록 학습시키는 방법에 대해 살펴봅니다. 이 장이 끝날 무렵에는 기본적인 컴퓨터 비전 작업을 이해하고 이러한 작업에 트랜스포머를 적용하는 방법을 배우게 될 것입니다. 또한 이미지 생성 분야에서 혁신을 불러온 스테이블 디퓨전에 대해서도 알아봅니다.

우선 다양한 컴퓨터 비전 작업과 실제 시나리오에서의 애플리케이션에 대한 포괄적인 이해를 제공하고, 이미지 분류 기법을 살펴봅니다. 특히 ResNet-50 및 ViT와 같은 잘 알려진 모델과 DeiT의 성능을 비교하여 분류 문제 해결에 있어 이들의 능력을 보여줍니다.

또한 이미지 분할과 그 실용적인 응용에 대해 설명할 것이며, 특히 음식 이미지 세그멘테이션에 초점을 맞춥니다. 이를 위해 음식 이미지 세그멘테이션 모델을 구현하여 학습 및 평가 과정을 시연합니다. 마지막으로 디퓨전 모델의 원리와 비조건부 이미지 생성 사용법을 설명합니다. 이 과정에서 독창적인 강아지 예술 작품을 만들어 이러한 모델의 창의적인 응용 가능성을 느껴볼 수 있습니다.

시스템 요구 사항

8장의 실습을 위해 다음과 같이 필요한 패키지를 설치합니다.

```
!pip install transformers
!pip install datasets
!pip install accelerate
!pip install torch
!pip install torchvision
!pip install scikit-learn
!pip install diffusers
```

08.1 컴퓨터 비전 작업

다음 표는 컴퓨터 비전의 주요 작업들입니다. 표에 제시된 모델은 https://huggingface.co/models에서 검색해볼 수 있습니다.

컴퓨터 비전의 주요 작업

작업	요약	인기 모델
이미지 분류	이미지를 카테고리로 분류합니다.	google/vit-base-patch16-224, microsoft/resnet-50
이미지 세그멘테이션	이미지를 여러 세그먼테이션으로 분할합니다. 이 작업은 픽셀 수준의 분할(partitioning) 작업입니다.	facebook/detr-resnet-50-panoptic, nvidia/segformer-b0-finetuned-ade-512-512
비조건부 이미지 생성	제약이나 가이드라인 지침 없이 일관된 이미지를 생성합니다. 예를 들어 풍경, 동물 등의 이미지를 만들거나, 모델이 학습한 지식을 바탕으로 피카소 스타일의 그림을 만들 수 있습니다.	Denoising Diffusion Probabilistic Models (DDPM)
제로샷 이미지 분류	학습 중에 접하지 못한 이미지에 카테고리를 부여하여 분류합니다. 예를 들어, Clip-ViT모델은 대규모 이미지와 캡션으로 학습되었습니다. 또한 이 모델은 텍스트와 이미지를 공유된 고차원 공간에 매핑하는 방법을 통해 학습했습니다. 추론 중에는 기존에 접하지 못한 이미지를 인코더로 처리한 후, 트랜스포머가 이미지 임베딩과 가장 일치하는 클래스 임베딩을 식별하려고 노력합니다.	openai/clip-vit-large-patch14
깊이 추정 (Depth estimation)	이미지에서 객체 간의 거리(distance)를 추정합니다.	Intel/dpt-large
객체 탐지 (Object detection)	이미지에서 다양한 객체를 식별합니다.	DETR, facebook/detr-resnet-50
이미지-to-이미지	스타일 전이(transfer), 컬러화(colorization) 같은 작업을 수행합니다.	ControlNet
비디오 분류	비디오를 카테고리별로 분류합니다.	microsoft/xclip-base-patch32, facebook/timesformer-base-finetuned-k400

08.1.1 이미지 분류

7장에서는 예제 소스 [Ch7] 폴더에 수록된 ViT.ipynb 예제를 통해 ViT를 사용한 백내장 이미지 분류 프로젝트를 수행했습니다. 아울러 [Ch8] 폴더에 수록된 deit_and_resnet_comparison.ipynb 파일에서 DeiT와 ResNet50 모델로 이와 동일한 백내장 이미지 분류 작업을 수행해두었습니다. 다음은 5개 에포크 이후의 정확도 결과입니다.

- **ViT**: 61.16%
- **DeiT**: 66.12%
- **ResNet50**: 29.75%

이 실험을 통해 DeiT가 ResNet50는 물론 ViT보다 더 성능이 뛰어나다는 것을 알 수 있습니다. 여러 사전 연구에서도 다양한 종류의 파인튜닝 작업에서 트랜스포머 기반 모델(ViT, DeiT 등)이 ResNet50보다 성능이 뛰어난 것이 입증되었습니다. 이미지 분류에 트랜스포머를 사용하면 얻을 수 있는 이점은 다음과 같습니다.

- **복잡성과 전이 학습**: ViT와 DeiT는 모두 셀프 어텐션 메커니즘으로 인해 복잡성 정도가 높습니다. 사전 학습된 트랜스포머는 다양한 작업에 대해 더 나은 일반화 능력을 보여줍니다. 전이 학습을 사용하는 경우, 트랜스포머 기반 모델이 ResNet50보다 더 유용할 수 있습니다.
- **멀티모달 작업**: 트랜스포머는 이미지와 텍스트 조합 또는 이미지와 오디오 조합과 같은 멀티모달 데이터를 합성곱(CNN)보다 더 자연스럽게 처리할 수 있습니다. 따라서 멀티모달 데이터가 포함된 작업이라면 ViT와 DeiT가 더 적합할 수 있습니다.

책에서 제공하는 백내장 이미지 분류기는 비교적 기본적인 버전이기에 다음과 같은 문제를 갖고 있습니다.

- 파인튜닝 데이터셋이 매우 작습니다.
- 최소한의 이미지 전처리만 수행됩니다.

백내장 데이터셋에 대한 모델 성능을 더욱 향상시키려면 다양한 데이터 증강 기법을 추가로 실험해볼 수 있습니다. 단, 생각할 수 있는 한 가지 옵션은 데이터 증강을 사용하여 데이터셋 크기를 두 배로 늘리는 것입니다.

08.1.2 이미지 세그멘테이션

이미지 세그멘테이션(Image segmentation)은 이미지를 세그먼트나 영역으로 나누는 것으로, 각 세그먼트는 특정 객체나 관심 영역을 나타냅니다. 객체 탐지와 이미지 세그멘테이션 작업이 비슷해보일 수 있지만, 이 둘은 상당한 차이가 있습니다. 객체 탐지의 목표는 객체의 존재를 식별하고 경계 상자를 사용하여 대략적인 위치 추정치를 제공하는 것입니다. 반면 이미지 분할은 이미지의 모든 픽셀에 클래스 레이블을 할당하여 객체의 정확한 형태와 경계를 픽셀 단위로 분류해냅니다. 이를 통해 물체의 존재 여부뿐만 아니라 정확한 모양과 경계를 식별할 수 있습니다.

객체 탐지와 이미지 세그멘테이션을 구분하는 예는 다음과 같습니다.

- **객체 탐지(자율 주행 차량)**: 객체 탐지는 신호등, 보행자, 기타 차량 등 다양한 물체의 존재를 식별하는 데 사용됩니다. 객체 탐지는 이러한 객체의 존재 여부 및 대략적인 위치를 빠르게 파악할 수 있어 자율 주행 시 실시간 의사 결정에 매우 중요한 역할을 합니다.

- **이미지 세그멘테이션(의료 영상)**: CT 스캔이나 엑스레이와 같은 의료 영상에서는 장기나 종양의 정확한 구조를 식별하는 것이 필수입니다. 이미지 세그멘테이션은 픽셀 수준의 분류를 할 수 있어 객체를 세밀하게 표현할 수 있습니다. 예를 들어 인체 장기인 간에 객체 탐지를 사용하면 직사각형 경계 상자만 생성되어 도움이 되지 않습니다. 반면 이미지 세그멘테이션은 정확한 진단과 치료 계획에 필요한 간의 정확한 구조를 제공합니다.

08.1.3 프로젝트 6: 다이어트 계산기용 이미지 세그멘테이션

음식 사진을 기반으로 칼로리 함량을 계산하는 칼로리 추정 앱의 개발 과정을 생각해봅시다. 이 과정의 첫 번째 단계는 음식의 이미지를 캡처한 다음 이미지 세그멘테이션을 통해 다양한 음식 카테고리를 식별하는 것입니다. 세그멘테이션 결과를 분석하여 다양한 음식의 양을 추정하고 궁극적으로 총 칼로리를 추정할 수 있습니다. 이 프로젝트에서는 음식 항목에 대한 이미지 세그멘테이션을 수행할 수 있는 모델을 만들 것입니다.

이 문제는 다음의 단계로 접근할 수 있습니다.

1. FoodSeg103(https://www.kaggle.com/datasets/ggrill/foodseg103) 데이터셋을 사용합니다. 이 데이터셋은 7,118개의 다양한 음식 카테고리 이미지를 포함하고 있습니다.

2. 캐글 로그인 후 화면 오른쪽 상단 나의 로고(새 모양 아이콘)를 클릭하면 보이는 드릴다운 메뉴에서 설정 (Settings)을 클릭합니다.

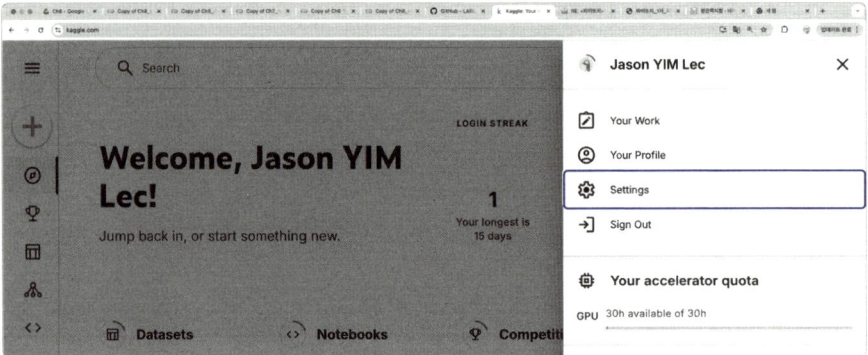

3. 설정 화면에서 아래로 스크롤하면 API 섹션이 보이고 여기에서 [Create New API Token] 버튼을 클릭합니다. 이렇게 하면 kaggle.json 파일이 생성되는데 이 파일을 내 컴퓨터에 내려받습니다.

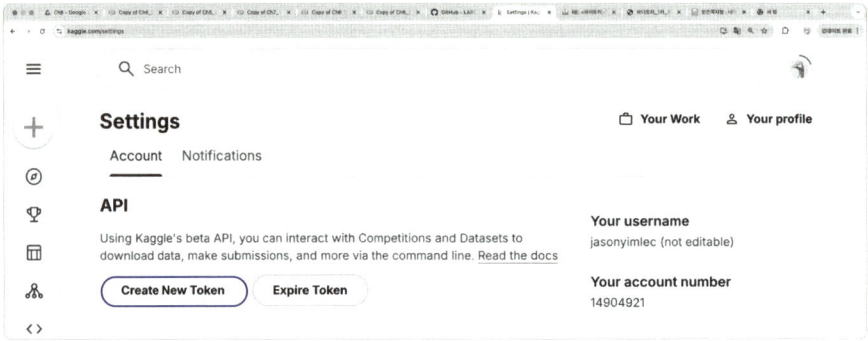

4. Kaggle.json 파일을 코랩에 업로드하고 API를 설정합니다.

Ch8/Image_Segmentation.ipynb

```
from google.colab import files

# kaggle.json 파일 업로드
files.upload()
```

실행 결과

```
파일 선택  선택된 파일 없음    Upload widget is only available when the cell has been executed in the current browser session. Please
this cell to enable.
Saving kaggle.json to kaggle.json
{'kaggle.json': b'{"username":"          ","key":"          "}'}
```

5. 코드를 코랩에서 실행하여 데이터셋을 내려받고 압축을 해제합니다. 유의할 점은, 이 코드를 실행하기 전에 구글 드라이브 [MyDrive 〉 Book6 〉 Ch8] 폴더에 미리 [foodseg103] 폴더를 생성하고, 코랩과 구글 드라이브를 연동해두어야 합니다.

Ch8/Image_Segmentation.ipynb

```
# 런타임 3~4분 소요
# Kaggle 데이터셋 다운로드
!kaggle datasets download -d ggrill/foodseg103

# 압축 해제
!unzip foodseg103.zip -d /content/drive/MyDrive/Book6/Ch8/
```

다만, 다운로드 받은 원래 데이터셋 FoodSeg103을 사용하면 코랩의 램 제한으로 실행 도중에 멈추게 됩니다. 이를 방지하기 위해 이미지 수를 데이터셋 하위 폴더별로 100개로 줄인 미니 데이터셋(FoodSeq103_short)를 예제 소스로 제공합니다. 이를 내려받은 후, 구글 드라이브의 [MyDrive 〉 Book6 〉 Ch8] 폴더에 미리 [foodseg103_short] 폴더를 추가로 생성해두고 나서, 이 미니 데이터셋을 해당 폴더에 업로드합니다. 이어서 다음 코드를 코랩에서 실행합니다.

Ch8/Image_Segmentation.ipynb

```
# 학습 데이터셋 레이블 경로(실제 코드에서는 한 줄로 표기)
image_directory = "/content/drive/MyDrive/Book6/Ch8/FoodSeg103_short/Images/
img_dir/train"

# 학습 데이터셋 레이블 경로
label_directory = "/content/drive/MyDrive/Book6/Ch8/FoodSeg103_short/Images/
ann_dir/train"

# Google Drive에 저장할 경로
output_path = "/content/drive/MyDrive/Book6/Ch8/train_dataset.hf"

# 데이터셋 생성 함수 호출
# creat_image_segmentation_dataset 함수는 책에서 제공하는 예제 소스를 참조
train_dataset = create_image_segmentation_dataset(image_directory,
                                                  label_directory)

# Hugging Face Dataset을 Google Drive에 저장
train_dataset.save_to_disk(output_path)
print(f"Dataset saved to {output_path}")
```

실행 결과

```
Saving the dataset (1/1 shards): 100%         99/99 [00:00<00:00, 198.57 examples/s]
Dataset saved to /content/drive/MyDrive/Book6/Ch8/train_dataset.hf
```

Ch8/Image_Segmentation.ipynb

```
# 실제 코드에서 저장 경로는 한 줄로 표기
train_dataset=load_from_disk("/content/drive/MyDrive/Book6/Ch8/
train_dataset.hf")
train_dataset
```

실행 결과

```
Dataset({
    features: ['pixel_values', 'label'],
    num_rows: 99
})
```

6. 허깅페이스에서 사전 학습 모델 nvidia/mit-b0을 불러와 사용합니다.

전체 프로젝트 구현 방법은 예제 소스 내 [Ch8] 폴더에 수록된 Image_Segmentation.ipynb 파일을 통해 확인할 수 있습니다. [그림 8.1]은 이미지 세그멘테이션의 추론 결과입니다.

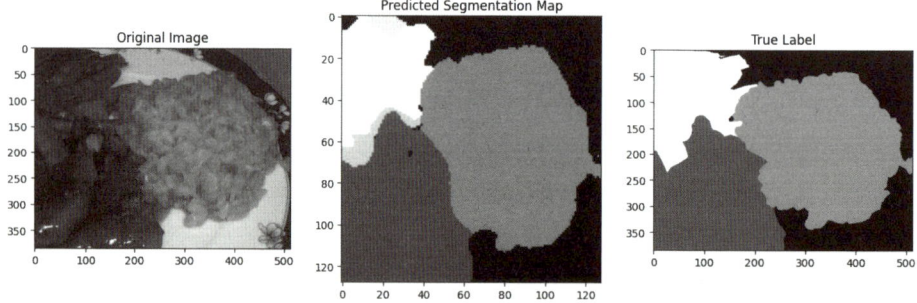

그림 8.1 이미지 세그멘테이션의 추론 결과

08.2 디퓨전 모델: 비조건부 이미지 생성

비조건부(unconditional) **이미지 생성**은 조건부 정보를 입력하지 않고도 사실적인 이미지를 생성하는 프로세스입니다. 지난 몇 년 동안 이 문제를 해결하기 위해 수많은 생성 모델이 제안되었으며, 그 중 디퓨전 모델이 가장 유망한 결과를 보여주고 있습니다. 이 섹션에서는 디퓨전 모델의 원리를 살펴보고, 비조건부 이미지 생성에 특화된 커스텀 모델을 학습시키는 프로젝트를 소개합니다.

다음 그림은 디퓨전 모델을 나타내는데, 사각형으로 표기된 것은 각각의 코드 블록입니다. 디퓨전 모델의 일반적인 원리는 원본 이미지를 점차적으로 랜덤 노이즈로 변환한 후, 그 과정을 반대로 진행하여 노이즈에서 이미지를 복원하는 과정을 시뮬레이션하는 것입니다. 이미지 생성의 맥락에서 디퓨전 모델은 이 두 가지 주요 단계로 구성됩니다. 그림에서 왼쪽을 **포워드 디퓨전**, 오른쪽을 **백워드 디퓨전**이라고 칭합니다.

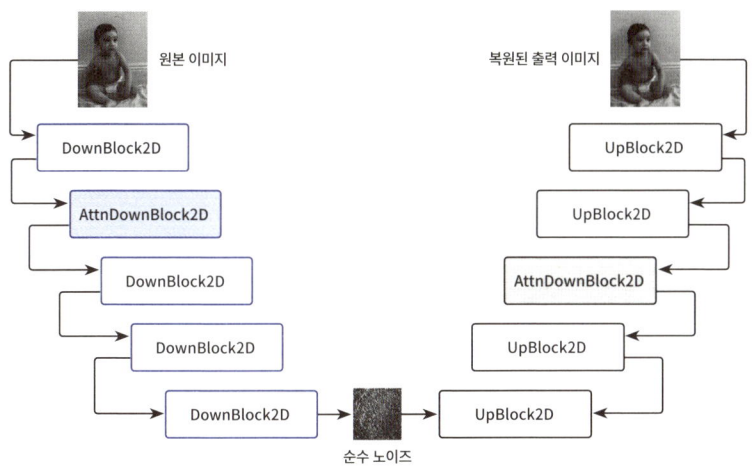

그림 8.2 U-net(디퓨전 모델의 일종) 아키텍처

예제 소스로는 [Ch8] 폴더에 수록된 Unconditional_Image_Generation.ipynb 파일의 일부 코드를 참고하세요.

Ch8/Unconditional_Image_Generation.ipynb
```
from diffusers import UNet2DModel
```

```
model = UNet2DModel(
    sample_size=config.image_size,
    in_channels=3,
    out_channels=3,
    layers_per_block=3,
    block_out_channels=(64, 128, 256, 512, 1024),
    down_block_types=(
        "DownBlock2D",
        "AttnDownBlock2D",
        "DownBlock2D",
        "DownBlock2D",
        "DownBlock2D",
    ),
    up_block_types=(
        "UpBlock2D",
        "UpBlock2D",
        "AttnUpBlock2D",
        "UpBlock2D",
        "UpBlock2D",
    ),
)
```

08.2.1 포워드 디퓨전

이 단계에서는 모델이 이미지에 제어 가능한 방식으로 노이즈를 추가하여 이미지를 랜덤 노이즈와 비슷하게 만듭니다. 이 과정을 반복할 때마다 이전 이미지에 미리 정의된 노이즈 집합을 추가하여 새로운 노이즈 이미지가 생성됩니다. 이 과정은 여러 단계에 걸쳐 진행되며, 궁극적으로 원본 이미지를 순수한 노이즈로 변환합니다. 포워드 디퓨전에는 다음과 같은 두 가지 주요 구성 요소가 있습니다.

- **DownBlock2D**: 이 블록은 채널 수를 늘리면서 입력 특성 맵을 다운 샘플링합니다. 이전 코드 예시에서는 각 후속 블록마다 채널을 (64, 128, 256, 512, 1024)식으로 늘렸습니다. 일반적으로 이 블록은 합성곱 층 시리즈와 이를 따르는 배치 정규화 층 및 활성화 함수(예: ReLU), 최대 풀링 또는 스트라이드 합성곱과 같은 다운샘플링 작업으로 구성됩니다.
- **AttnDownBlock2D**: DownBlock2D의 기능에 더해, 이 블록에는 셀프 어텐션 또는 공간(spatial) 어텐션 같은 어텐션 메커니즘이 포함되어 있습니다.

08.2.2 백워드 디퓨전

이 단계에서 모델은 순수한 노이즈에서 시작하여 포워드 디퓨전 프로세스를 역으로 진행하여 원본 이미지를 복원하려고 시도합니다. 각 단계에서 모델은 이미지에 추가된 노이즈를 예측하고, 그 노이즈를 이미지에서 차감하여 점진적으로 이미지를 복원합니다. 백워드 디퓨전도 다음과 같은 두 가지 주요 구성 요소를 갖습니다.

- **UpBlock2D**: 이 블록은 채널 수를 줄이면서 입력 특성 맵을 업샘플링합니다.
- **AttnUpBlock2D**: 이 블록은 UpBlock2D와 동일한 업샘플링 작업을 수행하지만, 블록 내에 어텐션 메커니즘이 포함되어 있어 AttnDownBlock2D와 유사합니다.

08.2.3 추론 프로세스

다음 [그림 8.3]은 디퓨전 모델의 추론 과정을 보여줍니다. 그림에서 볼 수 있듯이 모델은 순수한 노이즈를 입력받아 시작합니다. 이후 각 단계에서 모델은 노이즈를 제거하여 점차적으로 새로운 이미지를 복원합니다.

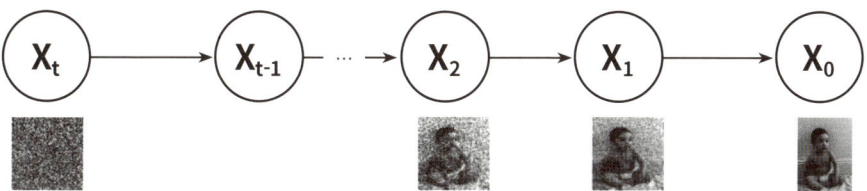

그림 8.3 추론 프로세스 디퓨전 모델

이 과정은 다음과 같은 단계를 따릅니다.

- **순수 노이즈 입력**: 추론을 시작할 때 모델은 순수 노이즈 이미지를 입력 받아 시작합니다. 이 노이즈 이미지는 모델이 목표 이미지를 복원하기 위한 시작점 역할을 합니다.
- **노이즈 제거**: 각 노이즈 제거 단계에서 모델은 포워드 디퓨전 과정 중에 추가된 노이즈의 양을 추정합니다. 그런 다음 모델은 현재 이미지에서 추정된 노이즈만큼 제거하여 이미지를 다듬습니다. 이러한 노이즈 제거 단계는 미리 정의된 횟수만큼 수행되며, 모델은 각 단계에서 이미지를 지속적으로 정제해 나갑니다.
- **최종 이미지 복원**: 추론 과정의 끝 단계에서, 모든 노이즈 제거(denoising) 단계를 마친 후 모델은 새로운 이미지를 생성합니다. 이 이미지는 모델이 포워드 디퓨전 과정을 역으로 진행하여, 입력된 순수한 노이즈를 실제 이미지로 변환한 결과입니다. [그림 8.3]에서 볼 수 있듯이 디퓨전 모델은 마지막 단계에서 아기의 사진을 생성해 낼 수 있었습니다.

요약하자면, 디퓨전 모델에서의 추론 과정은 순수한 노이즈로 시작하여 일련의 노이즈 제거 단계를 거쳐 새로운 이미지를 복원하는 과정으로 구성됩니다. [그림 8.3]은 이 과정을 시각적으로 보여주며, 여러 단계에 걸쳐 노이즈가 제거되면서 이미지가 점진적으로 정제되는 것을 볼 수 있습니다.

08.2.4 학습 가능(Learnable) 파라미터

학습 가능한 주요 파라미터는 노이즈 제거 모델에서 발견되며, 이 노이즈 제거 모델은 포워드 패스와 백워드 패스 모두에 사용됩니다. 노이즈 제거 모델은 일반적으로 U-net, 트랜스포머 등과 같은 신경망으로 구성됩니다. 노이즈 제거 모델에서 학습 가능한 파라미터에는 특정 아키텍처에 따라 CNN 층, 어텐션 메커니즘, 선형 층 등 다양한 층의 가중치와 바이어스가 포함됩니다.

포워드 디퓨전 과정 중에 노이즈 제거 모델은 노이즈가 도입되는 과정을 시뮬레이션하는데 사용됩니다. 백워드 디퓨전 과정 중에도 동일한 노이즈 제거 모델이 사용되지만 프로세스가 반대로 진행됩니다. 모델은 각 단계에서 추가되는 노이즈의 양을 예측하려고 시도합니다.

08.2.5 DogGenDiffuion 프로젝트 구현

여러분은 다음과 같은 강아지 이미지 예술 작품을 만들어야 하는 프로젝트를 맡았다고 가정해보겠습니다. 여러분의 과제는 비조건부 이미지 생성을 수행하는 디퓨전 모델을 만들어서 강아지 이미지를 생성하는 것입니다. 필요한 데이터셋과 모델 등은 다음과 같습니다.

- **프로젝트명**: DogGenDiffusion
- **데이터셋**: 1,104개의 고유한 반려견 이미지가 포함된 허깅페이스의 BirdL/DALL-E-Dogs 데이터셋을 사용합니다.
- **데이터 변환**: 모든 이미지는 128 x 128픽셀로 크기가 조정되며, 다양한 데이터 변환 기법을 적용합니다.
- **모델**: 이 작업에는 허깅페이스의 Diffusers 라이브러리에 있는 UNet2DModel을 사용합니다.

모델 개발 및 추론을 위한 전체적인 파이프라인의 구현은 예제 소스 내 [Ch8] 폴더에 수록된 Unconditional_Image_Generation.ipynb 파일을 참조해보길 바랍니다.

CHAPTER

09

음성 처리 모델

09.1 _ 음성 처리

09.2 _ Whisper 모델

09.3 _ Wav2Vec 모델

09.4 _ SpeechT5 모델

09.5 _ Whisper, Wav2Vec 2.0, SpeechT5 비교

트랜스포머를 활용한 AI 음성 처리 분야에 온 것을 환영합니다. 음성 처리 분야는 비교적 덜 발전했지만 빠르게 성장하는 한 분야 중 하나로, 자동 자막 생성, 자동 음성 번역, 화자 식별, 오디오 생성 등 다양한 애플리케이션을 선보이고 있습니다. 최근에는 Whisper 같은 트랜스포머 아키텍처가 기존의 음성 처리 기술을 능가하는 성능을 보이고 있습니다. 이 장에서는 중요한 세 가지 음성 처리 Whisper, SpeechT5, Wav2Vec 트랜스포머 아키텍처에 대해 자세히 살펴보고 실용적인 예제를 통해 이를 구현합니다. 특히 자동 자막 생성 작업 용도로 작은 데이터셋으로 Whisper를 파인튜닝하는 과정을 보면서 이론적 이해를 보완합니다.

시스템 요구 사항

9장 실습에서 필요한 패키지는 다음과 같습니다.

```
!pip install transformers
!pip install datasets
!pip install accelerate
!pip install torch
!pip install torchaudio
!pip install scikit-learn
```

09.1 음성 처리

머신러닝·딥러닝 작업을 위한 원본 오디오 신호는 몇 가지 중요한 사전 처리 단계를 거칩니다. 이 단계에서 원본 오디오 데이터를 트랜스포머를 사용하여 학습 및 추론에 적합한 형식으로 변환합니다. 다음은 오디오 신호에 대한 주요 사전 처리 단계입니다.

1. **전처리 작업**: 대부분의 트랜스포머 모델에서 핵심적인 단계로 리샘플링(resampling)이 필요합니다. 트랜스포머에는 미리 정의된 샘플링 속도(sample rate)의 오디오 신호가 필요합니다. 예를 들어 Whisper는 16KHz의 샘플링 속도가 필요합니다. 아울러 일관성과 빠른 수렴을 보장하기 위해 정규화 또는 노이즈 감소와 같은 추가 전처리를 수행할 수 있습니다.

2. **프레임 추출**: 오디오 신호는 일반적으로 20~40 ms(밀리초) 사이의 고정된 길이를 가진 중첩된 프레임으로 나눕니다. 각 프레임은 오디오 파형의 짧은 세그먼트에 해당합니다. 표준 원칙은 50% 중첩(overlap)으로, 인접한 프레임이 샘플의 절반을 공유하게 됩니다. 중첩은 인접 프레임 간의 부드러운 전환을 보장하고, 프레임 경계가 추출된 특성에 미치는 영향을 줄여줍니다.

3. **윈도잉 적용**: 해밍(hamming) 윈도우 같은 윈도잉(windowing) 기능을 적용하여 프레임의 시작과 끝에서 신호의 진폭을 줄여 프레임의 왜곡이나 잡음을 완화합니다.

> 해밍 윈도우는 신호 처리에서 신호의 양 끝에서 값이 0에 가까워지도록 만들어, 신호가 부드럽게 이어지도록 도와주는 윈도우 함수입니다.

4. **피처 추출**: 피처 추출 기법이 각 프레임에 적용됩니다. 일반적인 기법으로는 로그 멜 스펙트로그램(log-mel spectrogram, [그림 9.2] 참조), 멜 주파수 켑스트럼 계수(MFCC), 또는 시간-주파수 표현 방식 등이 있습니다.

5. **시퀀스 생성**: 추출된 프레임은 연속된 프레임을 나타내는 시퀀스로 배열됩니다.

6. **패딩 적용**: 모든 시퀀스가 동일한 길이를 갖도록 시퀀스에 패딩을 적용합니다.

 MFCC

MFCC(Mel-Frequency Cepstral Coefficients)는 음성 신호 처리에서 사용되는 주요한 피처 추출 방법 중 하나입니다. MFCC는 음성 신호를 주파수 기반으로 분석하여, 사람이 듣는 방식을 모방해서 특성을 추출하는 방법입니다. 이렇게 추출된 MFCC 계수는 음성 데이터에서 중요한 정보만을 압축하여 학습 모델에 전달하는 데 사용됩니다.

09.1.1 음성 전처리 예제

실제 예제를 통해 음성 전처리를 시연해보겠습니다.

 실습을 하기 전에

원서에서는 이 장의 코드를 깃허브에서 제공하지 않습니다. 그래서 번역서에서 제공하는 깃허브 링크(https://github.com/jasonyim2/book6)에 담긴 [Ch9] 폴더에 MFCC_example.ipynb 파일을 별도로 생성해두었습니다. 다음의 코드 블록과 실행 결과를 확인할 수 있습니다.

Ch9/MFCC_example.ipynb

```
import torch
import torchaudio
from torchaudio.transforms import MFCC
```

```python
from torchaudio.utils import download_asset

# 오디오 파일 불러오기
SAMPLE_SPEECH = download_asset(
    "tutorial-assets/Lab41-SRI-VOiCES-src-sp0307-ch127535-sg0042.wav")
waveform, sample_rate = torchaudio.load(SAMPLE_SPEECH)

# waveform 지속 시간 구하기
waveform_duration = waveform.numel() / sample_rate

print("Waveform duration:", waveform_duration, "seconds")

# 프레임 길이와 프레임 시프트 정의
frame_length = 0.025 # 25 milliseconds
frame_shift = 0.01   # 10 milliseconds

# 시퀀스 길이와 MFCC 계수의 개수 정의
sequence_length = 40
num_mfcc = 40

# MFCC 초기화
mfcc_transform = MFCC(
    sample_rate=sample_rate,
    n_mfcc=num_mfcc,
    melkwargs={'hop_length': int(frame_shift * sample_rate)}
)

# 피처 추출
frames = torchaudio.transforms.Resample(sample_rate, 16000)(waveform)

print('number of frames',frames.shape[1])
print (frames.shape)

mfcc = mfcc_transform(frames)
# MFCC 피처를 시퀀스로 모양 변경(reshape)
sequences = mfcc.unfold(1, sequence_length, int(frame_shift * sample_rate))
```

```
# 필요 시 패딩 추가
num_sequences = sequences.shape[2]
if num_sequences < sequence_length:
    pad_frames = torch.zeros(
        mfcc.shape[0], num_mfcc, sequence_length - num_sequences)
    sequences = torch.cat([sequences, pad_frames], dim=1)

# 추출된 피처 및 시퀀스 출력
print("MFCC shape:", mfcc.shape)
print("Sequences shape:", sequences.shape)
```

실행 결과

```
Waveform duration: 3.4 seconds
torch.Size([1, 54400])
MFCC shape: torch.Size([1, 40, 341])
Sequences shape: torch.Size([1, 1, 341, 40])
```

코드의 작동 방식을 이해하기 위해 실행 결과부터 살펴보겠습니다.

- `torch.Size([1, 54400])`: 파형(waveform) 텐서의 모양을 나타내며, 첫 번째 차원(배치 차원)은 1, 두 번째 차원(파형의 샘플 수)은 54,400의 크기를 가집니다.

- `MFCC shape: torch.Size([1, 40, 341])`: 이는 피처 추출 과정에서 얻은 MFCC 특성 텐서의 모양을 나타냅니다. MFCC 텐서는 위 코드를 수행하는 과정에서 생성됩니다. 첫 번째 차원(배치 차원)은 1, 두 번째 차원(MFCC 계수 개수)은 40, 세 번째 차원(프레임 수)은 341의 크기를 가집니다.

- `Sequence shape: torch.Size([1, 1, 341, 40])`: 바로 앞에서 언급한 MFCC 특성을 펼친(언폴드) 후의 시퀀스 텐서 모양을 나타냅니다.

요약하면, 출력은 파형의 지속 시간이 3.4초이고, MFCC 특성은 (1, 40, 341) 차원의 모양을 갖고, 시퀀스는 (1, 1, 341, 40) 차원의 모양을 갖게 됩니다.

09.2 Whisper 모델

Whisper는 다국어 및 멀티태스킹 애플리케이션을 위해 설계된 강력한 성능의 자동 음성 인식(ASR, Automated speech recognition) 시스템입니다. 이 모델은 여러 언어의 텍스트 변환(transcription)을 지원하고 다른 언어를 영어로 쉽게 번역할 수 있습니다. 다음의 그림을 통해 Whisper의 아키텍처를 확인할 수 있습니다.

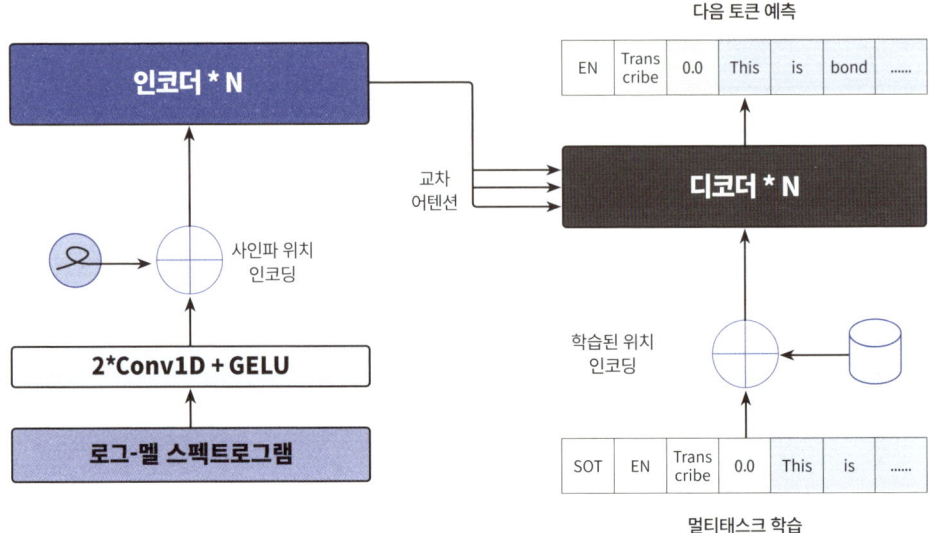

그림 9.1 Whisper 아키텍처

Whisper 아키텍처를 자세히 살펴보겠습니다.

- **입력**: 오디오의 원본 파형은 30초 구간(segments)으로 나누며, 해당 시간 프레임 내에서 발생하는 음성에서 텍스트로 변환 결과물(transcript)도 함께 나누어집니다. 그런 다음 원본 오디오 신호는 로그 멜 스펙트로그램 기술을 사용하여 스펙트로그램으로 변환됩니다. 스펙트로그램은 오디오의 시간-주파수 표현을 제공하여 시간 및 스펙트럼 정보를 모두 캡처합니다.

  다음으로 스펙트로그램 입력에 두 개의 Conv1D 층을 연속해서 적용합니다. 이러한 Conv1D 층은 스펙트로그램에 존재하는 로컬 시간 패턴을 파악하는 데 도움을 줍니다. 또한, 비선형성을 도입하기 위해 GeLU 활성화 함수를 적용합니다. 마지막으로 위치 정보를 보존하기 위해 각 입력 토큰에 사인파(sinusoidal) 위치 인코딩이 추가됩니다.

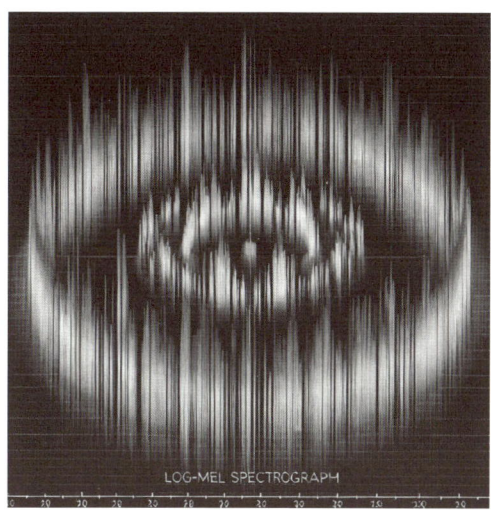

그림 9.2 로그-멜 스펙트로그램 샘플

- **인코더**: Whisper의 인코더 블록은 표준 트랜스포머 인코더 아키텍처를 따릅니다. 이는 입력된 스펙트로그램에서 컨텍스트 정보를 파악하여 모델이 기본 음향 특성을 이해할 수 있도록 합니다.

- **디코더 블록**: Whisper의 디코더 블록은 표준 트랜스포머 디코더와 유사하지만 한 가지 중요한 차이점이 있습니다. 표준 트랜스포머 디코더의 어텐션 메커니즘은 디코더 자체의 입력 토큰에 집중하지만, Whisper에서는 인코더의 특성 시퀀스에 어텐션이 집중됩니다. 이러한 교차 어텐션 메커니즘을 통해 디코더는 인코더에서 인코딩된 음향 정보를 활용하여 입력 시퀀스와 출력 시퀀스 간의 정렬(alignment)을 개선할 수 있습니다.

- **멀티태스크 학습**: Whisper는 전체 음성을 대상으로 음성 처리 파이프라인 역할을 수행하며 멀티태스크 학습 과정을 실행합니다. 이 모델은 언어 탐지, 텍스트로 변환(transcription), 번역, 음성 활동 탐지와 같은 다양한 작업 용도로 사용하기 위해 학습되었습니다. 디코더 입력을 살펴보면 다음과 같은 여러 항목으로 구성되어 있습니다.

  - 첫 번째 항목은 토큰의 시작(SOT, Start of Token)입니다.

  - 두 번째 항목은 언어를 나타냅니다(영어의 경우 EN).

  - 세 번째 항목은 작업을 나타냅니다(이 예제에서는 텍스트로의 변환 작업).

  - 네 번째 항목은 타임스탬프 예측 여부를 결정합니다. 이러한 입력을 통해 타깃 작업과 포맷이 확정되면 모델은 해당 출력을 생성하기 시작합니다.

요약하자면 Whisper는 다국어 및 멀티태스크 시나리오에서 탁월한 다목적 자동 음성 인식(ASR) 시스템입니다. Conv1D 층, 교차 어텐션, 멀티태스크 학습과 같은 고급 기술을 활용하여 텍스트로 변환 및 번역 등을 제공합니다.

09.2.1 Whisper_Nep 모델의 개발 과정

세상에 잘 알려지지 않은 언어를 텍스트로 변환할 수 있는 Whisper_Nep 모델의 개발 과정은 다음과 같이 정리할 수 있습니다.

작업

작업(Task)의 정의는 특정 언어가 주어지면 자동 음성 인식(ASR) 용도로 Whisper 모델을 파인튜닝하기 위한 파이프라인을 구축합니다.

접근 방식

접근 방식(Approach)은 다음과 같습니다.

- **데이터셋**: 이 프로젝트는 mozilla-foundation/common_voice_13_0 데이터셋[6]을 사용합니다. 이 방대한 데이터셋에는 MP3 오디오 파일과 각각의 텍스트로의 변환 기록이 포함되어 있습니다. 이 데이터셋은 108개 언어에 걸쳐 17,689시간의 검증된 오디오 콘텐츠를 담고 있습니다.
- **방법**: 주어진 언어 입력을 기반으로 Whisper 모델을 파인튜닝하기 위한 파이프라인을 설계합니다.
- **출력**: 학습 과정이 완료되면 모델은, 지정된 언어에 대해 자동 음성 인식(ASR)을 수행할 수 있습니다.

09.3 Wav2Vec 모델

Wav2Vec2 은 음성 처리 작업을 위한 자기지도(Self-supervised) 학습 프레임워크입니다. 이 모델은 사전 학습과 파인튜닝이라는 두 가지 주요 단계를 거칩니다. 사전 학습 단계에서는 레이블이 붙지 않은 대량의 오디오 데이터를 사용해 모델을 학습시킵니다. [그림 9.3]는 Wav2Vec의 아키텍처를 보여줍니다. 그 구성 요소들을 하나씩 살펴보겠습니다.

---

[6] https://huggingface.co/datasets/mozilla-foundation/common_voice_13_0

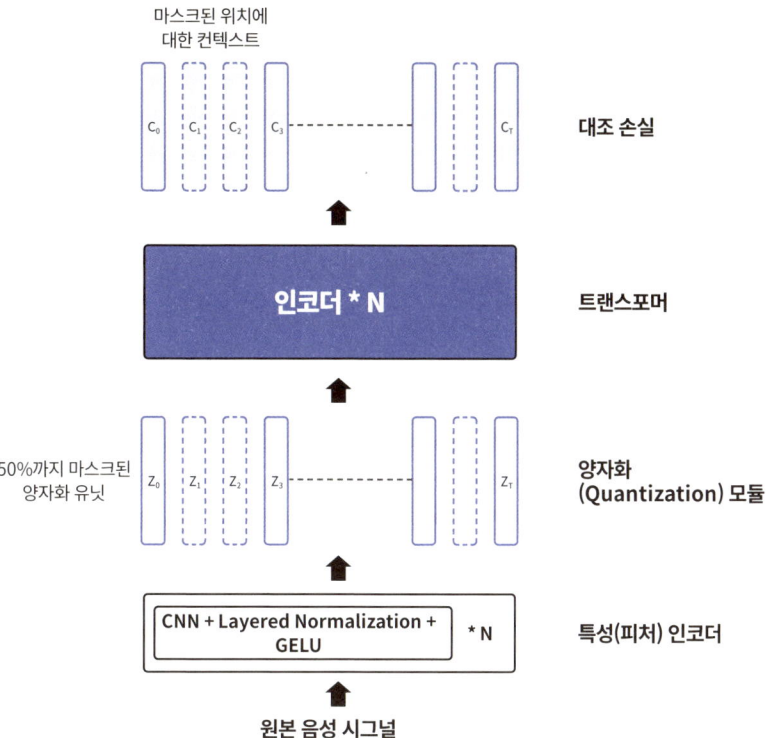

그림 9.3 Wav2Vec 2.0 아키텍처

원본 오디오 전처리

원본 오디오에 대한 전처리 절차는 다음과 같습니다.

1. 원본 오디오는 보통 몇 초(최대 25초)에 걸친 짧은 세그먼트로 나뉩니다. 이를 컨텍스트 윈도우(context window)라고 부릅니다.
2. 각 컨텍스트 윈도우 내에서 오디오는 다시 몇 밀리 초 길이의 더 작은 조각인 입력 시퀀스로 나뉩니다. 이 작은 조각을 청크(chunk)라고 합니다.
3. 각 입력 시퀀스에 피처 추출기가 적용되어 오디오를 고정 차원 표현형(fixed-dimensional representation)으로 변환하며, 이를 통해 중요한 스펙트럼 및 시간 정보를 캡처합니다.

인코더

인코더의 처리 과정은 다음과 같습니다.

1. 인코더는 여러 블록으로 구성되며, 각 블록은 합성곱 신경망(CNN)과 정규화 층 및 GeLU 활성화 함수로 구성됩니다.
2. GeLU 활성화 함수는 음숫값에 대한 전환을 부드럽게 하여 'ReLU 기울기 소멸 문제'를 해결하고 학습 중에 더 나은 기울기 흐름을 보장합니다.
3. CNN은 입력 시퀀스를 처리하여 저차원(low-level) 음향 특성을 추출합니다.

양자화 모듈

양자화 모듈 처리 과정은 다음과 같습니다.

1. 자기지도 사전 학습을 위해, 특성 인코더 출력에 곱셈(행렬곱) 양자화(product quantization)를 적용하여 유한한 음성 표현 집합으로 이산화(discretize)합니다.
2. 양자화된 특성 표현에 상대적 위치 인코딩 정보를 추가합니다.
3. 이 양자화된 특성은 트랜스포머를 통과하여 컨텍스트를 반영한 표현(contextualized representations)을 생성합니다.

사전 학습

사전 학습 과정은 다음과 같습니다.

1. 사전 학습 중에 Wav2Vec은 자기지도 학습을 합니다. 이 모델은 각 컨텍스트 윈도우 내에서 마스크 처리되거나 손상된 음성 표현을 예측하도록 학습됩니다. 이는 BERT 사전 학습과 매우 유사합니다.
2. [그림 9.3]에서 볼 수 있듯이, 트랜스포머에 입력되기 전에 잠재 표현(latent expressions)의 50%가 마스크 처리됩니다.
3. 마스크 처리되거나 손상된 부분을 재구성함으로써 모델은 명시적인 레이블 없이도 중요한 음성 특성을 포착하는 방법을 학습합니다.
4. 사전 학습에 사용되는 손실 함수는 마스크 처리되지 않거나 손상되지 않은 원본 표현을 예측된 표현과 비교합니다.

파인튜닝

파인튜닝 과정은 다음과 같습니다.

1. 사전 학습 후, 음성 인식이나 화자 식별과 같은 특정 다운스트림 작업 용도로 Wav2Vec을 파인튜닝합니다.
2. 파인튜닝은 타깃 작업과 관련된 레이블이 붙은 데이터를 사용해 모델을 학습시키는 과정으로, 모델이 타깃 작업을 수행할 수 있도록 모델 일부를 개선합니다.

09.3.1 Wav2Vec 애플리케이션

Wav2Vec은 음성 인식, 화자 식별, 음성 합성, 키워드 식별(spotting) 등 다양한 음성 처리 작업에서 성공적으로 응용되고 있습니다.

09.4 Speech T5 모델

SpeechT5는 T5 아키텍처를 음성 처리 작업에 맞게 조정한 모델로, 자동 음성 인식(ASR), 음성-to-텍스트 합성, 언어 이해 등의 작업을 포함합니다. [그림 9.4]와 [그림 9.5]에 SpeechT5의 아키텍처가 설명되어 있습니다. [그림 9.4]에는 6개 모달(Modal-specific)의 사전/사후 구성 요소로 작성된 인코더-디코더 모델의 구조가 나와 있습니다.

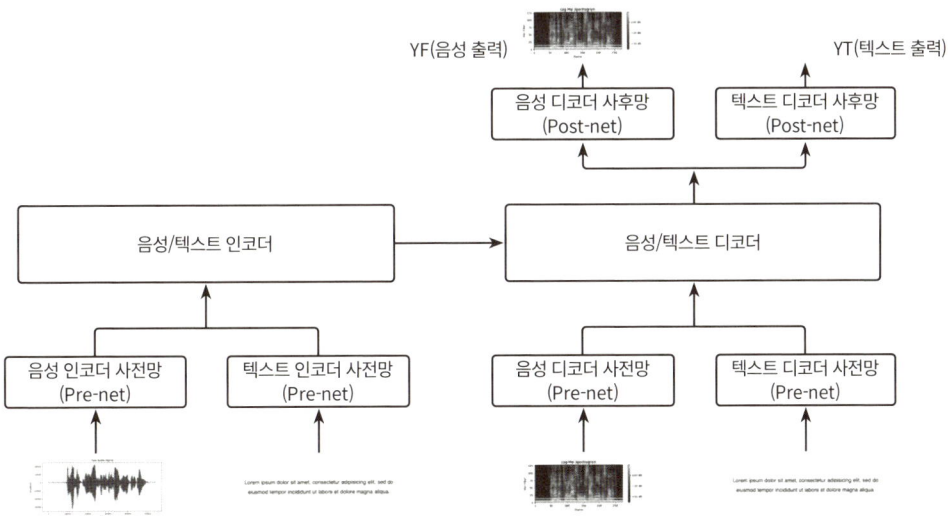

그림 9.4 음성 T5 아키텍처

09.4.1 입출력 표현(Representation)

SpeechT5에서의 문제는 입력한 음성/텍스트를 출력용 음성/텍스트로 변환하는 것입니다.

- **텍스트 사전/사후망**: 여기서 텍스트를 토큰이라는 단위로 나누는데, 토큰은 일반적으로 문자입니다. 토큰이 시스템 또는 사전망에 들어가면 임베딩 벡터로 변환됩니다. 사후망은 이러한 임베딩 벡터를 가져와 학습된 정보를 기반으로 각 토큰이 올바른 출력일 확률을 계산합니다.

- **음성 사전/사후망**: 음성 데이터 처리를 위해 시스템은 Wav2Vec 2.0의 합성곱(CNN) 피처 추출기를 인코더 사전망으로 사용합니다. 이는 음성을 시스템에서 더 이해하기 쉬운 포맷으로 분해하는 데 도움이 됩니다. 디코더 사전망은 로그 멜필터 뱅크(log-melfilter bank)라고 불리는 오디오 입력 특성을 사용합니다. 이 디코더 사전망은 세 개의 완전 연결 층과 그 뒤를 따르는 ReLU 활성화 함수로 구성됩니다. 또한 여러 화자의 음성을 구별하기 위해 스피커 임베딩도 통합되어 있습니다.

- **디코더 사후망**: 다음 두 가지 작업을 수행합니다.
  - 처리된 출력 사운드를 예측합니다(로그 멜필터뱅크 활용).
  - 처리된 데이터(디코더 출력)를 숫자(scalar)로 변환합니다.

위의 디코더 사후망을 거쳐 마지막에 도출되는 숫자(scalar)는 프로세스를 완료할 시점을 결정하는데 도움을 주며, 이 작업은 스톱(stop) 토큰 예측 작업이라고도 불립니다. 다음 그림을 참조하세요.

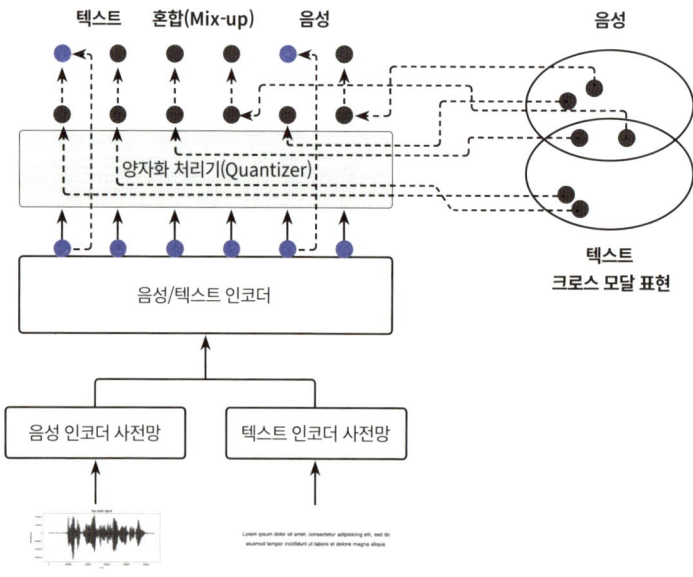

그림 9.5 음성 T5 아키텍처

09.4.2 크로스 모달 표현

앞서 살펴본 [그림 9.5]에서 SpeechT5가 음성 및 텍스트 표현을 어떻게 연결하는지 볼 수 있습니다. SpeechT5는 음성 및 텍스트 입력을 모두 받아 크로스 모달(Cross-modal) 벡터 표현으로 변환합니다. 이 두 가지 유형의 데이터(음성 및 텍스트)를 정렬하기 위해 SpeechT5는 벡터 양자화 임베딩을 사용합니다.

이 프로세스는 연속적 임베딩(연속형 수치로 표현된 음성 및 텍스트 데이터)을 불러와서 고정된 기호 집합 혹은 코드워드(codewords)로 분할합니다.

▶ 예를 들어, "hello"라는 텍스트나 "hello"를 발음한 음성을 모두 "001"이라는 코드워드로 지정하면, 이 둘이 같은 의미를 가진 것으로 처리할 수 있습니다. 이렇게 하면 음성과 텍스트를 코드워드 "001"을 통해 연결하고 비교할 수 있습니다.

이를 통해 SpeechT5는 음성과 텍스트 입력을 정렬하고 비교할 수 있는 공통 영역을 만들어 음성 인식이나 텍스트-to-음성 합성과 같은 작업이 가능합니다.

09.4.3 인코더-디코더 아키텍처

SpeechT5는 트랜스포머 인코더-디코더 구조를 기반으로 합니다. 흥미로운 점은 절대적 위치 인코딩을 사용하는 기존 아키텍처와 달리 SpeechT5는 상대적 위치 인코딩 정보를 추가한다는 점입니다.

09.4.4 사전 학습

SpeechT5 모델은 레이블이 없는 대량의 음성 및 텍스트 데이터로 학습되었습니다. 이 사전 학습은 텍스트와 음성 정보를 동일한 특성 차원에서 정렬하는 것을 목표로 삼습니다. 음성 사전 학습은 두 가지 학습 목표를 갖습니다. 양방향 마스크 처리된 예측(Bidirectional masked prediction)과 시퀀스-to-시퀀스(Seq2Seq) 생성이 그것입니다. 텍스트 사전 학습의 경우, 텍스트 구간의 약 30%가 마스크 처리되며, 이 구간 길이는 푸아송 분포(Poisson distribution)를 따릅니다. 텍스트 사전 학습에서는 이처럼 마스크 처리된 텍스트 구간을 예측하는 것을 학습 목표로 삼습니다.

09.4.5 파인튜닝 및 애플리케이션

사전 학습 수행 후, 모델은 특정 작업의 손실을 최소화하는 것을 목표로 파인튜닝됩니다. 구체적으로는 음성 자동 인식(ASR), 텍스트-to-음성(Text to Speech, TTS), 음성 번역(Speech Translation, ST), 음성 변환(Voice Conversion, VC), 음성 품질 향상(Speech Enhancement, SE), 화자 인식(Speaker Identification, SID)과 같은 작업 용도로 파인튜닝 되었습니다.

09.5 Whisper, Wav2Vec 2.0, SpeechT5 비교

지금까지 살펴본 Whisper, Wav2Vec 2.0, SpeechT5의 특성을 다음의 표로 정리하였습니다.

Whisper, Wav2Vec 2.0 및 SpeechT5의 비교

	Whisper	Wav2Vec 2.0	SpeechT5
출시 연도	2021년	2020년	2021년
아키텍처	인코더-디코더 모델	인코더 전용 모델	인코더-디코더 모델
작업	ASR, ST	ASR, SID	ASR, TTS, ST, VC, SE, SID
정확성	Whisper ASR 및 ST에서 Speech T5 및 Wav2Vec보다 더 나은 성능을 보임.		
특징	전체 음성 처리 파이프라인: 음성 활동 탐지(voice activity detection), 화자 분리(speaker diarization), 역방향 텍스트 정규화함.	대비 손실: 특정 타임 스탬프의 표현은 인근 구간과 유사해야 하나, 랜덤하게 샘플링된 타임 스탬프의 표현과는 달라야 함	음성 및 텍스트를 결합하여 사전 학습함.
사전 학습 목표	지도 학습: 680K 시간의 오디오 및 해당 텍스트 변환 기록에 대해 지도 학습함.	비지도 학습: 마스크 처리된 잠재(latent) 특성 표현을 예측함.	비지도 학습: 텍스트와 음성의 통합 모달을 표현함.

CHAPTER

10

트랜스포머 음성 처리 작업

10.1 _ 음성 처리 작업
10.2 _ 텍스트 to 음성 변환
10.3 _ 오디오 to 오디오 변환

10장에서 살펴볼 음성 처리는 인간과 컴퓨터 간의 음성(오디오) 상호작용을 촉진하고 개선하는 다양한 작업을 포함합니다. 자동 음성 인식(ASR), 텍스트 음성 변환(TTS), 오디오 to 오디오 변환과 같은 음성 처리 작업은 가상 비서부터 자동 자막 생성 서비스 등 다양한 애플리케이션을 개발하는 데 필수적입니다. 우리는 트랜스포머 기반 모델을 사용해서 이 작업들이 어떻게 처리되는지 알아볼 것입니다. 트랜스포머 모델은 순차적인(sequential) 데이터를 처리하고 인간 언어의 뉘앙스를 포착하는 능력으로 이 분야를 혁신적으로 발전시키고 있습니다.

또한 여기서는 실용적인 애플리케이션에 중점을 두고, 이러한 모델의 강력한 성능과 다재다능한 범용성을 보여주는 프로젝트를 수행할 것입니다. ASR을 위해 Whisper 같은 최첨단 툴을 활용하고, 커스텀 스피커 임베딩(speaker embedding)을 통해 합성 음성을 개인의 목소리로 생성해내며, 노이즈 제거를 통해 오디오 품질을 향상시키는 등 고급 기술을 적용할 것입니다. 이러한 실습 예제를 통해 음성 처리 작업에 대한 이론적 지식을 강화하고, 트랜스포머 모델이 음성 처리 기술을 어떻게 확장하는지 설명하겠습니다.

이 장의 목표는 다양한 음성 처리 작업과 실제 시나리오에서의 응용에 대한 포괄적인 이해를 제공하고, TTS의 작동 방식을 설명하는 것입니다. 또한 ASR의 정의와 작동 방식, 오디오 품질 개선에 초점을 맞춘 음성 변환 과정, 마지막으로 이러한 작업의 실제 예제를 보여줌으로써 독자들의 이해를 돕고자 합니다.

시스템 요구 사항

이 장의 실습을 위해 다음과 같이 필요한 패키지를 설치합니다.

```
!pip install transformers
!pip install datasets
!pip install ipywebrtc
!pip install soundfile
!pip install pydub
!pip install ffmpeg-python
!pip install accelerate
!pip install bitsandbytes
!pip install sentencePiece
!pip install speechbrain
```

10.1 음성 처리 작업

다음 표는 음성 처리 작업의 주요 영역을 보여줍니다.

음성 처리 작업

작업	요약	인기 모델
음성 텍스트 변환 (Speech to text)	음성을 텍스트로 변환합니다.	Whisper
텍스트 음성 변환 (Text to speech)	텍스트를 음성으로 변환합니다.	microsoft/speecht5_tts, espnet/kan-bayashi_ljspeech_vits
오디오 to 오디오	입력 오디오를 출력 오디오로 변환하여 음성 품질 향상, 노이즈 제거, 음성 변환 등을 수행합니다.	speechbrain/metricgan-plus-voicebank, microsoft/speecht5_vc
오디오 분류	오디오를 여러 카테고리로 분류합니다.	facebook/wav2vec2-base, harshit345/xlsr-wav2vec-speech-emotion-recognition
음성 활동 탐지	음성 유무를 탐지합니다.	pyannote/segmentation
음성 번역	음성을 다른 언어로 번역합니다.	Whisper

이 표에서 소개한 음성 처리 작업을 분야별로 자세히 살펴보겠습니다.

10.1.1 음성 to 텍스트 변환

음성 처리 분야에서 자동 음성 인식(ASR)은 중요한 영역입니다. ASR 시스템은 음성 활동 탐지, 화자 분리(speaker diarization), 텍스트 역정규화와 같은 종합적인 구성 요소로 이루어집니다. 기존에는 이러한 작업들이 각각 특정 기능을 수행하는 복잡한 구성 요소에 의존했지만, Whisper와 같은 트랜스포머 모델의 등장으로 이 분야가 혁신적으로 변화되었습니다. Whisper는 원본 오디오 신호를 처리해서 고성능의 ASR 출력을 제공합니다.

다음 순서로 이 기술을 시연하는 프로젝트를 진행해보겠습니다. 이로써 직접 음성을 녹음하고 Whisper를 사용해 텍스트로 변환하는 과정을 통해, 이 애플리케이션의 진가를 확인할 수 있을 것입니다.

10.1.2 프로젝트 7: Whisper를 사용한 음성 to 텍스트 변환

이번 예제에서는 음원의 출처와 관계없이 모든 오디오를 텍스트로 변환하는 용도로 Whisper를 활용하는 방법을 선보입니다. 특히 직접 음성을 녹음한 다음 Whisper를 사용하여 텍스트 변환 프로세스를 진행할 것입니다. 이를 통해 이 강력한 트랜스포머 모델이 실제 애플리케이션에서 어떻게 작동하는지 살펴보겠습니다. 예제 소스로는 [Ch10] 폴더에 수록된 ASR.ipynb의 일부 코드를 설명합니다.

먼저 다음 코드를 수행하여 필요한 라이브러리를 불러옵니다.

Ch10/ASR.ipynb

```
import torch
from transformers import pipeline
from datasets import load_dataset
import torchaudio
```

오디오 녹음

오디오를 녹음하기 위해 `ipywebrtc` 라이브러리를 사용합니다. 여러분은 다른 라이브러리나 외부 전용 오디오 시스템(예: 맥의 QuickTime Player)을 사용해 고품질 오디오를 녹음할 수도 있습니다. 다음 코드를 참조하세요.

Ch10/ASR.ipynb

```
from ipywebrtc import CameraStream, AudioRecorder

# CameraStream 인스턴스화
camera = CameraStream(constraints={'audio': True, 'video': False})

# AudioRecorder 인스턴스화
recorder = AudioRecorder(stream=camera)

# recorder 출력
display(recorder)
```

주의할 점은 다음과 같습니다. 원서에서 제공하는 코드는 컴퓨터의 아나콘다 환경에서 주피터 노트북을 활용했기에 정작 코랩에서는 작동하지 않을 수 있습니다. 따라서 코랩에서의 원활한 코드 실행을 위해 다음과 같이 gtts 패키지를 추가로 설치합니다. gtts는 Google Text-to-Speech의 약자로, 텍스트를 음성으로 변환하는 라이브러리입니다.

Ch10/ASR.ipynb
```
# 역자 추가 코드
!pip install gtts
```

그리고 'I live in New York City. Today is very interesting day.'라는 음성을 생성하여 output.wav 파일로 저장합니다.

Ch10/ASR.ipynb
```
# 역자 추가 코드: output.wav 음성 파일 생성
from gtts import gTTS

text = "I live in New York City. Today is very interesting day."
tts = gTTS(text, lang='en')
tts.save("output.wav")
```

오디오를 디스크에 저장

TorchAudio는 WAV, MP3 등 제한된 오디오 파일 형식을 지원합니다. 이 프로젝트에서는 오디오 파일을 WAV 형식으로 변환할 것입니다. 만약 오디오 포맷이 이미 TorchAudio에서 지원하는 포맷이라면 이 단계를 생략해도 됩니다. 참고로 우리는 바로 앞의 추가 코드를 통해 이미 WAV 파일을 생성했으므로 다음의 코드는 실행하지 않겠습니다.

```
import ffmpeg

# 녹음을 파일로 저장
recorder.save('output.webm')

# webm 파일 형식를 wav 형식으로 변환
ffmpeg.input('output.webm').output('output.wav').run()
```

오디오 전처리

Whisper에 입력하려면 오디오 신호가 모노(monochrome) 형식이고 16kHz로 샘플링 되어야 합니다. 또한, 허깅페이스의 ASR 파이프라인을 사용하려면 오디오 신호가 넘파이 (Numpy) 배열 형태이어야 합니다. 이 전처리 단계는 텍스트 변환에 있어서 필수 과정입니다. 다음 코드는 이러한 요구 사항에 맞게 오디오 데이터를 전처리합니다.

Ch10/ASR.ipynb

```
import torchaudio
import torchaudio.transforms as T

waveform, sample_rate = torchaudio.load('output.wav')

# 오디오가 스테레오 타입인 경우 모노 타입으로 변환
if waveform.shape[0] > 1:
    waveform = waveform.mean(dim=0)

# waveform을 16kHz로 리샘플링
resampler = T.Resample(orig_freq=sample_rate, new_freq=16000)
waveform = resampler(waveform)

# squeeze 함수를 텐서에 적용하여 채널 차원 제거
waveform = waveform.squeeze()

# 텐서를 넘파이 어레이로 변환
waveform_numpy = waveform.numpy()
```

예측

이 프로젝트에서는 허깅페이스 파이프라인을 활용한 사전 학습 모델을 사용해 예측을 수행합니다. 허깅페이스의 파이프라인 기능은 사전 학습 모델로 작업할 수 있도록 사용자 친화적인 인터페이스를 제공합니다. 특히 복잡한 작업인 경우 프로세스를 간소화할 수 있어 편리합니다. 자세한 내용은 허깅페이스 링크(https://huggingface.co/docs/transformers/main/en/quicktour#pipeline)를 참조하기 바랍니다.

Ch10/ASR.ipynb
```
pipe = pipeline(
    "automatic-speech-recognition",
    model="openai/whisper-large-v2",
    chunk_length_s=30,
    device=device,
)
prediction = pipe(waveform_numpy, batch_size=8)["text"]
```

전체 프로젝트 구현은 'Ch10/ASR.ipynb' 파일에서 확인할 수 있습니다.

10.2 텍스트 to 음성 변환

다음으로 텍스트를 음성으로 변환하는 프로젝트를 살펴보겠습니다.

10.2.1 프로젝트 8: 텍스트 to 음성 변환

이 프로젝트에서는 스피커 임베딩을 사용하여 텍스트 음성 변환(TTS) 시스템에 개인별 오디오 특성을 가미합니다. 이러한 임베딩은 마치 음성 지문처럼 작용하여 우리 목소리의 고유한 측면을 포착합니다. 사용자는 자신의 음성을 기록하여 음성 지문을 생성하고 이 음성 지문을 음성 변환 시스템에 적용하여, 텍스트를 본인의 목소리로 변환한 음성 출력을 생성할 수 있습니다. 이를 위해 모델에 텍스트를 제공하고 그 텍스트를 음성으로 변환하는 과정을 실제로 수행합니다. 예제는 [Ch10] 폴더에 수록된 TTS.ipynb의 일부 코드를 설명합니다.

우선 다음의 코드를 사용하여 필요한 패키지를 가져옵니다.

Ch10/TTS.ipynb
```
import os
import torch
from speechbrain.inference.classifiers import EncoderClassifier
import torchaudio
import torchaudio.transforms as T
from transformers import SpeechT5Processor, SpeechT5ForTextToSpeech
from transformers import SpeechT5HifiGan
```

스피커 임베딩 생성 함수 선언

microsoft/speecht5_tts 모델을 사용하려면 텍스트 입력과 스피커 임베딩이 필요합니다. 스피커 임베딩은 개별 스피커, 즉 화자의 고유한 특성을 포착하여 다운스트림 애플리케이션이 다양한 오디오 상황(contexts)에서 화자를 인식하고 구분할 수 있습니다. 다양한 특성을 추출하여 미리 생성된 스피커 임베딩을 사용하려는 경우 Matthijs/cmu-arctic-xvectors 모델에서 이를 얻을 수 있습니다.

다음 예제에서는 직접 오디오를 녹음하고 speechbrain/spkrec-xvect-voxceleb 모델을 사용하여 스피커 임베딩을 만들어보겠습니다. 그리고 원본 오디오 파형에서 스피커 임베딩을 추출하는 함수를 생성합니다. 다음 코드를 참조하세요.

Ch10/TTS.ipynb

```
model_name = "speechbrain/spkrec-xvect-voxceleb"

speaker_classifier = EncoderClassifier.from_hparams(
    source=model_name,
    run_opts={"device": device},
    savedir=os.path.join("/tmp", model_name)
)

def compute_speaker_embedding(audio_data):
    with torch.no_grad():
        embeddings = speaker_classifier.encode_batch(
            torch.tensor(audio_data))
        embeddings = torch.nn.functional.normalize(embeddings, dim=2)
        embeddings = embeddings.squeeze().cpu().numpy()
    return embeddings
```

스피커 임베딩 수행

예제 소스 내 [Ch10] 폴더에 수록된 audio_sample2.wav 파일에는 원서 저자의 목소리가 녹음되어 있습니다. 또는 몇 초 길이로 여러분의 목소리를 녹음해서 사용해도 좋습니다. 다음 코드를 사용하여 원본 음성 데이터를 전처리하고, 스피커 임베딩을 생성할 수 있습니다.

Ch10/TTS.ipynb

```
# audio_sample2.wav 파일 경로는 자신의 구글 디렉터리의 해당 경로로 변경하세요.
# 이를 위해서는 코랩에서 구글 드라이브 연동(마운팅)을 미리 실행해야 합니다.
waveform, sample_rate = \
torchaudio.load('/Users/premtimsina/Downloads/audio_sample2.wav')

# 오디오가 스테레오 타입인 경우 모노 타입으로 변환
if waveform.shape[0] > 1:
    waveform = waveform.mean(dim=0)

# waveform을 16kHz로 리샘플링
resampler = T.Resample(orig_freq=sample_rate, new_freq=16000)
waveform = resampler(waveform)

# squeeze 함수를 텐서에 적용하여 채널 차원 제거
waveform = waveform.squeeze()
speaker_emb=compute_speaker_embedding(waveform)
speaker_emb=torch.tensor(speaker_emb).reshape(-1,512)
print(speaker_emb.shape)
```

모델 선언(Declaration)

모델 선언은 다음 코드를 통해 구현합니다.

Ch10/TTS.ipynb

```
processor = SpeechT5Processor.from_pretrained("microsoft/speecht5_tts")
model = SpeechT5ForTextToSpeech.from_pretrained("microsoft/speecht5_tts")
vocoder = SpeechT5HifiGan.from_pretrained("microsoft/speecht5_hifigan")
```

- **프로세서(processor)**: SpeechT5Processor는 TTS 시스템의 입력 텍스트를 처리합니다. 이 처리 작업은 토큰화, 인코딩, TTS 모델용 입력 데이터 준비와 같은 작업을 포함합니다.
- **모델(model)**: SpeechT5ForTextToSpeech 모델은 TTS 시스템의 핵심 구성 요소입니다. 이는 프로세서, 스피커 임베딩, 보코더에서 처리된 입력을 받아 텍스트를 음성으로 변환합니다.
- **보코더(vocoder)**: 합성된 음성을 최종 파형 또는 오디오 신호로 변환합니다. 특히 SpeechT5HifiGan 모델은 고품질 음질을 생성하는 HiFi-GAN 아키텍처를 사용합니다. 이 모델은 생성된 음성 파형의 품질을 향상시켜 자연스럽고 듣기 좋은 선명한 소리로 출력을 생성합니다.

TTS 실행

마지막으로 TTS 작업 결과로 얻는 텍스트와 스피커 임베딩을 기반으로 생성된 오디오를 들어봅니다. 들어보면 스피커(화자)의 스타일이 (이전에 스피커 임베딩을 생성하기 위해 녹음해둔) 스피커의 원본 오디오 특성과 매우 유사하다는 것을 확인할 수 있습니다. 이는 스피커의 음성의 특성을 복제하고, 제공된 입력에 어울리는 합성 음성을 생성하는 TTS 시스템의 능력을 보여줍니다.

다음 코드를 참조하세요.

Ch10/TTS.ipynb

```
inputs = processor(text="This is Harry. I live in New York City",
                   return_tensors="pt")
speech = model.generate_speech(inputs["input_ids"], speaker_emb,
                               vocoder=vocoder)

from IPython.display import Audio
Audio(speech, rate=16000)
```

실행 결과

▶ 0:00 / 0:03 ───── 🔊 ⋮

전체 프로젝트 구현은 예제 소스 내 [Ch10] 폴더에 수록된 TTS.ipynb 파일을 통해 확인할 수 있습니다.

10.3 오디오 to 오디오 변환

트랜스포머를 사용한 오디오 to 오디오 변환 프로세스는 음성 품질 향상, 음원 소스 분리, 음악 스타일 변환, 음성 변환과 같은 다양한 음성 처리 작업을 수행하는 혁신적인 기술입니다. 오디오 to 오디오 변환 프로세스는 입출력이 모두 오디오 신호이지만, 출력이 입력과는 다른 특성을 가지도록 변환하는 기능입니다. 예를 들어 노이즈가 섞인 오디오 신호가 입력된 경우,

출력은 입력 오디오의 노이즈 제거 버전이 될 수 있습니다. 오디오 to 오디오 트랜스포머 모델의 대표적인 애플리케이션은 다음과 같습니다.

- **음성 품질 개선**: 트랜스포머 모델이 노이즈를 걸러내고 음성 품질을 향상시키는 방법을 학습합니다.
- **음원 소스 분리**: 트랜스포머 모델을 사용하여 혼합된 신호에서 서로 다른 오디오 소스를 분리합니다.
- **음악 스타일 변환**: 트랜스포머 모델은 음악을 한 스타일에서 다른 스타일로 변환하며, 이는 서로 다른 음악 스타일의 특성을 학습하여 입력 오디오에 적용하는 방식입니다.
- **음성 변환**: 트랜스포머 모델은 원본 음성 및 타깃 음성의 고유한 특성을 학습합니다. 그런 다음 원본 음성의 오디오 입력을 받아 타깃 음성처럼 들리도록 변환합니다.

10.3.1 프로젝트 9: 노이즈 제거로 오디오 품질 개선

이 프로젝트에서는 SpeechBrain 라이브러리를 사용하여 오디오 품질을 향상시키는 방법을 소개합니다. SpeechBrain은 파이토치 기반의 다재다능한 파이썬 라이브러리로, 음성 인식, 화자 분리, 오디오 품질 개선 등 다양한 오디오 관련 작업을 위한 사전 학습 모델을 제공합니다. 이 프로젝트에서는 노이즈 제거로 오디오 품질 개선을 하기 위해 speechbrain/metricgan-plus-voicebank 모델을 사용합니다. 여기서는 [Ch10] 폴더에 수록된 Speech_Enhancement.ipynb의 일부 코드를 설명합니다.

노이즈 오디오 다운로드

다음 코드에서는 이 책의 예제 소스 내 [Ch10] 폴더에 수록된 audio_noisy.wav 파일을 불러옵니다.

Ch10/Speech_Enhancement.ipynb

```
import urllib.request

# audio_noisy.wav 파일 경로는 자신의 구글 디렉터리로 변경하세요.
filename = "/content/drive/MyDrive/Book6/Ch10/audio_noisy.wav"
```

모델 불러오기 및 오디오 신호 전처리

다음 코드에서는 파일에서 오디오를 불러오고, 오디오를 단일 채널 및 16kHz로 전처리한 후 정규화합니다.

Ch10/Speech_Enhancement.ipynb

```
import torch
import torchaudio
from speechbrain.inference.enhancement import SpectralMaskEnhancement
from IPython.display import Audio

enhance_model = SpectralMaskEnhancement.from_hparams(
    source="speechbrain/metricgan-plus-voicebank",
    savedir="pretrained_models/metricgan-plus-voicebank",
)
waveform, sample_rate = torchaudio.load(filename)

# waveform이 스테레오 타입(2 채널)이면, 모노 타입(1 채널)으로 변경 가능
waveform = torch.mean(waveform, dim=0, keepdim=True)

# 통상적으로 SpeechBrain 사전 학습 모델은 16kHz의 오디오를 요구
# 오디오가 16kHz가 아니라면 다음 코드를 사용하여 변경
if sample_rate != 16000:
    resampler = torchaudio.transforms.Resample(
        orig_freq=sample_rate, new_freq=16000)
    waveform = resampler(waveform)

# 이제 waveform 텐서가 음성 품질 개선 모델에 적합한 형태를 갖춤
# 다만 오디오 입력 전에 오디오 데이터 정규화 조치 필요
noisy = waveform / torch.max(torch.abs(waveform))

# 노이즈가 섞인 오디오 듣기
print("Noisy audio:")
display(Audio(noisy.squeeze().detach().numpy(), rate=16000))
```

노이즈 제거 및 음성 품질 향상

다음 코드에서는 사전 학습 모델을 사용하여 오디오의 품질을 개선합니다. 처리된 오디오를 저장하고 이를 들어보면 모델이 얼마나 잘 작동하는지 확인할 수 있습니다.

Ch10/Speech_Enhancement.ipynb

```python
# lengths=torch.tensor([1.]) 코드로 오디오의 상대적 길이 텐서를 추가
enhanced = enhance_model.enhance_batch(noisy, lengths=torch.tensor([1.]))

# 개선된 시그널을 디스크에 저장
torchaudio.save('enhanced.wav', enhanced.cpu(), 16000)

# 개선된 오디오를 불러와 듣기
print("Enhanced audio:")
enhanced_audio = torchaudio.load('enhanced.wav')[0]
torchaudio.save('enhanced.wav', enhanced.cpu(), 16000)
display(Audio(enhanced_audio.detach().numpy(), rate=16000))
```

실행 결과

Enhanced audio:

 torch.tensor([1.]에 관하여

이 코드에서 torch.tensor([1.])로 정의된 길이 값은 입력된 오디오 데이터의 상대적 길이를 나타내는 텐서를 의미합니다. 이 값은 입력 오디오 데이터의 길이를 모델이 이해할 수 있도록 전달하는 데 사용됩니다. 오디오 데이터는 길이가 다양할 수 있기 때문에 모델이 각 입력의 실제 길이를 고려하여 적절히 처리하도록 돕기 위해 길이 정보를 제공합니다. 이때 1.은 입력 데이터가 정규화된 전체 길이를 나타내는 상대적인 값으로, 만약 다른 길이를 가진 데이터가 들어온다면 해당 값이 조정될 수 있습니다.

CHAPTER

11

테이블 데이터 처리를 위한 트랜스포머

11.1 _ 트랜스포머를 사용한 테이블 데이터 처리

11.2 _ TabTransformer 아키텍처

11.3 _ FT Transformer 아키텍처

지금의 데이터 분석 및 머신러닝·딥러닝 시대에는 텍스트, 이미지, 오디오와 같은 비정형 데이터 유형뿐만 아니라 구조화된 정형 데이터, 즉 표(table) 형식 데이터도 중요한 가치를 지니고 있습니다. 트랜스포머를 구조화된 데이터에 적용할 수 있는 잠재력은 매우 큽니다. 이 장에서는 트랜스포머 기반 아키텍처를 테이블 형식의 데이터 처리에 적용하는 방법을 설명하고자 합니다.

우리는 구조화된 데이터 처리를 위해 특별히 설계된 세 가지 트랜스포머 아키텍처인 구글 TAPAS, TabTransformer, FT Transformer를 자세히 살펴볼 것입니다.

여러분은 구글의 TAPAS 모델을 통해 테이블 형식 데이터를 해석하고 질의에 대한 응답을 얻을 수 있습니다. 또한 TabTransformer 모델을 탐구하며 트랜스포머의 셀프 어텐션 메커니즘이 테이블 데이터를 처리하는 데 어떻게 사용되는지, 그리고 이 접근 방식이 특성 간의 복잡한 관계를 포착하는 데 어떤 도움을 주는지 논의할 것입니다. 이어서 FT Transformer를 이해하고 TabTransformer와의 차이점도 파악하게 될 것입니다. 마지막으로 각 모델의 기본 아키텍처를 이해하고, 이들의 구성 요소, 동작 방식, 그리고 설계 사상에 중점을 두어 설명하겠습니다.

시스템 요구 사항

실습을 위해 필요한 패키지를 설치합니다.

```
!pip install transformers
```

11.1 트랜스포머를 사용한 테이블 데이터 처리

자연어를 트랜스포머 모델로 표현하는 데 성공한 이후, 트랜스포머 아키텍처를 테이블 데이터 표현에 적용하려는 관심이 커졌습니다. 현재 다음과 같은 연구와 애플리케이션을 통해 이 분야의 광범위한 잠재적 활용 가능성을 확인할 수 있습니다.[7]

---

7 https://direct.mit.edu/tacl/article/doi/10.1162/tacl_a_00544/115239/Transformers-for-Tabular-Data-Representation-A

- **테이블 기반 팩트 체크**: 구조화된 데이터를 사실 기반으로 한 텍스트 입력의 진위 여부(정확성)를 검증합니다.
- **질의 응답**: 텍스트 형식으로 질의를 제시하고 테이블에서 특정 셀을 검색하거나 쿼리에 따라 정보를 집계합니다.
- **시맨틱 파싱(parsing)**: 텍스트를 SQL 쿼리로 변환하여 데이터베이스와 직접 상호작용할 수 있게 하는 기술입니다.
- **테이블 검색**: 특정 쿼리나 요구에 대한 답을 포함하는 테이블 셀(cell)을 검색하고 이를 불러오는 작업입니다.
- **테이블 메타데이터 예측**: 주어진 테이블 데이터에 대해 관련 메타데이터를 예측합니다.
- **테이블 데이터 채우기(table content population)**: 테이블에서 손상되거나 누락된 셀이나 행을 예측하고 채워서 데이터의 무결성을 유지합니다.

11.1.1 TAPAS 아키텍처

구글 TAPAS 모델은 트랜스포머 기반 모델 중 하나인 BERT를 기반으로 구축되었으며, BERT 토크나이저를 사용합니다. [그림 11.1]은 TAPAS의 아키텍처를 보여줍니다. 이 모델은 텍스트 외에도 테이블을 입력으로 읽어 들이도록 설계되었습니다. 각 테이블 셀은 하나의 토큰 시퀀스로 간주됩니다. 입력은 [CLS] 토큰, 질의 토큰, [SEP] 토큰, 그리고 평탄화 테이블을 포함하는 일련의 토큰 시퀀스입니다. 추가적으로 다음과 같은 두 개의 분류 헤드가 연결되어 있습니다.

- 집계 예측(aggregation prediction)
- 셀 선택(cell selection)

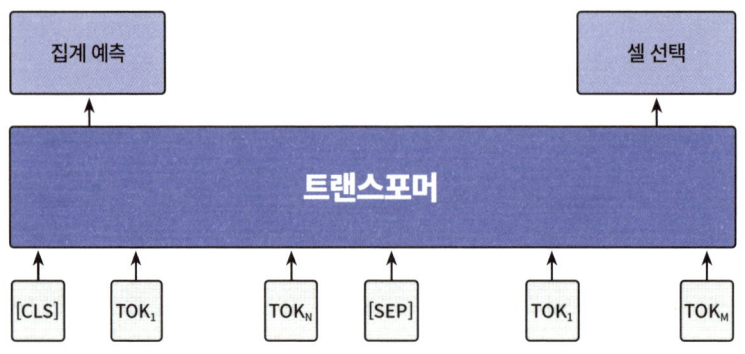

그림 11.1 TAPAS 아키텍처

TAPAS를 BERT와 비교해보면 위치 인코딩이 추가돼 있습니다. 각각에 대해 살펴보겠습니다.

- 토큰 임베딩: 토큰 임베딩 정보
- 위치 임베딩: BERT와 동일
- 세그먼트 임베딩: 질의는 0, 테이블은 1로 임베딩
- 열 임베딩: 열의 인덱스
- 행 임베딩: 행의 인덱스
- 랭크(rank) 임베딩: 행 또는 열의 셀 순서를 인코딩하는 데 사용

다음 그림은 위치 인코딩을 보여줍니다.

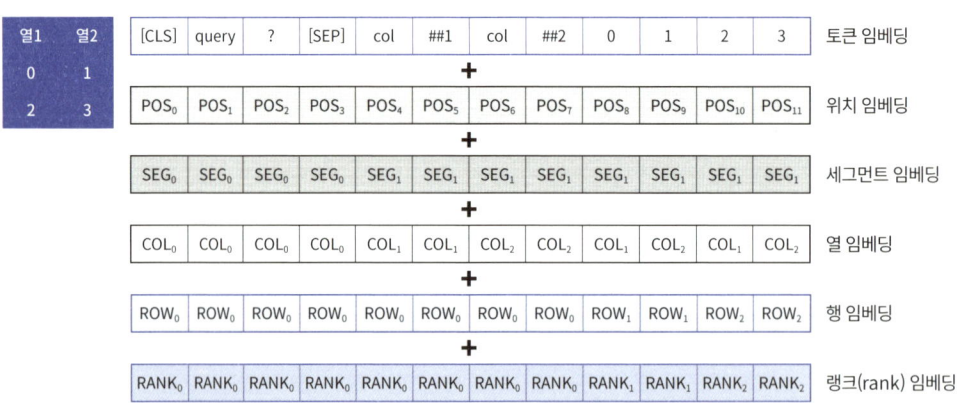

그림 11.2 TAPAS의 위치 인코딩

사전 학습 목표

사전 학습 목표는 BERT와 유사하며, 마스크된 언어 모델링과 다음 문장 예측 작업을 포함합니다. 또한 TAPAS는 테이블에 대한 쿼리를 답변할 때 답에 필요한 내용을 담은 셀을 예측하는 새로운 학습 목표를 사용하여 사전 학습됩니다.

파인튜닝

이 모델은 지도 학습을 통해 다운스트림 작업에 맞춰 파인튜닝됩니다. 예를 들어, google/tapas-large-finetuned-wtq 모델은 복잡한 테이블 기반 질의 응답 데이터셋인 WikiTable Questions(WTQ) 벤치마크에 맞춰 파인튜닝되었습니다. 이 경우 모델은 테이블에서 답을 포함하는 셀을 선택하도록 학습됩니다.

애플리케이션

TAPAS의 주요 적용 분야는 테이블 기반 질의 응답입니다. 기본적으로 TAPAS를 사용할 수 있는 작업은 다음과 같습니다.

TAPAS 사용 사례

작업	설명	예시
대화형	셀 선택 질의	넬슨 만델라는 어디에서 태어났나요?
집계(약한 지도 학습)	집계가 포함될 수 있으며 모델은 올바른 집계 유형을 선택해야 합니다. 모델에 정답 집계 결과가 제공되지는 않습니다.	2020년 연도의 총 수익은 얼마입니까?
집계(강한 지도 학습)	정답 집계 결과가 모델에 제공됩니다.	

구현

여기서는 구글 TAPAS 모델 중에서 google/tapas-base-finetuned-wtq 버전 모델을 사용합니다. 다음 표를 통해 테이블 데이터셋에 대한 질의 응답 예시를 미리 예측할 수 있습니다.

예제 테이블

회사	CEO	본사(지역)
Apple	Tim Cook	Cupertino
Microsoft	Satya Nadella	Redmond
Google	Sundar Pichai	Mountain View

모델에 다음 두 가지 질의를 입력합니다. 그러면 모델은 이 질의를 테이블에 기반하여 처리합니다.

- Who is the CEO of Microsoft? (Microsoft의 CEO는 누구인가요?)
- Where is the headquarters of Google? (Google의 본사는 어디에 있나요?)

질의 처리의 첫 번째 단계는 테이블과 질의의 토큰화입니다. 토큰화는 기본적으로 테이블과 텍스트를 모델이 이해하고 처리할 수 있는 형식으로 변환하는 프로세스입니다. 토큰화된 테이블과 질의는 TAPAS 모델에 입력값으로 사용됩니다.

TAPAS 모델은 이 입력값을 기반으로 예측을 수행합니다. 구체적으로 모델은 질의에 대한 답이 포함된 테이블 셀의 좌표와 집계 연산의 인덱스를 출력합니다. 집계 연산은 특정 질의에 대한 답을 계산하기 위해 필요한 연산(예: 개수, 합계, 평균 등)을 의미합니다. 다만 이번 예제는 질의가 간단하기 때문에 이러한 연산이 필요하지 않습니다.

그런 다음 이러한 좌표와 인덱스를 사람이 읽기 쉬운 형식으로 변환하고 질의에 대한 답을 출력합니다. 답변은 집계 연산이 없는 경우는 예측된 셀의 내용이 되고, 집계 연산이 필요한 경우에는 해당 집계 연산의 결과가 답이 됩니다. 앞서 제시한 두 질문의 예상 답변은 각각 Satya Nadella와 Mountain View입니다. 다음 코드를 참조하세요.

Ch11/Tapas.ipynb

```
from transformers import AutoTokenizer, TapasForQuestionAnswering
import pandas as pd

# 토크나이저 및 모델 정의
tokenizer = AutoTokenizer.from_pretrained("google/tapas-base-finetuned-wtq")
model = TapasForQuestionAnswering.from_pretrained("google/tapas-base-finetuned-wtq")
```

```python
# 테이블 데이터 정의
data = {
    "Company": ["Apple", "Microsoft", "Google"],
    "CEO": ["Tim Cook", "Satya Nadella", "Sundar Pichai"],
    "Headquarters": ["Cupertino", "Redmond", "Mountain View"]
}
# 데이터를 판다스 데이터프레임으로 변환
table = pd.DataFrame.from_dict(data)

# 쿼리(질의) 정의
queries = ["Who is the CEO of Microsoft?", "Where is the headquarters of Google?"]

# 테이블 및 쿼리 토큰화
inputs = tokenizer(table=table, queries=queries, padding="max_length",
                   return_tensors="pt")
# 모델을 통해 예측 수행
outputs = model(**inputs)

# 예측된 답이 담긴 셀 좌표와 집계 연산의 인덱스 추출
predicted_answer_coordinates, predicted_aggregation_indices =\
tokenizer.convert_logits_to_predictions(
    inputs,
    outputs.logits.detach(),
    outputs.logits_aggregation.detach()
)

# 쿼리 집합(queries)에서 쿼리(query)를 하나씩 꺼내 반복 수행 후 답을 출력
for i, query in enumerate(queries):
    if predicted_aggregation_indices[i] == 0:
        # 만약 집계 연산이 없는 경우(index 0), 답이 담긴 셀을 출력
        coords_to_answer = ' '.join([table.iat[coord] for coord
                                     in predicted_answer_coordinates[i]])
        print(f"Question: {query}")
        print(f"Answer: {coords_to_answer}\n")
    else:
        # 만약 집계 연산이 있다면, 연산 집합 리스트에서 집계 연산 작업명을 출력
        print(f"Question: {query}")
```

```
        print(
            f"Answer: "
            f"{tokenizer.model.config.id2label[predicted_aggregation_
            indices[i]]}\n"
)
```

▶ 코드 마지막에 쓰인 f 스트링(f-string) 문법은 책의 지면 관계상 부득이 두 줄로 썼지만, 원래는 한 줄로 써야 에러가 나지 않습니다. 예제 코드 파일에는 한 줄로 작성돼 있습니다.

실행 결과

```
Question: Who is the CEO of Microsoft? (질의: Microsoft의 CEO는 누구인가요?)
Answer: Satya Nadella (답: 사티아 나델라)

Question: Where is the headquarters of Google? (질의: Google 본사는 어디에 있나요?)
Answer: Mountain View (답: 마운틴 뷰)
```

11.2 TabTransformer 아키텍처

TabTransformer[8]의 기본 개념은 범주형 변수에 대한 컨텍스트 임베딩(contextual embedding)을 생성하는 것입니다. 이 아키텍처의 세부 사항을 살펴보겠습니다.

- **범주형 임베딩**: 각 범주형 특성(x_i로 표기)은 열(column) 임베딩으로 알려진 프로세스를 통해 차원 d를 갖는 파라미터 임베딩으로 변환됩니다.

- **트랜스포머 인코더**: 이렇게 변환된 범주형 특성의 임베딩은 트랜스포머 인코더로 전달됩니다. 여기서 각 범주형 특성은 시퀀스 내의 토큰이나 단어로 취급됩니다. 이를 통해 모델은 서로 다른 범주형 특성 간의 복잡한 상호작용을 이해하고 학습합니다.

- **컨텍스트 임베딩**: 트랜스포머 인코더 내부에서는 범주형 변수에 대한 컨텍스트 임베딩을 생성하기 위해 셀프 어텐션 메커니즘을 사용합니다. 셀프 어텐션 메커니즘은 모델이 주어진 인스턴스(row) 내에서 각 범주형 특성과 다른 모든 특성 간의 중요도 및 상호작용을 학습할 수 있도록 가중치를 부여합니다. 이를 통해 모델이 범주형 특성 간의 복잡한 상호 의존성을 포착할 수 있습니다.

- **컨텍스트 임베딩과 정규화된 숫자형 변수의 병합**: 트랜스포머가 범주형 변수에 대한 컨텍스트 임베딩을 생성한 후, 이를 정규화된 숫자형 변수와 병합합니다. 이를 통해 범주형 및 숫자형 변수를 모두 고려한 포

---

8 https://arxiv.org/pdf/2012.06678.pdf

괄적인 특성 집합을 생성합니다. 이때 범주형 변수 특성 부분은 트랜스포머가 포착한 컨텍스트 정보로 강화됩니다.

- **다층 퍼셉트론(Multi-Layer Perceptron, MLP)**: 병합된 데이터는 최종 예측을 위해 MLP로 전달됩니다. MLP는 주어진 작업에 따라 분류 모델(Classifier) 또는 회귀 모델(Regressor)로 작동합니다.

- **사전 학습 및 파인튜닝**: 다른 성공적인 트랜스포머 기반 모델들처럼 TabTransformer도 두 단계로 이루어진 프로세스, 즉 사전 학습과 파인튜닝을 사용합니다. 사전 학습 동안 모델은 대규모 데이터셋을 사용하여 재구성 목표를 갖고, 마스크된 열을 예측하는 방법을 학습합니다. 이 사전 학습 단계가 완료되면 특정 작업에 모델을 파인튜닝하여 타깃 목표(예: 분류 또는 회귀)에 맞게 최적화합니다.

TabTransformer는 범주형 특성을 처리 시 트랜스포머 아키텍처의 강점을 활용함으로써, 복잡한 특성 간의 관계를 효과적으로 모델링하여 높은 예측 성능을 발휘합니다. 다음은 TabTransformer 아키텍처를 나타냅니다.

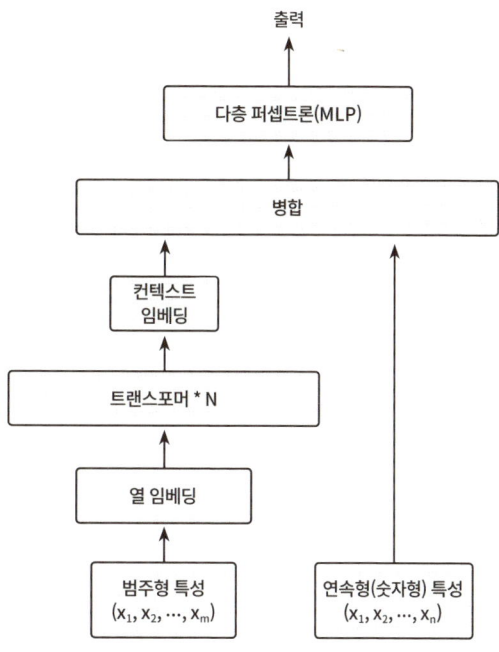

그림 11.3 TabTransformer 아키텍처

11.3 FT Transformer 아키텍처

FT Transformer[9]의 주요 아이디어는 숫자형 특성과 범주형 특성의 임베딩을 모두 생성하여 트랜스포머 인코더로 전달하는 것입니다. 이 접근 방식은 TabTransformer보다 더 풍부한 문

---

[9] https://arxiv.org/pdf/2106.11959.pdf

맥적 표현을 제공하는데, 이는 수치형 및 범주형 특성 모두에 대해 셀프 어텐션을 계산하기 때문입니다. 반면에 TabTransformer는 범주형 특성에만 셀프-어텐션을 적용합니다. 이제 각 구성 요소에 대해 자세히 살펴보겠습니다.

11.3.1 피처 토크나이저

피처 토크나이저(Feature Tokenizer)는 FT-트랜스포머 모델의 구성 요소로서 입력 특성을 임베딩으로 변환합니다. (11.3.3절의 [그림 11.4]에서 볼 수 있듯이) 임베딩 변환 과정은 숫자형 데이터와 범주형 데이터별로 나뉘어 각기 다르게 진행됩니다.

- **숫자형 특성**: 각 숫자형 특성 x_j에 대해 변환은 특성 값 자체인 x_j에 학습된 가중치 벡터 W_j를 요소별로 곱한 다음 바이어스 항 b_j를 추가하는 작업으로 구성됩니다. 이는 다음과 같이 표현됩니다.

    $T_j = b_j + x_j * W_j$

- 가중치 벡터 W_j를 곱하면 모델에서 수치형 특성의 영향력을 조절하고 스케일링할 수 있습니다. 절편 역할을 하는 바이어스 항 b_j는 모델이 특성의 기본 표현을 갖도록 해줍니다. 이 바이어스 항을 통해서도 수치형 특성을 조절할 수 있습니다. 수치형 특성의 경우, W_j는 모델이 요구하는 임베딩 차원(d)을 갖는 가중치 벡터입니다. 이 W_j는 다음과 같이 표시됩니다.

    $W(num)_j \in R^d$

    ▶ $W(num)_j$는 가중치 벡터이고 R^d 실수(real number) 공간에서 차원이 d인 벡터를 나타냅니다. 쉽게 말해 $W(num)_j$는 d개의 요소를 가진 실수 벡터입니다.

- **범주형 특성**: 각 범주형 특성에 대해 변환에는 특성 x_j에 포함된 카테고리의 임베딩을 테이블 W_j에서 조회하는 과정이 포함됩니다. 그 후 바이어스 항 b_j가 더해집니다. 조회 시에는 원-핫 벡터 eT_j를 사용하여 관련 테이블에서 특성의 특정 카테고리에 대한 임베딩을 가져옵니다. 이는 다음과 같이 표현됩니다.

    $T_j = b_j + eT_j * W_j$

이 방식은 각 범주형 특성의 카테고리가 고유한 d차원의 임베딩을 갖게 합니다. 범주형 피처의 경우, W_j는 임베딩 조회 테이블입니다. S_j가 j번째 범주형 피처의 고유한 카테고리 수를 나타낸다면, 이 피처에 대한 임베딩 조회 테이블 W_j의 차원은 $S_j \times d$이며, 이는 다음과 같이 표현됩니다.

$W(cat)_j \in R^{(S_j \times d)}$

▶ $R^{S_j \times d}$는 실수 공간(R)에서 S_j 행과 d열을 가진 행렬을 의미합니다.

따라서 위의 과정에서 생성된 임베딩에서 각 특성은 숫자형이든 범주형이든 동일한 차원(d)의 공간에 표현되므로 모델의 이후 트랜스포머 단계에서 모든 특성을 통합적으로 처리할 수 있습니다.

11.3.2 수치형과 범주형 특성 병합

숫자형 특성과 범주형 특성에 대한 피처 임베딩 결과를 병합합니다. 이 결합 시퀀스는 T로 표시되며, 시퀀스의 시작 부분에 [CLS] 토큰을 추가합니다. 그러면 트랜스포머에 대한 입력은 다음과 같게 됩니다.

```
T= stack(T, [CLS])
```

▶ 이 수식에서 stack은 T라는 결합 시퀀스와 [CLS] 토큰을 같은 차원에서 병합하여 하나의 새로운 텐서를 만든다는 뜻입니다.

11.3.3 트랜스포머

입력 시퀀스는 트랜스포머 인코더를 통해 처리됩니다. 이 인코더는 오리지널 트랜스포머 설계를 반영한 것입니다. 처리해야 하는 타깃 작업에 따라, 트랜스포머 인코더의 최종 층에서 출력되는 첫 번째 토큰에 분류 헤드 또는 회귀 헤드가 부착됩니다.

다음은 FT 트랜스포머의 아키텍처를 나타낸 그림입니다.

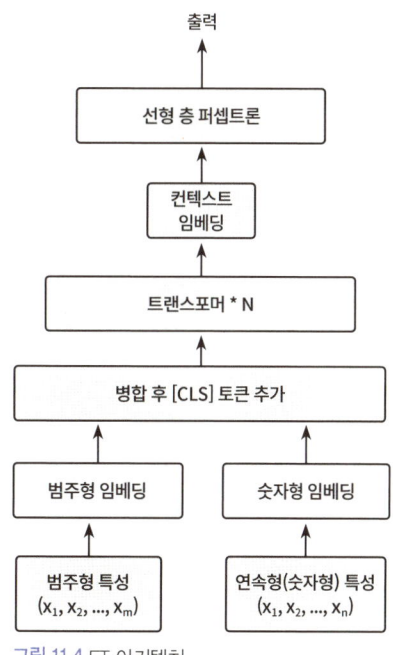

그림 11.4 FT 아키텍처

이 장에서는 테이블 데이터 표현을 처리하는 트랜스포머 모델 사용법에 대해 종합적으로 살펴보았습니다. TAPAS, TabTransformer, FT Transformer와 같은 다양한 아키텍처가 탐구되었으며, 각각 범주형 및 수치형 데이터를 처리하기 위한 고유한 전략을 사용합니다.

구글 TAPAS 모델은 테이블 기반 팩트 체크, 질의 응답, 시맨틱 파싱, 테이블 검색, 테이블 메타데이터 예측, 테이블 데이터 채우기 등 다양한 작업을 효과적으로 수행하여 그 견고성을 입증했습니다.

TabTransformer와 FT Transformer 모델은 각기 다른 고유한 방법론을 통해 범주형 데이터를 능숙하게 처리합니다. TabTransformer는 범주형 변수에 대한 컨텍스트 임베딩을 활용하고, 이를 정규화된 숫자형 변수와 병합하는 접근 방식을 통해 다양한 범주형 특성 간의 복잡한 상호작용을 파악합니다. 반면에 FT Transformer의 피처 토크나이저는 숫자형 및 범주형 입력 특성을 임베딩으로 변환하여 이러한 특성들을 이후의 트랜스포머 단계에서 통합적으로 처리합니다.

이러한 각각의 트랜스포머 아키텍처는 테이블 데이터를 처리하는 데 있어 고유한 접근법을 제공하며, 트랜스포머 모델의 다재다능한 범용성과 적응력을 보여줍니다. 이 모델들은 테이블 데이터를 처리하는 유용한 솔루션을 제공하며, 향후 연구에서 추가적인 혁신과 개선을 불러올 여지를 품고 있습니다.

한편 이 모델들이 상당한 성공을 거두었음에도 불구하고, 트랜스포머로 테이블 데이터를 처리하는 데 에는 여전히 탐구하고 개선해야 할 영역이 많은 것도 사실입니다. 트랜스포머 아키텍처는 이 흥미로운 머신러닝 및 인공지능 분야에서 더욱 향상하고 정교해질 것입니다.

CHAPTER

12

테이블 데이터 회귀 및 분류 작업용 트랜스포머

12.1 _ 분류 작업용 트랜스포머

12.2 _ 회귀 작업용 트랜스포머

이번에는 앞 장에서 다룬 테이블 데이터 처리에 트랜스포머를 적용하는 방법을 알아보겠습니다. 또한 TabTransformer, FT Transformer, TabNet과 같은 트랜스포머 모델을 분류 및 회귀 문제를 풀기 위해 어떻게 활용하는지 살펴봅니다. 실제 데이터셋으로 작업함으로써 이러한 모델의 효과와 범용성을 입증하고, 각 모델의 강점과 추가 개선이 필요한 부분을 파악합니다. 이를 통해 머신러닝·딥러닝 기술을 발전시키는 데 있어 트랜스포머가 어떤 잠재력을 가지고 있는지 알아봅니다.

이 장을 읽어나가면서 TabTransformer와 FT Transformer 같은 트랜스포머 모델을 구현하며, 아울러 결정 트리와 어텐션 메커니즘을 결합한 인기 파이토치 모델인 TabNet을 살펴보고 구현할 것입니다. 또한 분류 및 회귀 작업에서 트랜스포머를 적용하고, 실제 데이터셋을 사용해 트랜스포머 모델의 성능을 평가할 것입니다.

시스템 요구 사항

실습을 위해 다음과 같이 필요한 패키지를 설치합니다.

```
!pip install pytorch-tabular
!pip install scikit_learn
```

12.1 분류 작업용 트랜스포머

여기서는 트랜스포머를 활용하여 분류 문제를 처리하는 방법을 살펴볼 것입니다. 트랜스포머는 자연어 처리 작업에서 혁신을 일으킨 강력한 모델이지만 테이블 데이터와 같은 다양한 영역으로 그 적용 범위가 확장되고 있습니다. 우리는 다음 세 모델에 초점을 맞출 것입니다.

- **TabTransformer**: 이 모델은 AWS(Amazon Web Services)에서 개발한 모델로, 테이블 데이터의 행을 시퀀스로 처리하여 트랜스포머 아키텍처를 적용합니다. 이를 통해 행 피처 간의 상호작용과 서로 다른 행의 피처 간 상호작용까지 포착할 수 있습니다.

- **FT Transformer**: 이 모델은 오리지널 트랜스포머 모델을 수정한 것으로, 테이블 데이터를 처리하도록 설계되었습니다. 이 모델은 멀티헤드 셀프 어텐션 메커니즘을 채택하여 더욱 풍부한 특성 간 상호작용을 학습할 수 있습니다.

- **TabNet**: 또 다른 변형 모델인 이 모델은 딥러닝과 스케일 조정가능한(scalable) 결정 트리의 장점을 통합한 솔루션입니다. 이 모델은 의사결정 과정에 직접적으로 영향을 미치는 해석 가능한 의미 있는 특성을 학습할 수 있는 독창적인 설계로 구성돼 있습니다.

이러한 모델의 애플리케이션을 시연하기 위해 우리는 UCI Adult 데이터셋(일명 Census Income 데이터셋)을 사용할 것입니다.

이 섹션에서는 데이터를 불러오고, 각 모델에 맞게 전처리하며, 트랜스포머 모델을 학습시키고 성능을 평가하는 과정을 안내합니다. 이러한 강력한 트랜스포머 모델을 테이블 데이터와 관련된 분류 작업에 효과적으로 사용하는 방법 또한 알아볼 것입니다.

12.1.1 데이터셋

UCI Adult 데이터셋은 Census Income 데이터셋 혹은 adult.data로 알려져 있으며, 두 개의 타깃 범주로 분류하는 이진 분류 작업에 자주 사용됩니다. 이 데이터셋은 1994년 미국 인구조사국에서 수집한 데이터를 기반으로 배리 베커(Barry Becker)가 작성하였습니다. 이 데이터의 주요 목표는 다양한 정보를 바탕으로 개인별 연간 소득이 5만불을 초과하는지 여부를 예측하는 것입니다.

이 데이터셋은 15개의 다양한 특성(요인)과 하나의 타깃 변수로 구성됩니다. 이러한 특성에는 범주형 데이터(예: 인종 또는 직업)와 연속형 데이터(예: 나이 또는 주당 근무 시간)가 혼합되어 있습니다. 이 데이터셋은 다음과 같은 특성들을 담고 있습니다.

- **나이(age)**: 연속형 변수
- **근무 형태(work class)**: 민간 기업, 자영업(개인), 자영업(법인), 연방 정부, 주 정부, 지방 정부, 무급 자원봉사, 미취업
- **최종 가중치(fnlwgt)**: 연속형 변수로 이 값은 인구조사에서 사용된 가중치를 나타내며, 인구조사에 참여한 1인이 몇 명의 사람을 대표하는지를 표기
- **교육 수준(미국 기준)**: 학사, 대학 중퇴, 직업학교, 준학사(학술), 준학사(전문대), 석사, 박사, 고교 졸업, 12학년, 11학년, 10학년, 9학년, 7~8학년, 5~6학년, 1~4학년, 유치원
- **교육 연수**: 연속형 변수

- **결혼 상태**: 기혼(민간인 배우자와 결혼), 기혼(군인 배우자와 결혼), 기혼(장기 출장 등으로 배우자 일시 부재), 이혼, 미혼, 별거, 사별
- **직업**: 범주형 변수
- **가족 관계**: 아내, 남편, 친자녀, 비가족 동거인(룸메이트나 하숙생), 기타 친척, 미혼
- **인종**: 백인, 아시안 및 태평양 섬 주민, 아메리카 원주민 및 이누이트, 흑인, 기타
- **성별**: 여성(Female), 남성(Male)
- **자본 이득(Capital-gain)**: 연속형 변수
- **자본 손실(Capital-loss)**: 연속형 변수
- **주당 근무 시간**: 연속형 변수
- **출신 국가**: 범주형 변수

12.1.2 타깃 변수

타깃 변수는 소득(Income)으로, 두 가지 범주를 값으로 갖는 이진 변수입니다.

- "<=50K": 5만불 이하
- ">50K": 5만불 초과

12.1.3 데이터 전처리

이제 UCI Adult 데이터셋에 대한 데이터 전처리를 수행합니다. 여기에는 데이터셋을 불러오고, 적절한 열 이름을 할당하고, 데이터를 CSV 파일로 저장합니다. 그리고 데이터셋을 학습 및 테스트 데이터셋으로 나누고, 범주형/숫자형/타깃 변수를 지정합니다. 여기서는 [Ch12] 폴더에 수록된 Tab_transformer.ipynb의 일부 코드를 설명합니다.

Ch12/Tab_transformer.ipynb

```
import pandas as pd

# 다음의 url 주소는 예제 파일에서 한 줄로 명기돼 있습니다.
# 책에는 지면 관계상 두 줄로 표기했으며, 이 형식도 에러 없이 실행됩니다.
```

```
url = (
    "http://archive.ics.uci.edu/ml/machine-learning-databases"
    "/adult/adult.data"
    )
column_names = ['age', 'workclass', 'fnlwgt', 'education',
                'education-num', 'marital-status', 'occupation',
                'relationship', 'race', 'sex', 'capital-gain',
                'capital-loss', 'hours-per-week', 'native-country',
                'income']
data = pd.read_csv(url, names=column_names)

# 데이터프레임 data를 csv 파일 형태로 저장
data.to_csv('adult.csv', index=False)

# 데이터를 학습 및 테스트 데이터셋으로 분리
train = data.sample(frac=0.8, random_state=0)
test = data.drop(train.index)

# 범주형 컬럼(변수)명과 숫자형 컬럼(변수)명 기재
cat_col_names = ['workclass', 'education', 'marital-status', 'occupation',
                 'relationship', 'race', 'sex', 'native-country']
num_col_names = ['age', 'fnlwgt', 'education-num', 'capital-gain',
                 'capital-loss', 'hours-per-week']
target_col_name = ["income"]
```

12.1.4 설정

이 설정(configuration) 단계는 중요한 절차입니다. 후속 프로세스에서 사용할 네 가지 설정 값을 제공해야 하며, 대부분의 경우 타당한 디폴트 값을 유지하는 것이 좋습니다. 이들은 다음과 같습니다.

- `DataConfig`: 범주형/숫자형/타깃 열의 이름을 지정하고 필요한 변환 작업을 설정합니다.
- `ModelConfig`: 각 모델은 각각의 `ModelConfig`를 설정해야 합니다. 이 설정을 통해 우리가 학습시킬 세부 모델 사양을 결정하고 모델의 하이퍼파라미터도 선택합니다.
- `TrainerConfig`: 이 설정에서는 배치 크기, 에포크 수, 조기 중단 기준 등 학습 과정을 커스터마이징할 수 있습니다. 이 설정의 파라미터 중 대다수는 파이토치 라이트닝(PyTorch Lightning)에서 가져와 학습 도중에 기본 객체인 Trainer 객체에 전달합니다.

- OptimizerConfig: 이 설정을 통해 다양한 옵티마이저와 학습률 스케줄러를 정의하고 사용합니다. 표준 파이토치 옵티마이저 및 학습률 스케줄러가 지원됩니다. 커스텀 옵티마이저를 사용하려면 `fit` 메소드의 파라미터를 사용하여 디폴트 옵티마이저 설정을 재정의하면 됩니다. 커스텀 옵티마이저는 파이토치와 호환되어야 한다는 점에 유의하기 바랍니다.

Ch12/Tab_transformer.ipynb

```python
# 데이터 설정
data_config = DataConfig(
    target=target_col_name,
    continuous_cols=num_col_names,
    categorical_cols=cat_col_names,
    continuous_feature_transform="quantile_normal",
    normalize_continuous_features=True
)

# Trainer 설정
trainer_config = TrainerConfig(
    auto_lr_find=True,
    batch_size=256,
    max_epochs=100,
    early_stopping="valid_loss",
    early_stopping_mode="min",
    early_stopping_patience=5,
    checkpoints="valid_loss",
    load_best=True
)

# 옵티마이저 설정
optimizer_config = OptimizerConfig()

# 모델 설정
head_config = LinearHeadConfig(
    layers="",
    dropout=0.1,
    initialization="kaiming"
).__dict__
```

12.1.5 세 모델로 학습 및 평가

여기서는 미리 정의된 설정을 사용하여 분류 작업을 위한 세 가지 유형의 모델(TabTransformer, FT Transformer, TabNet)을 생성하고 학습시키겠습니다. 각 모델을 학습 데이터셋에서 학습시킨 후, 테스트 데이터셋에서 성능을 평가합니다. 다음의 코드를 참고하세요.

Ch12/Tab_transformer.ipynb

```
model_config = TabTransformerConfig(
    task="classification",
    head = "LinearHead",        # 선형 헤드
    head_config = head_config,  # 선형 헤드 설정
    learning_rate = 1e-3
)

tabular_model = TabularModel(
    data_config=data_config,
    model_config=model_config,
    optimizer_config=optimizer_config,
    trainer_config=trainer_config,
)

tabular_model.fit(train=train)
tabular_model.evaluate(test)
```

12.1.6 평가 결과

[그림 12.1]은 다양한 머신러닝 모델에서 얻은 벤치마크 결과를 보여줍니다.

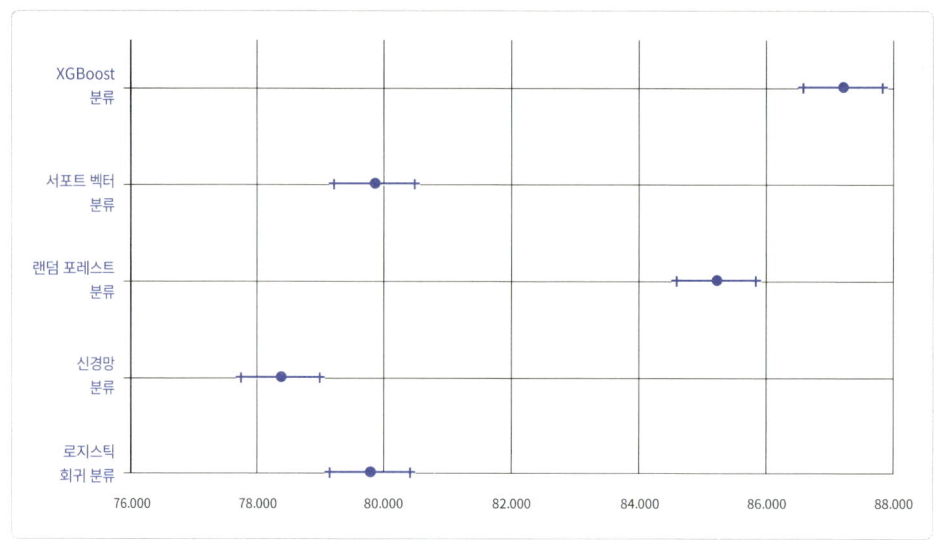

그림 12.1 다양한 알고리즘에 대한 기준 결과[10]

그리고 다음 표는 저자가 코드를 자체적으로 실행해서 얻은 결과입니다.

저자의 코드 실행 결과

	TabTransformer	FT Transformer	TabNet
Test_accuracy	0.843058943748474	0.85012286901474	0.845362424850463
Test_loss	0.33155241608619	0.323970586061477	0.3304014503955841

▶ 딥러닝 모델은 초기 가중치가 랜덤하게 할당되므로, 실행 시마다 결과가 미묘하게 달라집니다.

12.1.7 분석

[그림 12.1]은 여러 연구에서 XGBoost 모델이 약 87%의 정확도를 기록하며 최고의 성능을 달성했음을 보여줍니다. 반면, 저자는 실행 결과를 통해 FT Transformer를 사용하여 약 87%의 정확도를 얻었습니다. 이러한 차이는 추가적인 조사와 실험의 필요성을 시사합니다.

여기서 사용한 저자의 모델 평가에는 교차 검증이 포함되어 있지 않다는 점에 유의해야 합니다. 일반적으로 교차 검증은 모델의 견고성을 평가하는 데 자주 사용되는 기법입니다. 또한,

---

[10] https://archive.ics.uci.edu/dataset/2/adult

모델의 성능을 향상시키기 위해 통상적으로 사용되는 특성 변환이나 피처 엔지니어링 기법도 적용하지 않았습니다.

그럼에도 불구하고 FT Transformer의 간단한 적용을 통해 최고 성능을 낼 수 있었다는 점은 인상적입니다. 이는 트랜스포머 모델의 잠재력을 시사하며, 약간의 파인튜닝과 추가 개선을 통해 XGBoost가 달성한 벤치마크 성능을 뛰어넘을 수 있습니다.

12.2 회귀 작업용 트랜스포머

이번 예제에서는 Ames Housing 데이터셋을 사용하여 회귀 작업에 트랜스포머 모델을 적용합니다. 전체 예제는 [Ch12] 폴더에 수록된 Tab_transformer.ipynb 파일을 통해 확인할 수 있습니다.

12.2.1 데이터셋

Ames Housing 데이터셋은 2006년부터 2010년까지 아이오와주 에임스(Ames) 지역에서 이루어진 주택 판매 기록을 담고 있습니다. 80개 이상의 입력 변수(즉, 설명 변수)를 포함한 이 데이터셋은 주택 가격 예측 모델링에 필요한 다양한 요인를 제공합니다.

이 요인들은 다음과 같이 광범위한 영역을 걸쳐 있습니다.

- **부동산 일반 특성**: 주택 유형, 지역 분류, 편의 시설 및 도로와의 인접성, 그리고 부동산과 대지의 전체적인 구성 및 배치 등을 포함합니다.
- **주택 세부 특성**: 지붕 유형, 외장재, 석재 상태, 기초 유형 등과 같은 세부적인 주택의 특성을 포함합니다.
- **주택 세부 부분별 종합적인 품질 및 상태 평가**: 외부 마감재부터 난방 시스템까지 집의 다양한 세부 부분별 전반적인 품질과 상태에 대한 종합적인 평가를 포함합니다.
- **주택 내 특정 공간에 대한 상세 정보**: 지하실, 차고, 현관, 수영장 여부뿐만 아니라 방, 침실, 주방, 욕실의 수와 품질에 대한 세부 정보를 포함합니다.
- **매매 거래에 관한 세부 사항**: 거래 유형, 거래 상태, 그리고 거래 연월 같은 정보를 포함합니다.

이 데이터셋은 각 주택의 판매 가격을 예측하는 것을 목표로 삼습니다. 이는 주택 판매 가격을 예측하는 회귀 문제가 되며 머신러닝·딥러닝 기법을 적용할 수 있습니다.

12.2.2 데이터 전처리

다음 제시된 코드는 머신러닝·딥러닝을 위한 데이터 처리 작업을 수행합니다. 예제 소스 내 [Ch12] 폴더에 수록된 Tab_transformer.ipynb 파일 후반부의 일부 코드를 설명합니다.

Ch12/ Tab_transformer.ipynb

```python
import pandas as pd

# 실제 코드에서 url 주소는 한 줄로 명기돼 있습니다.
url = (
    "https://raw.githubusercontent.com/wblakecannon/ames/master/data/"
    "housing.csv"
    )
ames_df = pd.read_csv(url)

# 범주형 컬럼(변수) 및 숫자형 컬럼(변수) 리스트
cat_cols = ['Garage Yr Blt', 'Mo Sold', 'Yr Sold','Open Porch SF',
'Enclosed Porch', '3Ssn Porch', 'Screen Porch',
'Wood Deck SF','Fireplaces','Year Remod/Add',
'Year Built','Overall Cond','Overall Qual','MS SubClass',
'MS Zoning', 'Street', 'Alley', 'Lot Shape', 'Land Contour',
'Utilities', 'Lot Config', 'Land Slope', 'Neighborhood',
'Condition 1', 'Condition 2', 'Bldg Type', 'House Style',
'Roof Style', 'Roof Matl', 'Exterior 1st', 'Exterior 2nd',
'Mas Vnr Type', 'Exter Qual', 'Exter Cond', 'Foundation',
'Bsmt Qual', 'Bsmt Cond', 'Bsmt Exposure', 'BsmtFin Type 1',
'BsmtFin Type 2', 'Heating', 'Heating QC', 'Central Air',
'Electrical', 'Kitchen Qual', 'Functional', 'Fireplace Qu',
'Garage Type', 'Garage Finish', 'Garage Qual', 'Garage Cond',
'Paved Drive', 'Pool QC', 'Fence', 'Misc Feature', 'Sale Type',
'Sale Condition']
num_cols = ['Lot Frontage', 'Lot Area',  'Mas Vnr Area', 'BsmtFin SF 1',
'BsmtFin SF 2', 'Bsmt Unf SF', 'Total Bsmt SF', '1st Flr SF',
'2nd Flr SF', 'Low Qual Fin SF', 'Gr Liv Area',
'Bsmt Full Bath', 'Bsmt Half Bath', 'Full Bath', 'Half Bath',
'Bedroom AbvGr', 'Kitchen AbvGr', 'TotRms AbvGrd',
'Garage Cars', 'Garage Area',  'Pool Area', 'Misc Val']
```

```
target_col = ['SalePrice']

for col in cat_cols:
    ames_df[col].fillna(ames_df[col].mode()[0], inplace=True)

# 연속형 컬럼(변수)에서 NaN을 중위수로 대체
for col in num_cols+target_col:
    ames_df[col].fillna(ames_df[col].median(), inplace=True)
ames_df = ames_df.dropna()

# 처음 몇 행의 값 확인
print(ames_df.shape)
print(ames_df.head())
```

- 먼저, 판다스(pandas) 라이브러리의 read_csv 메서드를 사용하여 지정된 URL에서 Ames Housing 데이터셋을 다운로드하여 데이터프레임으로 저장합니다.
- 그런 다음 범주형 열, 숫자형 열, 그리고 타깃 열(변수 SalePrice)을 정의하는 리스트를 설정합니다.
- 이후 코드에서는 데이터의 결측값을 처리합니다. 범주형 열의 경우, 해당 열의 최빈값(Mode)으로 결측값을 채우며, 숫자형 열과 타깃 열은 중위수(Median)로 결측값을 채웁니다.
- 결측값 처리 후, Scikit-learn 라이브러리의 MinMaxScaler를 사용하여 숫자형 열에 담긴 값들을 스케일링합니다. 이를 정규화(Normalization)라고 부르며, 이 정규화는 모든 수치 값을 동일한 범위(일반적으로 0에서 1 사이)로 조정하여 머신러닝·딥러닝 알고리즘의 성능을 향상시킵니다.
- 마지막으로, 위의 전처리를 거친 데이터프레임을 학습 데이터셋과 테스트 데이터셋으로 80:20 비율로 분할하고, 이러한 분할 결과를 확인하기 위해 데이터프레임의 처음 몇 행을 표시합니다.

해당 코드의 실행 결과, `ames_df`는 (2030, 83) 형태의 차원을 갖습니다. 즉, 2,030 행과 83 열을 갖는 것입니다.

12.2.3 설정

FT Transformer 모델을 사용하여 머신러닝·딥러닝 설정을 수행하는 코드는 다음과 같습니다.

Ch12/ Tab_transformer.ipynb

```python
# 데이터 설정
data_config = DataConfig(
    target=target_col,
    continuous_cols=num_cols,
    categorical_cols=cat_cols,
    continuous_feature_transform="quantile_normal",
    normalize_continuous_features=True
)

# Trainer 설정
trainer_config = TrainerConfig(
    auto_lr_find=True,
    batch_size=256,
    max_epochs=100,
    early_stopping="valid_loss",
    early_stopping_mode="min",
    early_stopping_patience=5,
    checkpoints="valid_loss",
    load_best=True
)

# 옵티마이저 설정
optimizer_config = OptimizerConfig()

# 모델 설정
head_config = LinearHeadConfig(
    layers="",
    dropout=0.1,
    initialization="kaiming"
).__dict__

model_config = FTTransformerConfig(
    task="regression",
    learning_rate = 1e-3,
    head = "LinearHead",         # 선형 헤드
    head_config = head_config,   # 선형 헤드 설정
)
```

```
tabular_model = TabularModel(
    data_config=data_config,
    model_config=model_config,
    optimizer_config=optimizer_config,
    trainer_config=trainer_config,
)
```

12.2.4 학습 및 평가

여기에서는 모델을 실행하고 테스트 데이터셋에서 R제곱 값(R-squared)을 계산합니다.

Ch12/ Tab_transformer.ipynb

```
tabular_model.fit(train=train)
tabular_model.evaluate(test)

prediction=tabular_model.predict(test)

from sklearn.metrics import r2_score

r2 = r2_score(test['SalePrice'], prediction['SalePrice_prediction'])

print(f"R2 Score: {r2}")
```

실행 결과

```
R2 Score: 0.735613747041542
```

▶ 딥러닝 모델은 초기 가중치가 랜덤하게 할당되므로, 실행마다 결과가 미묘하게 달라집니다.

R-제곱 값 결과치는 나쁘지 않지만, 추가 최적화를 통해 성능을 더욱 개선할 여지도 있습니다. 모델 성능을 향상시키기 위해 다음과 같이 다양한 피처 엔지니어링 전략을 고려해볼 수 있습니다.

- 최근접 이웃 방법(nearest neighbor)와 같은 더 정교한 방식으로 결측값을 대체합니다.
- 피처 선택(feature selection)을 통해 데이터의 차원을 줄이고 가장 정보가 많은 특성(즉, 변수)에 집중합니다.
- 피처 변환을 적용하거나 새로운 특성(변수)를 만들어 데이터의 내재된 패턴을 더 잘 포착할 수 있습니다.

이 장에서는 분류 문제와 회귀 문제를 해결하기 위해 트랜스포머를 사용하는 방법에 대해 심층적으로 살펴보았습니다. 특히 TabTransformer, FT Transformer, TabNet 모델을 활용하여 이를 구현했습니다. 우리는 Adult 데이터셋을 분류 문제에 사용하였고, Ames Housing 데이터셋을 회귀 문제에 사용하였습니다. 결과적으로, 이러한 트랜스포머 모델들은 추가적인 피처 엔지니어링 없이도 기존의 머신러닝·딥러닝 모델들과 견줄 만한 성능을 보여줍니다.

그러나 결측값 대체, 피처 선택, 피처 변환과 같은 추가적인 개선 및 최적화가 필요한 영역도 존재합니다. 이러한 기법들은 머신러닝·딥러닝에서 트랜스포머의 잠재력을 더욱 강화하며, 향후 연구 및 애플리케이션 영역에서 다양한 발전 가능성을 시사합니다.

CHAPTER

13

멀티모달 트랜스포머

13.1 _ 멀티모달 아키텍처

13.2 _ 멀티모달 작업

이 장에서는 텍스트, 이미지, 오디오와 같은 다양한 유형의 데이터를 동시에 처리하는 AI 시스템인 멀티모달(Multimodal) 트랜스포머에 대해 알아봅니다. 먼저 트랜스포머가 어떻게 다양한 모달리티를 공통의 차원으로 통합하여, AI로 하여금 다양한 데이터의 언어를 효과적으로 이해할 수 있도록 지원하는지 살펴봅니다. 다음으로 ImageBind와 CLIP과 같은 주요 멀티모달 아키텍처에 대해 논의하며, 이러한 아키텍처가 AI의 이해 및 생성 능력의 한계를 어떻게 확장하는지 살펴봅니다. 마지막으로, 자연어 처리, 오디오 처리, 컴퓨터 비전 등 여러 영역에 걸친 멀티모달 데이터 관련 작업을 알아봅니다.

시스템 요구 사항

이 장의 실습을 위해 다음과 같이 필요한 패키지를 설치합니다.

```
!pip install diffusers
!pip install transformers
!pip install torch
!pip install torchvision
!pip install tqdm
!pip install tensorboard
!pip install accelerate
```

13.1 멀티모달 아키텍처

모델 아키텍처는 텍스트, 이미지, 오디오 등 여러 유형의 데이터를 처리하고 이해하도록 설계된 모델을 의미합니다. 이러한 아키텍처의 주요 과제는 '어떻게 이질적인 데이터를 통합하여 모델이 이들 간의 관계를 이해할 수 있도록 하는가'입니다.

문제를 해결하는 일반적인 방법 중 하나는 각 모달리티를 임베딩 공간(embedding space)으로 알려진 고차원 공유 공간에 매핑하는 것입니다. 각 데이터 모달리티는 해당 모달리티에 특화된 신경망(예: 이미지를 위한 합성곱 신경망 또는 텍스트를 위한 트랜스포머)을 통해 처리되며, 이 과정에서 원본 데이터를 밀집(dense) 벡터 표현으로 변환합니다. 이러한 임베딩은 원래 데이터의 주요 특성을 포착하면서도 모든 데이터 유형을 동일한 포맷으로 표현해냅니다.

모든 모달리티가 동일한 공간에서 표현되면, 모델은 모달리티 간의 정보를 쉽게 비교하고 결합할 수 있습니다. 예를 들어, 공유된 임베딩 공간에서 '빨간 사과'라는 텍스트 설명과 '빨간 사과' 이미지는 동일한 개념을 나타내므로 가까운 위치에 배치됩니다.

이러한 임베딩을 학습하는 데 사용되는 기술 중에 대조 손실(contrastive loss)이 있습니다. 이 손실 함수는 유사한 개념의 임베딩은 더 가까워지도록 유도하고, 다른 개념의 임베딩은 더 멀어지도록 만듭니다. 이를 통해 멀티모달 아키텍처는 데이터를 보다 포괄적으로 이해하고, 여러 데이터 유형별 장점을 활용하여 멀티모달 이해가 필수적인 작업의 전반적인 성능을 향상시킬 수 있습니다.

계속해서 두 가지 멀티모달 아키텍처에 대해 자세히 살펴보겠습니다.

13.1.1 ImageBind

ImageBind는 다양한 유형의 데이터 모달리티를 단일 표현 공간으로 통합적으로 투사하기 위한 유연하고 창의적인 전략 중 하나입니다. 이 시스템은 이미지를 통합의 기준 요소로 활용하여 다른 데이터 모달리티를 연결한다는 아이디어에 기반하고 있습니다. ImageBind라는 이름은 이런 아이디어 때문에 붙었습니다.

구체적으로 살펴보면 **ImageBind**는 이미지, 텍스트, 오디오, 깊이(Depth) 정보, 열화상, IMU(Inertial Measurement Unit, 관성 측정 장치) 데이터로부터 수집된 여섯 가지 모달리티(modalities)의 데이터를 처리합니다. 다음은 이미지를 기준으로 모든 모달리티를 단일 특성 차원으로 결합하는 방법을 보여줍니다.

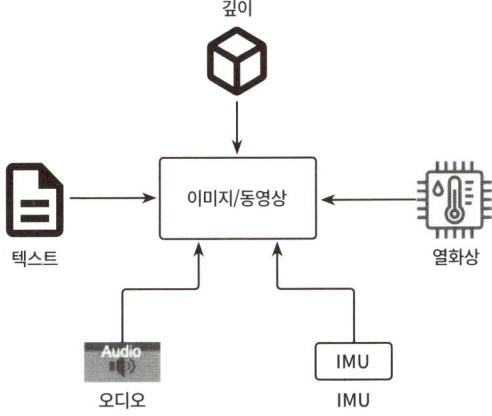

그림 13.1 ImageBind: 이미지가 모든 모달리티를 결합하는 중심 역할을 수행

구체적인 예제를 통해 ImageBind를 설명해보겠습니다. 해변 장면(이미지), 파도 소리(오디오), 해당 장면에 대한 설명(텍스트)이 있다고 가정해보겠습니다. 트랜스포머 인코더는 다양한 유형의 데이터를 임베딩이라는 공통된 포맷으로 변환합니다. ImageBind는 각각의 데이터 모달리티에 해당하는 여섯 개의 서로 다른 트랜스포머 인코더를 사용합니다. 이 시나리오에서는 이미지와 파도 소리의 데이터 쌍, 그리고 이미지와 장면 설명 텍스트의 데이터 쌍이 존재합니다. 여기서 이미지는 오디오와 텍스트 데이터를 연결하는 중심 요소, 즉 지하철의 환승역 같은 역할을 합니다.

그리고 최적화 과정에서는 임베딩 간의 유사성을 측정하는 InfoNCE 손실(대조 손실의 일종)을 사용합니다. 이 기술은 트랜스포머 인코더의 학습 프로세스를 조정하여 이미지를 중심으로 해당 모달리티(파도 소리나 장면 설명 텍스트 등)에 대해 가능한 한 유사한 임베딩을 생성하도록 유도합니다. 이러한 방식으로 모델은 공유 임베딩 공간에서 서로 다른 데이터 모달리티를 정렬하는 방법을 학습합니다.

ImageBind의 마법은 가능한 모든 조합을 명시적으로 보지 않고도 서로 다른 데이터 유형 간의 관계를 이해할 수 있는 능력에 있습니다. 예를 들어 해변의 온도(열 데이터)와 같은 새로운 모달리티를 도입하면 ImageBind는 이 새로운 모달리티와 기존 모달리티(예: 파도 소리) 간의 관계를 추론할 수 있습니다. 이는 ImageBind가 온도 데이터와 오디오 데이터를 모두 이미지와 연관시키는 방법을 학습했기 때문입니다.

ImageBind는 이미지를 참조(레퍼런스) 포인트로 활용하여 온도와 오디오 데이터 간의 관계를 추론할 수 있습니다. 이 인상적인 새로운 기능으로 인해 다양한 작업이 가능해집니다. 또한 이 기능은 ImageBind가 이러한 데이터 페어링에 대해 학습하지 않은 경우에도, 텍스트와 오디오 매칭과 같은 복잡한 작업을 수행할 수 있게 해줍니다. 이를 통해 다양한 실제 시나리오에서 ImageBind의 다양성과 응용 가능성이 크게 향상됩니다.

구현

ImageBind는 https://imagebind.metademolab.com/demo에서 사용해볼 수 있습니다. 또한 튜토리얼(https://github.com/facebookresearch/ImageBind)을 따라하면 다양한 모달리티의 임베딩을 만들 수 있습니다.

13.1.2 CLIP

OpenAI의 CLIP(Contrastive Language-Image Pretraining) 모델은 이미지와 텍스트의 정보를 모두 이해하도록 설계된 모델입니다. 이 모델은 다음과 같은 두 가지 주요 구성 요소로 이루어져 있습니다.

- **ViT(Vision Transformer)**: 이 모델의 시각화 부분은 트랜스포머 아키텍처를 기반으로 합니다. 입력 이미지를 고정된 수의 패치로 나눈 다음, 이를 선형적으로 임베딩하여 트랜스포머가 순차적으로 처리합니다. ViT의 출력은 이미지의 내용을 표현내는 임베딩입니다.
- **트랜스포머 언어 모델**: 모델의 텍스트 부분은 트랜스포머 기반 신경망으로, 인간 언어를 이해하고 생성하도록 학습됩니다. GPT와 유사한 구조를 가지고 있지만 주요 차이점은 이미지의 맥락에서 텍스트를 이해하도록 학습된다는 점입니다. 이 모델은 토큰(단어 또는 단어의 일부) 시퀀스를 입력으로 받아 텍스트의 의미를 나타내는 임베딩을 생성합니다.

사전 학습 목표

CLIP의 사전 학습 단계에서의 목표는 이미지와 텍스트를 정확하게 연관 짓는 방법을 학습하는 것입니다. 학습 중에 모델은 이미지 배치(batch)와 텍스트 배치를 함께 제공받습니다. 모델은 각 이미지마다 그에 해당하는 텍스트와의 유사성을 최대화하는 동시에, 해당 배치 내의 다른 모든 텍스트와의 유사성을 최소화하도록 학습됩니다.

이 과정은 대조 손실 함수, 구체적으로는 Noise Contrastive Estimation(NCE) 손실을 사용하여 달성됩니다. 모델은 이미지와 상응하는 텍스트 쌍의 임베딩 내적(dot product) 값이 배치 내 다른 이미지-텍스트 쌍의 임베딩 내적 값보다 크게 생성되도록 학습됩니다.

애플리케이션 및 사용

CLIP은 이미지와 텍스트에 대한 정보를 이해하고 생성하는 다양한 작업에 사용할 수 있습니다. 그 예로는 다음과 같은 작업들이 있습니다.

- **제로샷 분류**: 클래스 명칭(class names) 집합과 이미지가 주어진 상황에서, CLIP은 해당 이미지 클래스의 예시를 학습하지 않고도 이미지의 클래스를 예측할 수 있습니다. 이는 이미지의 임베딩과 클래스명의 임베딩을 비교하여 유사도가 가장 높은 클래스를 예측하는 방식으로 수행됩니다.
- **텍스트 to 이미지 합성**: 텍스트 설명이 주어지면, CLIP은 설명에 맞는 이미지를 생성할 수 있습니다.

- **이미지 to 텍스트 합성**: 이미지가 주어지면, CLIP은 이미지에 대한 설명하는 텍스트를 생성할 수 있습니다.
- **크로스 모달 검색**: 특정한 하나의 모달리티(예: 텍스트)로 질의를 입력하면 다른 모달리티(예: 이미지)에서 해당 콘텐츠를 검색할 수 있습니다.

13.2 멀티모달 작업

멀티모달 머신러닝·딥러닝 알고리즘은 다양한 작업 용도로 설계될 수 있습니다. 예를 들어, 환자의 잠재적인 건강 문제를 식별하는 과제를 생각해볼 수 있습니다. 이를 위해 환자의 구조화된 데이터(테이블 데이터), 임상 기록(자연어), 흉부 엑스레이(이미지), 그리고 심장 소리(오디오)를 모두 입력하는 분류 모델을 만들 수 있습니다. 이는 의사가 환자를 진단할 때 모든 정보를 종합적으로 고려하는 방식과 일치합니다. 또한 멀티모달 입력은 텍스트-이미지 연관 작업, 오디오 자막 생성 등과 같은 작업에서도 필수 불가결한 요소입니다. 다음 표는 주요 멀티모달 작업을 보여줍니다[11].

멀티모달 작업

작업	설명	모델
피처 추출	텍스트 시퀀스를 단일 벡터 표현으로 변환합니다. 이는 텍스트 검색, 정보 검색(info retrieval) 또는 기타 다운스트림 작업에 필수입니다.	intfloat/e5-large-v2, facebook/bart-large
텍스트 to 이미지	텍스트 설명을 바탕으로 이미지를 생성합니다.	runwayml/stable-diffusion-v1-5, DALL-E 2
이미지 to 텍스트	이미지에 대한 텍스트 설명을 생성합니다.	openai/clip-vit-large-patch14, nlpconnect/vit-gpt2-image-captioning
텍스트 to 비디오	텍스트 설명을 바탕으로 동영상을 생성합니다.	damo-vilab/text-to-video-ms-1.7b
비주얼 질의 응답	이미지를 기반으로 질의 응답을 진행합니다. 예를 들어 이미지를 제공하고 '사진 속 남성이 몇 명인가요?'와 같은 질의를 하면 응답합니다.	Salesforce/blip-vqa-base
문서 질의 응답	예를 들어, 송장 PDF가 주어졌을 때 송장 번호가 무엇인지 물어볼 수 있습니다.	magorshunov/layoutlm-invoices

---

[11] https://huggingface.co/models

13.2.1 피처 추출

피처 추출은 많은 머신러닝·딥러닝 과정에서 핵심 작업입니다. 텍스트 데이터의 경우 피처 추출은, 텍스트 시퀀스를 단일 벡터 표현으로 변환하여 텍스트의 본질적인 의미와 특성을 포착하는 과정을 의미합니다.

예를 들어, 영화 추천 시스템을 생각해보겠습니다. 여기서 피처 추출 모델은 영화 리뷰(텍스트 데이터)를 벡터 표현으로 변환합니다. 그런 다음 이러한 벡터들을 비교하고 리뷰 내용에 기반하여 영화들 간의 유사성을 판단합니다. 이를 통해 유사한 리뷰를 받은 영화를 추천함으로써, 각 사용자에게 개인별로 커스텀 추천을 제공할 수 있습니다.

여기서는 예제 소스 내 [Ch13] 폴더에 수록된 Chapter13.ipynb의 일부 코드를 설명합니다. 참고로 이 장의 타 코드도 이 파일에 담겨 있습니다. 다음 코드는 facebook/bart-large를 사용하여 입력된 텍스트에서 피처를 추출합니다.

Ch13/Chapter13.ipynb

```
from transformers import BartTokenizer, BartModel

tokenizer = BartTokenizer.from_pretrained('facebook/bart-large')
model = BartModel.from_pretrained('facebook/bart-large')

inputs = tokenizer("Hello, my dog is cute", return_tensors="pt")
print (inputs)
outputs = model(**inputs)

last_hidden_states = outputs.last_hidden_state

# 행렬 차원(shape)은 (batch_size, seq_len, embedding_dim)입니다.
print(last_hidden_states.shape, '\n')
print(last_hidden_states)
```

실행 결과 1

```
{'input_ids': tensor([[    0, 31414,     6,   127,  2335,    16, 11962,     2]]),
'attention_mask': tensor([[1, 1, 1, 1, 1, 1, 1, 1]])}
```

▶ 토큰화된 입력

실행 결과 2

```
torch.Size([1, 8, 1024])
```

▶ last hidden state의 차원(shape)

실행 결과 3

```
tensor([[[ 0.5512,  0.8389, -1.4707,  ...,  1.3124, -0.2047,  0.2392],
         [ 0.5512,  0.8389, -1.4707,  ...,  1.3124, -0.2047,  0.2392],
         [ 0.9143,  0.9399, -1.2426,  ...,  0.9183, -0.1838, -0.9975],
         ...,
         [ 0.2561,  0.2253,  0.4470,  ...,  0.3447,  0.0087,  1.5508],
         [ 0.2077, -1.3086, -1.4295,  ..., -0.2998,  0.1828,  0.4700],
         [-0.4893,  2.5148, -1.5513,  ...,  0.5783,  1.0961,  0.1736]]],
       grad_fn=<NativeLayerNormBackward0>)
```

▶ 입력 텍스트의 벡터 표현

코드를 자세히 살펴보겠습니다.

- 이 코드는 입력 문장 "Hello, my dog is cute"를 벡터 표현으로 변환하는 것을 목표로 합니다.
- 이 벡터 표현 또는 인코딩은 outputs.last_hidden_state 속성(attribute)에서 얻을 수 있습니다.
- last_hidden_state는 BART 모델의 최종 층에서 나온 출력을 제공합니다.
- last_hidden_state의 행렬 차원(shape)은 (1, 8, 1024)입니다.
- 입력 문장 "Hello, my dog is cute"는 길이가 8인 토큰 시퀀스로 토큰화됩니다.
- last_hidden_state의 각 차원은 다음과 같이 해석됩니다.
    - 첫 번째 차원인 batch_size는 한 번에 처리되는 입력 문장의 수를 나타내며 여기서는 값으로 1을 갖습니다.
    - 두 번째 차원인 seq_len은 입력 문장에 있는 토큰의 개수를 나타내며 여기서는 값으로 8을 갖습니다.
    - 세 번째 차원인 hidden_state_size는 모델의 은닉 상태(hidden state) 크기를 나타냅니다. facebook/bart-large 모델의 경우는 1,024의 값을 갖습니다.

13.2.2 텍스트 to 이미지

다음 코드는 모델이 제공된 프롬프트에 따라 이미지를 생성합니다.

Ch13/Chapter13.ipynb

```python
from diffusers import StableDiffusionPipeline
import torch
from PIL import Image
import requests
from io import BytesIO
import matplotlib.pyplot as plt

model_id = "runwayml/stable-diffusion-v1-5"
pipe = StableDiffusionPipeline.from_pretrained(
model_id, torch_dtype=torch.float16)
pipe = pipe.to("cuda")

prompt = "a photo of an cowboy man riding dinosaurs in pacaso style"

# 프롬프트로부터 이미지 생성
image = pipe(prompt,num_inference_steps=900).images[0]
plt.imshow(image)
plt.axis('off')
plt.show()
image.save("man_riding_dinosaurs.png")
```

이 코드를 통해 생성된 이미지는 다음과 같습니다.

그림 13.2 스테이블 디퓨전 모델에 의해 생성된 이미지

▶ 딥러닝 모델은 초기 가중치가 랜덤하게 할당되므로, 실행 시마다 그림 결과가 약간씩 다르게 출력될 수 있습니다.

코드에 대해 자세히 살펴보겠습니다.

- runwayml/stable-diffusion-v1-5 모델은 이미지 생성을 위한 기본 모델로 사용됩니다. 이 모델은 스테이블 디퓨전 모델의 업그레이드된 버전으로, 텍스트 프롬프트를 기반으로 고품질 이미지를 생성할 수 있습니다.
- StableDiffusionPipeline 클래스는 모델이 사용하는 여러 작업 단계를 몇 줄의 코드 작성을 단순화합니다.
- prompt 변수에는 생성하려는 이미지을 묘사하는 텍스트 설명이 담겨 있습니다.
- 추론 스텝 수는 디폴트 값인 50보다 많은 900으로 설정합니다. 일반적으로 추론 스텝 수이 클수록 더 높은 품질의 이미지를 생성할 수 있습니다.
- pipe 함수는 이미지 생성 과정에서 사용하는 여러 파라미터를 제공합니다. 예를 들어, 생성할 이미지의 크기(사이즈)와 같은 설정을 지정할 수 있습니다. 다양한 옵션에 대한 세부 사항은 함수의 공식 문서[12]에서 확인할 수 있습니다.

13.2.3 이미지 to 텍스트

다음 코드 블록은 이미지를 입력하고 모델이 이 이미지에 대한 설명 텍스트를 생성합니다.

Ch13/Chapter13.ipynb

```
from transformers import pipeline

# 실제 코드에서 URL 주소는 한 줄로 수록돼 있습니다.
image_url = (
    'https://raw.githubusercontent.com/bpbpublications/'
    'Building-Transformer-Models-with-PyTorch/main/'
    'chapter8_CVTask/food_image.jpg'
)

image_to_text = pipeline("image-to-text",
                        model="nlpconnect/vit-gpt2-image-captioning")

output=image_to_text(image_url)
```

---

[12] https://huggingface.co/docs/diffusers/main/en/api/pipelines/stable_diffusion/text2img#diffusers.StableDiffusionPipeline

```
response = requests.get(image_url)
img = Image.open(BytesIO(response.content))
if img.mode != "RGB":
    img = img.convert(mode="RGB")

# 이미지 출력
plt.imshow(img)
plt.axis('off')
plt.show()
print(output[0]['generated_text'])
```

다음은 이미지를 입력한 결과로 생성되는 설명 텍스트(캡션)를 이미지와 함께 보여줍니다. 출력된 설명 텍스트, 즉 캡션은 입력 사진 이미지에 대해 상당히 정확한 묘사를 하고 있습니다.

a plate of food with rice, beans, and vegetables
(쌀밥에 콩과 채소가 담긴 음식 한 접시)

그림 13.3 모델 캡션 출력

13.2.4 비주얼 질의 응답

다음은 이미지와 관련 질의를 입력해서, 모델이 그 질의에 대한 대답을 생성하는 코드입니다. [그림 13.3] 이미지를 모델에 입력하고, 관련 질의로는 'Is there rice in the plate?(접시 위에 밥이 있나요?)'를 입력합니다.

```python
import requests
from PIL import Image
from transformers import BlipProcessor, BlipForQuestionAnswering

# 프로세스 및 모델 인스턴스화
processor = BlipProcessor.from_pretrained("Salesforce/blip-vqa-base")
model = BlipForQuestionAnswering.from_pretrained(
    "Salesforce/blip-vqa-base").to("cuda")

# 비주얼 질의 응답용 이미지가 수록된 URL로 실제 코드에는 한 줄로 작성
image_url = (
    'https://raw.githubusercontent.com/bpbpublications/'
    'Building-Transformer-Models-with-PyTorch/main/'
    'chapter8_CVTask/food_image.jpg'
)

# URL에 이미지를 요청(Request) 후 RGB로 변환
raw_image = Image.open(
    requests.get(image_url, stream=True).raw).convert('RGB')

# 물어볼 질의 내용
question = "Is there rice in the plate?"

# 입력을 모델에 맞게 준비
# 원본 이미지와 질의를 입력하고, 파이토치 텐서로 출력해 결과를 GPU로 전송
inputs = processor(raw_image, question, return_tensors="pt").to("cuda")

# 모델을 사용해 대답 생성
out = model.generate(**inputs)

# 위 출력에서 특수 토큰을 제외하고, 디코딩 작업 수행
answer = processor.decode(out[0], skip_special_tokens=True)

# 대답 출력
print(f"The answer to your question is :{answer}")
```

실행 결과

```
The answer to your question is: yes
(질의에 대한 답변은 '예'입니다.)
```

모델이 우리의 질의에 정확하게 답변하는 것을 확인할 수 있습니다.

이번 장에서는 멀티모달 트랜스포머 모델 탐색을 통해 다양한 데이터 타입과 복잡한 작업을 처리할 수 있는 모델의 잠재력을 확인할 수 있었습니다. 텍스트 데이터에 대한 피처 추출, 텍스트 to 이미지, 이미지 to 텍스트, 비주얼 질의 응답 모델 등 다양한 기술을 사용하여 트랜스포머 모델의 다재다능한 범용성과 견고함을 살펴봤습니다.

또한 본문 설명이나 이 장의 예시 코드에서 BART, 스테이블 디퓨전, ViT-GPT2, BLiP-VQA와 같은 모델을 통해 트랜스포머 모델이 텍스트 및 이미지 콘텐츠를 효율적으로 이해하고 생성할 수 있음을 시연했으며, 이는 인공 일반 지능(AGI)을 향한 중요한 발전을 의미합니다.

다만 이러한 모델이 계속 진화하고 발전함에 따라, 높은 계산 비용을 부담해야 하고 세밀한 작업 처리가 요구되는 등의 문제점을 야기한다는 점은 유의해야 합니다. 그럼에도 불구하고 이 분야의 추가적인 개선과 혁신적인 애플리케이션의 잠재력은 막대하기 때문에, 멀티모달 트랜스포머는 AI 연구 개발의 흥미로운 영역으로 계속 남아 있을 것입니다.

CHAPTER

14

트랜스포머 강화 학습

14.1 _ 강화 학습
14.2 _ 강화 학습용 파이토치 테크닉(모델)
14.3 _ 강화 학습 수행 방법
14.4 _ 강화 학습용 트랜스포머

강화 학습(Reinforcement learning, RL)은 머신러닝의 하위 분야로, 에이전트가 환경 내에서 누적 보상을 최대화하는 방법에 초점을 맞춥니다. 본질적으로는 이전 행동의 결과에 기반하여 결정을 내리는 방법을 학습하는 것을 의미합니다. 전통적으로 강화 학습은 여러 알고리즘과 합성곱 신경망(CNN), 순환 신경망(RNN)과 같은 다양한 신경망 아키텍처와 밀접하게 연관되어 왔습니다. 이러한 접근법은 로봇 공학, 게임 이론, 순차적 의사결정 작업과 같은 분야에서 상당한 성공을 거두었습니다.

최근에는 트랜스포머 아키텍처가 강화 학습 작업에 사용되고 있습니다. 그 중 하나는 Decision 트랜스포머로, 강화 학습을 경로(trajectory) 순위를 매기는 문제로 재구성해서 전통적인 행동-가치(action-value) 기반 방법에서 벗어나 최적 경로를 직접 추정하는 방식으로 접근법을 전환시킵니다. 또 다른 새로운 모델은 Trajectory 트랜스포머로, 트랜스포머의 시퀀스 데이터 이해 능력을 활용하여 미래의 상태, 행동, 보상 시퀀스를 예측함으로써 강화 학습의 효율성을 향상시킵니다.

이러한 강화 학습 연구 분야에서 강화 학습 원리과 트랜스포머의 상호작용을 통해 정교하고 효율적이며 적응력이 뛰어난 머신러닝·딥러닝 시스템을 만들어낼 수 있게 되었고, 이를 통해 더 나은 성능을 이끌어내고 있습니다. 이 장에서는 이러한 기술들의 통합, 도전 과제, 기회 및 향후 전망에 대해 자세히 살펴보겠습니다.

이 장의 목표는 강화 학습의 기초와 파이토치에서 가장 많이 사용되는 툴 및 강화 학습 모델 구축 과정을 이해하는 것입니다. Gym, Stable-baselines3, Yfinance와 같은 툴을 사용하여 데이 트레이딩 모델 개발 과정을 단계별로 안내할 것입니다. 또한 강화 학습용 트랜스포머 아키텍처에 대해서도 소개합니다. 그리고 강화 학습에서 사용되는 두 가지 중요한 트랜스포머 아키텍처인 Decision 트랜스포머와 Trajectory 트랜스포머에 대해 설명합니다.

시스템 요구 사항

예제 소스로 'Ch7/RL.inpyb' 파일을 제공합니다만 구체적인 코드 언급은 생략합니다. 해당 파일을 실행하려면 다음처럼 필요한 패키지를 설치하면 됩니다.

```
!pip install gym
!pip install pandas
!pip install yfinance
```

```
!pip install stable-baselines3
!pip install shimmy
```

14.1 강화 학습

강화 학습은 에이전트가 특정 행동을 취하고 그 행동의 결과나 피드백을 관찰함으로써 환경에서 어떻게 행동해야 하는지를 학습하는 머신러닝의 한 유형입니다. 주식 포트폴리오 관리 예제를 통해 이를 설명해보겠습니다.

여러분이 주식 포트폴리오를 관리하는 상황을 상상해보겠습니다. 이 상황에서 여러분은 포트폴리오 매니저(에이전트)로서 주식 시장이라는 복잡한 환경과 상호작용하며 주식 매수, 매도, 혹은 보유 같은 결정을 내립니다. 이러한 환경에는 테크니컬 데이터, 펀더멘털 데이터, 최신 뉴스, 그리고 전반적인 시장 동향 등 다양한 정보가 존재합니다.

환경의 상태에 따라 어떤 선택(행동)이 좋은 결과(예: 주식 매도로 수익을 얻거나 배당금을 받는 경우)로 이어지면 이는 좋은 선택으로 간주되며 이후 유사한 상황에서도 이 행동을 반복해야 합니다. 그러나 어떤 선택이 나쁜 결과(예: 주식 가치가 크게 하락하거나 수익 창출 기회를 놓치는 경우)를 초래하면 나쁜 선택으로 간주되어 앞으로는 피해야 합니다. 강화 학습은 이러한 환경 상태에 따라 최적의 결정을 내리고 가장 많은 보상을 얻을 수 있는 최적의 전략이나 정책을 학습하는 방법입니다.

강화 학습에서 강화(reinforcement)란 환경으로부터 받는 피드백, 즉 보상과 처벌을 의미합니다. 긍정적 보상은 해당 결과를 유발한 행동을 강화하여 에이전트가 앞으로 그러한 행동을 반복하도록 장려합니다. 부정적인 보상(또는 처벌)은 그러한 결과를 유발한 행동을 억제합니다. 시간이 지남에 따라 에이전트는 수많은 시행착오를 통해 해당 환경에서 좋은 성과를 낼 수 있는 최적의 전략이나 정책을 학습하게 됩니다.

강화 학습은 주요 개념은 다음과 같습니다.

- **에이전트**(agent): 학습자 또는 의사 결정자입니다.
- **환경**(environment): 에이전트가 작동하는 컨텍스트(맥락) 또는 실제 세계입니다.

- **행동(actions)**: 에이전트가 취할 수 있는 조치를 의미합니다.
- **상태(states)**: 에이전트가 처한 상황으로, 이는 이전 행동의 결과물입니다.
- **보상(reward)**: 에이전트가 각 행동에 대해 받는 피드백으로, 에이전트의 목표는 시간이 지남에 따라 누적 보상을 극대화하는 정책을 학습하는 것입니다.

따라서 강화 학습에서는 에이전트는 상태별로 취해야 하는 대응 행동을 정책으로 학습하며, 이 정책은 기대되는 보상의 합을 최대화하는 것을 목표로 합니다.

14.2 강화 학습용 파이토치 테크닉(모델)

여기서는 강화 학습을 위한 파이토치의 몇 가지 중요 기술에 대해 설명합니다.

14.2.1 Stable Baseline3

Stable Baselines3(SB3)는 파이토치에서 최신 강화 학습 알고리즘을 고품질로 구현한 오픈소스 라이브러리입니다. 이는 텐서플로로 구축된 Stable Baselines와 Stable Baselines2의 후속 버전입니다.

Stable Baselines3의 목표는 통합된 구조와 표준화된 코드를 통해 신뢰할 수 있는 강화 학습 알고리즘을 한 번에 실행하게 하는 것입니다. 이 알고리즘은 공통 인터페이스를 통해 제공되기 때문에 사용하기 쉽고 이해하기도 용이합니다.

이 라이브러리에는 PPO(Proximal Policy Optimization), SAC(Soft Actor-Critic), A2C(Advantage Actor-Critic), TD3(Twin Delayed DDPG) 등 널리 사용되는 여러 강화 학습 알고리즘들이 포함되어 있습니다.

14.2.2 Gymnasium

Gymnasium은 OpenAI의 Gym 라이브러리에서 분기되어 발전한 것으로, 강화 학습 알고리즘을 개발하고 비교할 수 있도록 하는 무료 파이썬 라이브러리입니다. 이 라이브러리는 학습 알고리즘과 환경 간의 통신을 가능하게 하는 표준 API를 구축하며, 이 API와 호환되는 일련의 환경을 제공합니다.

Gymnasium은 로봇 공학, 고전적인 제어 작업, 컴퓨터 게임 등의 시뮬레이션을 포함하여 강화 학습 에이전트를 훈련하고 테스트하기 위한 다양한 사전 정의 환경을 제공합니다.

다음은 주요 구성 요소에 대한 설명입니다. 참고로 Gymnasium은 OpenAI의 Gym 라이브러리에서 분기되었기 때문에 기본적으로 Gym의 기능을 포괄하고 있습니다.

> 일반적으로 영문 Gymnasium은 '짐네이지엄'이라고 발음합니다.

- **환경(environments)**: OpenAI의 Gym은 강화 학습 에이전트가 해결해야 하는 다양한 문제를 시뮬레이션하는 대규모 환경 집합(Set)을 제공합니다. 이러한 환경은 통합 API를 준수하므로 다양한 시나리오에 적용할 수 있는 일반 알고리즘을 쉽게 개발할 수 있습니다. 환경은 장대 균형 잡기(CartPole) 또는 산악 자동차 제어와 같은 간단한 작업부터 아타리 비디오 게임, 2D 및 3D 미로 탐색, 그리고 바둑이나 체스와 같은 보드 게임까지 다양하게 제공됩니다.
- **공간(spaces)**: 각 Gym 환경에는 행동 공간(action_space)과 관찰 공간(observation_space)이 포함되어 있습니다. 이 공간들은 에이전트의 행동과 관찰의 형태(Form)를 정의합니다. 예를 들어, CartPole 환경에서 관찰 공간은 카트와 장대의 위치 및 속도를 나타내고, 행동 공간은 카트에 가해지는 힘을 나타냅니다.
- **스텝(steps)**: 각 환경에서 에이전트는 step() 함수를 호출하여 한 단계씩 진행합니다. 이 함수는 네 가지 값을 반환합니다. '새로운 관찰', '보상', 'done 플래그'(에피소드 종료 여부 표시), 그리고 '추가 정보'(디버깅 참조 자료)가 그것입니다.
- **작업(tasks)**: 각 환경은 에이전트가 달성해야 할 작업 또는 목표를 갖고 있습니다. 예를 들어, CartPole 환경에서는 카트 위에서 장대를 가능한 오래 균형 있게 유지하는 것이 목표입니다.
- **벤치마킹**: OpenAI Gym은 벤치마킹 툴을 제공하여 동일한 작업에 대해 서로 다른 여러 알고리즘의 성능을 비교할 수 있습니다.

14.3 강화 학습 수행 방법

Gym과 Stable Baselines3를 사용하여 강화 학습을 수행하는 방법을 알아보겠습니다. 다음은 주식시장 거래에서의 강화 학습 개요입니다.

- **목표**: 강화 학습을 활용한 데이 트레이딩 모델 개발
- **사용 툴**: Gym, Stable-baselines3, Yfinance

- **방법**: 환경에서 지난 6일 동안의 Apple 주가를 통합합니다. 우리의 작업은 다음과 같은 정책을 개발하는 것입니다.
  - 주식을 언제 매수, 보유 또는 매도할지 결정
  - 매수 또는 매도할 주식의 수량 결정
- **보상**: 행동(action)을 취한 후 발생한 포트폴리오의 가치가 보상으로 주어집니다.
- **솔루션**: 예제 소스 내 'Ch14/RL.ipynb' 파일에서 모델 개발과 추론을 포함한 온전한 솔루션을 제공합니다.
- **연습**: 복수의 주식을 처리하도록 모델을 개선합니다. 이를 위해 '방법' 항목에서 소개한 두 정책을 수립합니다.

14.4 강화 학습용 트랜스포머

강화 학습용 트랜스포머 아키텍처에는 Decision 트랜스포머와 Trajectory 트랜스포머 이렇게 두 가지가 있습니다. 하나씩 살펴보도록 하겠습니다.

14.4.1 Decision 트랜스포머

Decision 트랜스포머는 일반적인 강화 학습 방법과는 다른 접근 방식을 사용합니다. 이 트랜스포머는 시스템에 가장 많은 보상을 얻기 위해 (일반적으로 가치 함수를 통해) 최선의 행동을 선택하는 방법을 학습하는 대신, 원래의 문제를 시퀀스 모델링 문제로 재구성합니다. 특정 목표(원하는 보상 결과)와 과거 행동 및 상태에 대한 정보가 주어지면 그 목표에 도달하기 위해 다음에 어떤 행동을 취해야 할지를 예측합니다. 다음 그림에 Decision 트랜스포머의 예시인 Causal 트랜스포머 구조가 나와 있습니다.

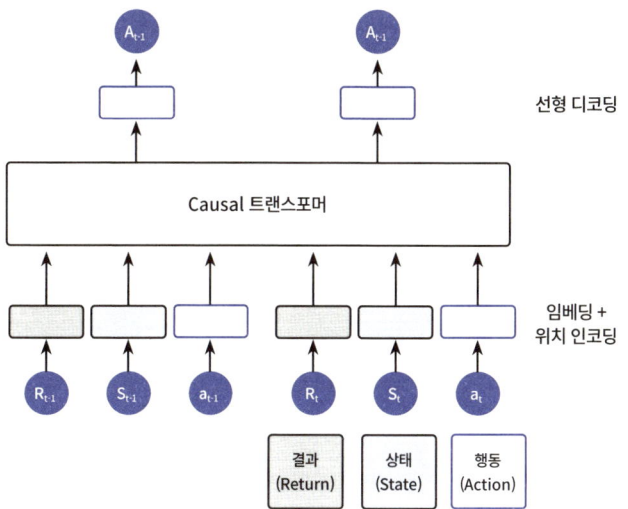

그림 14.1 Causal 트랜스포머

주요 요소는 다음과 같습니다.

- **입력**: Decision 트랜스포머의 입력은 Return(R_t), State(S_t), Action(a_t) 튜플로 구성됩니다. 이를 RSA 튜플로 부르겠습니다. 가장 최근의 K-step RSA(Return, State, Action) 튜플이 시퀀스로 제시되고 연속형 벡터 표현으로 변환하기 위해 임베딩됩니다.
    - ▶ 튜플(tuple)은 변경할 수 없는 데이터 묶음으로 여러 개의 값을 쉼표(,)로 구분한 채 괄호로 감싸서 생성합니다.
- **위치 인코딩**: 이는 입력 시퀀스 내에서 RSA 튜블 요소의 상대적 위치를 담아냅니다.
- **트랜스포머 층**: GPT-2 모델은 자기회귀(Autoregressive) 방식으로 입력을 처리합니다.
- **출력 선형 층**: Decision 트랜스포머 구조의 마지막은 선형 층으로 이어집니다. 이 층은 트랜스포머의 최종 디코더 층을 행동 공간(Action space)에 매핑하여 의도한 결과 목표를 달성하기 위한 행동 시퀀스를 생성합니다.

참고로 각주에 첨부해둔 튜토리얼 링크[13]를 참조하여 나만의 Decision 트랜스포머를 학습할 수 있습니다.

---

[13] https://huggingface.co/blog/train-decision-transformers

14.4.2 Trajectory 트랜스포머

Trajectory 트랜스포머[14]는 강화 학습 작업을 시퀀스 학습 문제로 접근한다는 점에서 Decision 트랜스포머와 유사합니다. 그러나 행동, 보상, 상태를 시퀀스로 표현하는 방식 관점에서 중요한 차이점이 있습니다. 이제 Trajectory 트랜스포머의 세부 사항을 살펴보겠습니다. 다음 그림에 Trajectory 트랜스포머 아키텍처가 나와 있습니다. 이 트랜스포머 모델은 GPT와 유사한 구조를 사용하며, 4개의 디코더 층으로 구성됩니다.

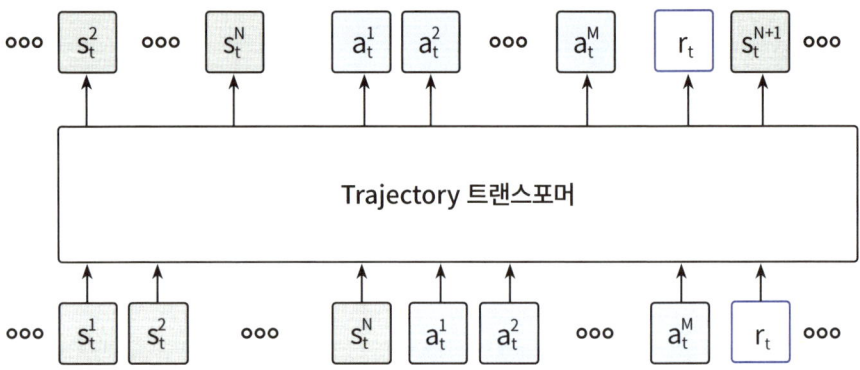

그림 14.2 Trajectory 트랜스포머

입력

Trajectory는 τ(그리스 문자 '타우')로 표기되는데 T개의 상태, 행동, 보상으로 구성된 시퀀스입니다. 이 시퀀스는 다음과 같이 표현할 수 있습니다.

$$\tau = (s_1, a_1, r_1, s_2, a_2, r_2, \cdots, s_T, a_T, r_T)$$

여기서 상태와 행동은 독립적으로 이산화 처리돼 있습니다. 주어진 상태가 N차원, 행동이 M차원일 때, Trajectory τ는 길이가 T(N + M + 1)인 시퀀스로 변환됩니다.

$$\tau = \{\cdots, s_1^t, s_2^t, \cdots, s_N^t, a_1^t, a_2^t, \cdots, a_M^t, r^t, \cdots\}$$
$$for\ t = 1, \cdots, T$$

---

[14] https://arxiv.org/pdf/2106.02039.pdf

여기서 각 토큰의 아래 첨자는 타임 스텝(Timestep)를 나타내고, 상태와 행동에 표기된 위 첨자는 각각의 차원을 나타냅니다. 예를 들어, 주어진 단계에서 상태는 $s^1, s^2, \cdots, s^N$으로 표시되는 N 차원에 걸쳐 있고, 행동은 M 차원 공간을 차지합니다.

출력

이 모델은 자기회귀(Autoregressive) 모델이며 상태, 행동, 보상으로 구성된 시퀀스를 출력합니다. Trajectory 트랜스포머에 대해 더 자세히 알아보려면 각주에 표기된 깃허브 URL[15]을 참조하기 바랍니다.

결론적으로 강화 학습용 트랜스포머는 복잡한 의사 결정 작업을 처리하는 데 범용적이고 강력한 접근법을 제공합니다. 트랜스포머를 활용한 강화 학습은 여전히 탐색 단계에 있지만, Decision 트랜스포머와 Trajectory Transforer와 같은 알고리즘은 그 잠재력을 크게 인정받고 있습니다. 장차 기술이 발전하고 더 효율적인 알고리즘이 개발됨에 따라, 강화 학습은 인공지능의 영역에서 더 확고한 영역을 차지할 것으로 보입니다.

---

[15] https://github.com/jannerm/trajectory-transformer

CHAPTER

15

모델 내보내기, 서빙, 배포

15.1 _ 프로젝트 10: 모델 내보내기 및 직렬화
15.2 _ ONNX 포맷으로 모델 내보내기
15.3 _ FastAPI로 모델 서빙하기
15.4 _ 모바일 디바이스에서 파이토치 모델 서빙하기
15.5 _ AWS에서 허깅페이스 트랜스포머 모델 배포하기

이번 장에서는 머신러닝·딥러닝 라이프사이클에 대해 알아보며, 특히 모델의 직렬화(serialization), 내보내기(export) 및 배포(deployment)에 중점을 둡니다. 이러한 개념들이 중요한 이유는, 모델이 아무리 정교하게 설계되어도 애플리케이션에서 실시간 예측이 가능하도록 효과적으로 배포되지 않으면 효용 가치가 없기 때문입니다.

따라서 이 장의 목적은 머신러닝·딥러닝 모델 배포에 대한 이해를 제공하는 것이며, 특히 파이토치 모델에 초점을 맞춥니다. 여기에는 파이토치 모델을 저장, 불러오기, ONNX(Open Neural Network Exchange)와 같은 상호 호환성을 갖춘 형식으로 내보내기(Export)를 설명하고 파이토치 스크립트와 피클(Pickle) 사용법도 알아봅니다. 또한 FastAPI를 활용한 모델 서빙 방법, 모바일 장치에서 파이토치 모델을 서빙하는 방법, 그리고 다양한 AWS 서비스를 사용하여 허깅페이스 트랜스포머 모델 배포 방법을 다룹니다. 이를 통해 여러분은 원하는 요구 사항과 제약에 맞춰 모델을 효율적으로 내보내고, 서빙 및 배포하는 데 필요한 지식과 툴을 갖추게 됩니다.

시스템 요구 사항

실습을 위해 필요한 다음의 패키지를 설치합니다.

```
!pip install transformers
!pip install datasets
!pip install torch
!pip install torchtext
!pip install onnx
!pip install onnxruntime
!pip install optimum
!pip install fastapi[all]
!pip install uvicorn[standard]
```

15.1 프로젝트 10: 모델 내보내기 및 직렬화

모델 내보내기는 학습된 머신러닝·딥러닝 모델을 원래의 학습 환경에서 분리하여 독립적으로 사용할 수 있는 포맷으로 변환하는 프로세스를 말합니다. 이 포맷은 단순한 바이너리 파일, 가중치 집합 또는 ONNX나 파이토치 스크립트보다 구조화된 포맷일 수 있습니다. 반면에 모델 직렬화는 모델을 네트워크를 통해 저장하거나 전송할 수 있는 형식으로 변환한 다음, 원래 모델 구조로 다시 재구성 또는 역직렬화(deserializing)를 수행하는 과정을 의미합니다.

모델 내보내기 및 직렬화를 위한 형식에는 ONNX, 파이토치 스크립트, 피클(Pickle) 등 다양한 형식이 있습니다. ONNX는 모델을 표현하기 위한 플랫폼과 독립적인 포맷을 제공하며, 파이토치, 텐서플로, MXNet 등 다양한 딥러닝 프레임워크에서 사용할 수 있습니다.

> ▶ MXNet은 아마존이 개발한 딥러닝 프레임워크로, 대규모 딥러닝 모델을 빠르게 학습시키고 배포할 수 있도록 지원합니다. 특히 다중 GPU 및 분산 학습에 강점을 가지고 있습니다.

파이토치 스크립트는 파이토치 모델을 파이썬의 하위 집합으로 변환하여 직렬화하는 방법을 제공하며, 피클은 직렬화 및 역직렬화를 위한 표준 파이썬 툴입니다. 다음 섹션에서는 파이토치 형식과 ONNX 포맷의 모델 내보내기에 대해 설명합니다.

15.1.1 파이토치 모델 내보내기 및 불러오기

파이토치 모델을 저장하고 불러오는 방법으로, 다음과 같은 세 가지 핵심 함수를 사용할 수 있습니다.

torch.save

파이썬의 피클 유틸리티를 사용하여 직렬화된 객체를 디스크에 저장할 수 있는 함수입니다. 이는 다양한 객체가 포함된 모델, 텐서, 딕셔너리를 처리할 수 있으며, 전체 모듈을 저장하거나 모듈의 state_dict만 저장할 수도 있습니다.

파이토치에서 `state_dict`는 기본적으로 모델의 각 층을 해당 파라미터(텐서)에 매핑하는 파이썬 딕셔너리 객체입니다. 학습 가능한 파라미터(합성곱 층, 선형 층 등)와 등록된 버퍼(batchnorm의 running mean 등)가 있는 층만 모델의 `state_dict`에 입력 항목을 가집니다.

> ▶ batchnorm은 신경망 학습 중 각 배치의 값 분포를 정규화하는 층입니다. running mean은 batchnorm에서 배치별 평균을 누적하여 계산한 평균값으로 테스트 단계에서 사용됩니다.

옵티마이저도 `state_dict` 항목을 가지며, 여기에는 옵티마이저의 상태 정보와 사용된 하이퍼파라미터가 포함됩니다.

torch.load

피클의 언피클링(unpickling) 기능을 활용하여 피클 처리된 객체 파일을 다시 메모리로 역직렬화하여 불러오는 함수입니다.

torch.nn.Module.load_state_dict

직렬화된 `state_dict`를 사용하여 모델의 파라미터 딕셔너리를 불러오는 데 사용하는 함수입니다. 다음 예시를 통해 자세히 살펴보겠습니다. 다음은 'Ch15/Chapter15.ipynb'의 일부 코드를 설명합니다.

먼저 간단한 CNN 모델을 선언합니다.

Ch15/Chapter15.ipynb
```
import torch
import torch.nn as nn
import torch.nn.functional as F


class SimpleCNN(nn.Module):
    def __init__(self):
        super(SimpleCNN, self).__init__()
        # 입력 이미지 채널 3(RGB), 출력 이미지 채널 6, 5x5 커널
        self.conv1 = nn.Conv2d(3, 6, 5)
        self.pool = nn.MaxPool2d(2, 2)
        self.conv2 = nn.Conv2d(6, 16, 5)
        self.fc1 = nn.Linear(16 * 5 * 5, 120)   # 5*5 이미지 차원 포함
        self.fc2 = nn.Linear(120, 84)
        self.fc3 = nn.Linear(84, 10)   # 출력으로 10개의 클래스를 상정

    def forward(self, x):
        x = self.pool(F.relu(self.conv1(x)))
        x = self.pool(F.relu(self.conv2(x)))
        x = x.view(-1, 16 * 5 * 5)   # 완전 연결 층 연결 전에 텐서 차원 변경
        x = F.relu(self.fc1(x))
        x = F.relu(self.fc2(x))
        x = self.fc3(x)
        return x
```

```python
# 모델 인스턴스화
model = SimpleCNN()
```

state_dict를 저장할 때 model.state_dict() 메서드를 사용하여 모델의 학습 가능한 파라미터를 저장합니다. 이 과정에서 모델의 조절(튜닝) 가능한 파라미터만 저장된다는 점에 유의하기 바랍니다.

Ch15/Chapter15.ipynb
```python
# 모델의 state_dict 저장
torch.save(model.state_dict(), "simple_cnn_state_dict.pt")
```

state_dict를 출력할 때는, state_dict를 불러오기 전에 반드시 모델 객체를 선언해야 합니다. 왜냐하면 simple_cnn_state_dict.pt 파일은 모델 클래스와 연결된 정보가 없기 때문입니다. 또 모델을 추론에 사용하기 전에 반드시 model.eval()을 호출해야 합니다. 그렇지 않으면 평가 수행 시 일관성 없는 결과가 나타날 수 있습니다. 다음 코드를 참조하세요.

Ch15/Chapter15.ipynb
```python
# 새로운 모델 객체 생성
model2 = SimpleCNN()

# state_dict를 모델로 불러오기
model2.load_state_dict(torch.load("simple_cnn_state_dict.pt"))
model2.eval()

# 모델의 state_dict 출력
print("Model's state_dict:")
for param_tensor in model2.state_dict():
    print(param_tensor, "\t", model.state_dict()[param_tensor].size())
```

실행 결과
```
Model's state_dict:
conv1.weight             torch.Size([6, 3, 5, 5])
conv1.bias               torch.Size([6])
conv2.weight             torch.Size([16, 6, 5, 5])
```

```
conv2.bias                      torch.Size([16])
fc1.weight                      torch.Size([120, 400])
fc1.bias                        torch.Size([120])
fc2.weight                      torch.Size([84, 120])
fc2.bias                        torch.Size([84])
fc3.weight                      torch.Size([10, 84])
fc3.bias                        torch.Size([10])
```

우리가 해결해야 할 핵심 질문은 '왜 전체 모델이 아닌 state_dict를 저장하는 것이 표준 관행인가' 하는 것입니다. 여기에는 다음과 같은 이유가 있습니다.

- **범용성**: state_dict는 파이썬 딕셔너리 객체이므로 관리하기 쉽고, 필요시 해석하거나 수정하기도 용이합니다. 이를 통해 다른 모델에 파라미터를 입력하기 전에 해당 파라미터 값을 자유롭게 변경할 수 있습니다.
- **디바이스 호환성**: state_dict는 원래 저장된 위치와 관계없이 모든 디바이스에 불러올 수 있습니다. 따라서 모델의 이식성(portability)과 공유가 용이합니다.
- **저장 공간의 효율성**: 일반적으로 state_dict는 모델 가중치만 갖고 있어서 전체 모델 구조를 저장하는 것보다 디스크 공간을 덜 차지합니다.
- **모델 자율성(autonomy)**: state_dict를 저장하면 동일한 클래스에 속하지 않더라도 유사한 구조를 가진 모델을 구성할 수 있는 선택권이 생깁니다. 이는 전이 학습과 같은 시나리오에서 유리합니다.

15.1.2 여러 모델 저장

복잡한 모델은 여러 신경망으로 구성될 수 있습니다. 예를 들어, 생성적 적대 신경망(GAN)은 생성자(generator)와 판별자(discriminator)라는 두 개의 독립된 네트워크로 구성됩니다. 이러한 경우 전체 모델을 하나의 딕셔너리로 저장하는 것이 좋습니다. 이를 구현하는 방법은 다음과 같습니다.

▶ 다만 다음에 나오는 두 코드 블록은 예시 코드로, 원래의 'Ch15/Chapter15.ipynbs' 파일에는 수록되지 않습니다. 독자 편의를 위해 역자가 추가로 기록해두었으나 해당 노트북 파일의 타 코드와 연동되어 작동하지는 않음에 유의하기 바랍니다.

Ch15/Chapter15.ipynbs

```
torch.save({'first_model_state': model1.state_dict(),
            'second_model_state': model2.state_dict(),
            'first_optimizer_state': optimizer1.state_dict(),
            'second_optimizer_state': optimizer2.state_dict(),
            # ...(기타 states 추가 가능)...
            }, file_path)
```

모델을 메모리로 다시 불러옵니다.

Ch15/Chapter15.ipynbs

```
# 모델 및 옵티마이저 초기화
model1 = Model1Class(*args, **kwargs)
model2 = Model2Class(*args, **kwargs)
optimizer1 = Optimizer1Class(*args, **kwargs)
optimizer2 = Optimizer2Class(*args, **kwargs)

# 파일로부터 states 불러오기
saved_states = torch.load(file_path)
model1.load_state_dict(saved_states['first_model_state'])
model2.load_state_dict(saved_states['second_model_state'])
optimizer1.load_state_dict(saved_states['first_optimizer_state'])
optimizer2.load_state_dict(saved_states['second_optimizer_state'])

# eval 모드나 train 모드로 변경
model1.eval()   # 혹은 model1.train()
model2.eval()   # 혹은 model2.train()
```

15.2 모델 ONNX 포맷으로 모델 내보내기

ONNX는 머신러닝과 딥러닝 모두에서 AI 모델을 위한 오픈소스 포맷을 제공합니다. 여기에는 확장 가능한 계산 그래프 모델과 내장 연산자 및 표준 데이터 타입의 정의가 포함되어 있습니다.

ONNX의 주요 장점은 다음과 같습니다.

- **호환성**: ONNX는 파이토치, 텐서플로, MXNet과 같은 다양한 프레임워크와 NVIDIA의 TensorRT와 같은 툴을 지원합니다. 특정 프레임워크에서 모델을 학습하고 이를 ONNX로 내보낸 다음 다른 프레임워크에서 추론을 위해 사용할 수 있습니다.
- **이식성(portability)**: ONNX 포맷의 모델은 강력한 GPU가 탑재된 클라우드 기반 서버부터 휴대폰, IoT 디바이스와 같은 엣지 디바이스까지 다양한 플랫폼에 배포할 수 있습니다.
- **성능**: ONNX 런타임과 같은 일부 런타임은 계산 그래프의 실행을 최적화하여 성능을 향상시킬 수 있습니다.

파이토치 모델을 ONNX 포맷으로 내보내려면 torch.onnx.export 함수를 사용하면 됩니다. 다음 코드는 ONNX 모델을 내보내고 추론에 사용하는 예시입니다. 여기부터는 'Ch15/Chapter15.ipynb' 파일의 일부 코드를 설명합니다.

모델을 ONNX 포맷으로 내보내기를 할 때는 모델이 예상하는 입력과 일치하는 더미 입력을 제공해야 합니다. 더미 입력을 통해서 모델은 입력 텐서의 행렬 차원과 데이터 타입을 추론할 수 있으며, 이는 내보내진 ONNX 그래프에서 메타데이터로 사용됩니다. 이를 통해 ONNX 런타임은 모델이 어떤 형태와 타입의 입력을 기대하는지 이해할 수 있습니다.

Ch15/Chapter15.ipynb

```
# 추론
import onnxruntime
import numpy as np

ort_session = onnxruntime.InferenceSession('model.onnx')

# ONNX 런타임 출력 예측
ort_inputs = {
    ort_session.get_inputs()[0].name: np.random.randn(
        1,3,224,224).astype(np.float32)}
ort_outs = ort_session.run(None, ort_inputs)
```

참고로 실제 Chapter15.ipynb 파일에는 ONNX에서 내보내기 및 허깅페이스 모델을 사용하는 추가 예제를 제공합니다.

15.3 FastAPI로 모델 서빙하기

FastAPI는 Python 3.6+와 표준 파이썬 타입 힌트(type hints)를 기반으로 한 현대적이고 빠른 고성능 웹 프레임워크로, API를 구축하기 위해 개발되었습니다. 플라스크(Flask)와 장고(Django) 같은 기존의 파이썬 프레임워크에 비해 효율적인 대안으로, 성능이 더 뛰어나고 간단한 문법을 제공합니다.

▶ Python 3.6부터 도입된 타입 힌트는 함수의 파라미터와 리턴 값의 데이터 타입을 명시적으로 지정할 수 있는 기능입니다.

FastAPI는 파이썬의 타입 체킹(checking) 기능을 활용하여 코드를 더 견고하게 만들고 디버깅을 간소화합니다. 또한 RESTful API를 자주 사용하는 최신 프론트엔드 자바스크립트 프레임워크와도 호환하도록 설계되었습니다.

FastAPI의 주요 기능으로는 자동 인터랙티브 API 도큐멘테이션, Pydantic 모델을 사용한 내재적 검증, JWT 토큰과 패스워드 해싱(hassing)를 지원하는 OAuth2, 그리고 CORS 핸들링 및 사용자 정의가 가능한 커스텀 예외 처리 등이 있습니다. 또한 비동기 처리에 적합하며, WebSocket과 기타 웹 프로토콜을 사용할 수 있습니다.

> **용어 정리**
>
> - **Pydantic 모델**: 데이터 유효성을 검사하고 구조화하는 모델로, FastAPI에서 입력 데이터 검증에 사용됩니다.
> - **OAuth2**: 인증 프로토콜로, 사용자가 안전하게 로그인하고 접근 권한을 얻을 수 있습니다.
> - **JWT 토큰**: JSON Web Token의 약자로, 인증 정보를 안전하게 저장하고 전송하는 토큰 형식이며 주로 로그인 후 사용자 세션을 유지하는 데 사용됩니다.
> - **패스워드 해싱**: 비밀번호를 안전하게 저장하기 위해 비밀번호를 해시 함수로 변환하는 과정을 의미합니다. 즉, 평문(plain text) 비밀번호를 고정된 길이의 복잡한 문자열로 변환하여 이를 저장소에 저장하는 방식입니다.
> - **CORS 핸들링**: 다른 출처의 웹사이트가 API에 접근할 수 있도록 허용하거나 제한하는 방식입니다.
> - **WebSockets**: 서버와 클라이언트 간 실시간 양방향 통신을 가능하게 하는 프로토콜입니다.

15.3.1 FastAPI의 장점

FastAPI의 장점은 다음과 같습니다.

- **빠른 성능**: FastAPI는 현존하는 가장 빠른 파이썬 프레임워크입니다. 전통적인 프레임워크보다 빠르며 NodeJS 및 Go와 경쟁할 수도 있습니다.
- **간편한 코딩**: FastAPI는 파이썬 타입 힌트와 Pydantic 모델을 사용하여 API 스키마를 쉽게 정의하고, 각종 요청(request) 데이터를 검증할 수 있고 추출하기 쉽습니다.
- **자동 API 다큐멘테이션**: FastAPI는 인터랙티브한 API 다큐멘테이션 사용자 인터페이스(UI)를 자동으로 생성하여 개발자와 사용자가 API를 더 쉽게 이해하고 사용하도록 합니다.
- **최신 파이썬 기능 지원**: FastAPI는 비동기 요청 처리를 지원하여 웹 소켓(WebSockets) 같은 비동기성이 요구되는 시나리오에 적합합니다. 또한 HTTP/2를 지원합니다.
- **견고함**: Pydantic을 통한 자동 데이터 검증 및 직렬화, 그리고 파이썬 타입 힌트 덕분에 FastAPI 애플리케이션은 버그에 강하고 디버깅과 유지 관리가 용이합니다.

15.3.2 모델 서빙용 FastAPI 애플리케이션

FastAPI는 접수된 요청을 신속하게 처리하고 모델을 통한 예측을 할 수 있기 때문에 머신러닝·딥러닝 모델을 서빙하는 데 있어서 탁월한 솔루션입니다. 또한 특정 데이터 타입(예: 이미지 처리 모델의 경우 파일, 텍스트 또는 테이블 형식 모델의 경우 JSON 데이터)을 받아들이고, 의미 있는 응답을 생성하는 경로 설정도 간단하게 처리합니다.

아울러 FastAPI의 비동기 처리 기능은 여러 요청을 동시에 처리할 수 있게 해주며, 이는 빠른 처리가 필요한 모델의 서빙 시나리오에 대단히 유용합니다. 또한 Pydantic 모델과 자동 검증을 지원하므로 예측을 위해 모델로 전송되는 데이터가 올바르게 포맷되었는지 확인하여 오류 발생 가능성을 줄여줍니다.

15.3.3 시맨틱 세그멘테이션 모델 서빙용 FastAPI

앞서 8장에서 수행한 음식 이미지 세그멘테이션(segmentation) 프로젝트 모델을 서빙하는 애플리케이션을 만들고자 합니다. FastAPI는 이미지 처리를 위한 API 엔드포인트를 간단하고 효율적으로 생성할 수 있는 방법을 제공합니다.

▶ API 엔드포인트(endpoint)는 API의 접속 지점입니다. 클라이언트가 데이터를 전송하거나 요청할 때 이 지점을 통해 서버가 처리하고 응답합니다.

사용자는 이미지를 서버로 전송하고, 서버는 이미지를 처리한 후 학습된 이미지 세그멘테이션 모델을 사용하여 예측을 수행한 후 세그먼트 분류가 이루어진 이미지를 반환합니다.

다음 단계를 따라 이 작업을 수행할 수 있습니다. 이번에 다루는 코드는 'Ch15/fast_api/main.py' 파일에 기재되어 있습니다. 다만 코드 실행은 이 책의 범위를 벗어나는 내용으로 다음의 설명으로 대체합니다.

1. **모델 초기화**: FastAPI 앱이 초기화될 때 Segformer 모델과 해당 피처 추출기를 불러옵니다. 이렇게 하면 모델이 메모리에 유지되므로 요청이 있을 때마다 모델을 다시 불러오는 시간을 줄일 수 있습니다.

   Ch15/fast_api/main.py
   ```
   feature_extractor = SegformerFeatureExtractor()
   model = SegformerForSemanticSegmentation.from_pretrained(
       "prem-timsina/segformer-b0-finetuned-food",
       id2label=id2label,
       label2id=label2id
   )
   ```

2. **API 경로 정의**: FastAPI를 사용하면 파이썬 데코레이터를 통해 API 경로를 정의할 수 있습니다. 이 경우 @app.post("/segment/") 데코레이터를 사용하여 "/segment/" 엔드포인트에서 POST 요청을 받는 경로를 정의합니다.

   Ch15/fast_api/main.py
   ```
   @app.post("/segment/")
   async def segment_image(file: UploadFile):
   ```

3. **이미지 처리**: 요청된 전송 이미지를 읽고 모델이 처리할 수 있는 포맷으로 이미지를 변환합니다. 여기에는 업로드된 이미지의 바이트를 읽고, PIL 이미지 객체로 변환하는 작업이 포함됩니다. PIL은 이미지를 열고, 편집 및 저장할 수 있는 파이썬 이미지 라이브러리입니다.

4. **모델 예측**: 앞서 처리된 이미지를 피처 추출기와 모델에 통과시켜 시맨틱(semantic) 세그멘테이션 예측을 얻습니다. 예측 결과는 입력 이미지와 동일한 차원의 2D 배열로, 각 픽셀에 클래스 레이블이 할당됩니다.

5. **결과 변환**: 이 예측을 이미지로 변환합니다. 이때 각 클래스 레이블에 특정 색상을 할당하여 이미지 세그멘테이션을 생성합니다.

6. **응답 생성**: 세그멘테이션 처리된 이미지가 클라이언트에 응답(Response)으로 전달됩니다. FastAPI를 사용하면 JSON, HTML, (특히 이 경우에) 이미지 파일 등 다양한 응답 타입을 간편하게 생성할 수 있습니다.

서버 측 배포의 경우 다음 명령을 실행하여 애플리케이션을 시작할 수 있습니다.

Ch15/fast_api/main.py
```
uvicorn main:app --host localhost --port 8000
```

API 엔드포인트와의 상호작용은 RESTful 호출을 통해 이루어집니다. 요약하자면, FastAPI는 머신러닝 모델을 API로 서빙하는 데 있어서 효율적이고 개발자 친화적인 방법을 제공합니다. 성능, 사용 편의성, 그리고 최신 기능 덕분에 여러 용도에 적합한 것으로 판단됩니다.

15.4 모바일 디바이스에서 파이토치 모델 서빙하기

모바일 디바이스에서 파이토치 모델을 서빙하려면 모델을 모바일 하드웨어에서 효율적으로 실행할 수 있는 포맷으로 변환해야 합니다. 이를 수행하는 방법에는 여러 가지가 있지만 여기서는 두 가지 주요 방법을 소개합니다.

TorchScript 사용하기

TorchScript는 파이토치에서 제공하는 툴로, 파이썬 머신러닝·딥러닝 모델을 별도의 C++ 프로그램에서 실행할 수 있는 형태로 변환할 수 있습니다. 이는 모바일 또는 임베디드 디바이스에서 모델을 사용할 때 유용합니다. TorchScript를 사용하려면 다음 단계를 따릅니다.

1. 먼저 파이썬에서 `torch.jit.trace` 또는 `torch.jit.script`를 사용하여 모델을 수정 혹은 개선합니다. 이러한 툴을 사용하면 모델을 더 효율적으로 만들고 TorchScript에 적합하게 준비할 수 있습니다.
2. 그다음, 수정된 모델을 스크립트 모듈로 변환하고 `torch.jit.save`를 사용하여 파일로 저장합니다. 이 과정을 직렬화라고 합니다.
3. 이어서 모바일 애플리케이션에서 `torch::jit::load`를 사용하여 이 스크립트 모듈 파일을 불러옵니다.

4. 1~3단계까지 이르면 파이토치 모바일 라이브러리를 사용하여 iOS 또는 Android 디바이스에서 모델을 실행할 수 있습니다.

   ▶ iOS 앱에서 특정 모델(DeepLabV3)을 서빙하는 방법에 대한 튜토리얼은 https://pytorch.org/tutorials/beginner/deeplabv3_on_ios.html을 참조하기 바랍니다.

ONNX 및 Core ML 사용하기

또 다른 옵션은 파이토치 모델을 ONNX 포맷으로 내보내기 한 다음, 이 ONNX 모델을 Core ML 포맷으로 변환하여 iOS에서 사용하는 것입니다. 참고로 Core ML은 iOS에서 머신러닝 모델을 실행할 수 있게 하는 애플의 프레임워크입니다. 이 경우 ONNX 및 Core ML 툴을 사용해야 하지만 모델이 Core ML의 성능 최적화를 활용할 수 있다는 장점이 있습니다. 반면에 이 방법을 사용하면 파이토치에서 ONNX로, 그리고 이 ONNX에서 Core ML로 변환할 때 모델에 필요한 연산을 지원하지 않는 경우가 생길 수 있습니다. 따라서 모든 유형의 파이토치 모델에 이 방법이 적합한 것은 아닙니다. 다음은 ONNX 및 Core ML을 사용하는 기본적인 절차입니다.

- torch.onnx.export를 사용하여 파이토치 모델을 ONNX 포맷으로 내보냅니다.
- ONNX-Core ML Converter를 사용하여 ONNX 모델을 Core ML 포맷으로 변환합니다.
- iOS 앱에서 Core ML API를 사용하여 Core ML 모델을 불러옵니다.

모바일 장치에서 모델의 성능은 모델과 디바이스에 따라 달라질 수 있으며, 원활한 실행을 위해 어떤 모델은 추가적인 튜닝이 필요할 수 있습니다. 따라서 배포할 환경에서 모델을 테스트하여 정확하게 성능이 발휘되는지 확인하는 것이 중요합니다.

▶ Core ML 모델을 앱에 통합하는 튜토리얼은 https://developer.apple.com/documentation/coreml/integrating_a_core_ml_model_into_your_app 링크를 참조하세요.

15.5 AWS에서 허깅페이스 트랜스포머 모델 배포하기

트랜스포머 모델을 AWS에 배포하는 방법은 여러 가지가 있는데 이는 요구 사항별로 달라집니다. 여기서는 두 가지 일반적인 접근 방식으로, Amazon SageMaker를 사용한 배포와 AWS Lambda 및 Amazon API 게이트웨이를 사용한 배포에 대해 설명합니다.

15.5.1 아마존 SageMaker를 통한 배포

SageMaker는 개발자와 데이터 과학자가 머신러닝·딥러닝 모델을 빠르게 구축, 학습 및 배포할 수 있는 통합 관리 서비스입니다. SageMaker는 허깅페이스 트랜스포머 모델을 직접 배포할 수 있도록 지원합니다. 다음은 사전 학습된 모델을 SageMaker에 배포하는 방법 중 하나입니다.

> ▶ 다만, 이 코드는 실제 예제 소스 파일에 수록되어 있지 않으며 이 책이 다루는 내용 범위를 벗어나므로 다음의 설명으로만 대체합니다.

1. SageMaker 모델 생성

모델 아티팩트의 S3 위치와 추론 코드가 포함된 Docker 이미지를 지정하는 SageMaker 모델을 생성합니다. 허깅페이스는 이러한 용도로 사전 구성된 Docker 이미지를 제공합니다. 다음 코드를 참조하세요.

```
from sagemaker.huggingface import HuggingFaceModel

huggingface_model = HuggingFaceModel(
    # 학습된 모델이 저장된 S3 경로
    model_data='s3://my-bucket/path/model.tar.gz',

    # AWS 서비스가 특정 작업을 수행할 수 있도록 권한을 부여
    role='MySageMakerRole',

    # Transformers 라이브러리 버전 정보
    transformers_version='4.6',

    # 파이토치 버전 정보
    pytorch_version='2.0',
```

```
    # 파이썬 버전 정보
    py_version='py3'
)
```

2. SageMaker 엔드포인트 생성

다음으로, 실시간 추론을 위해 모델을 서빙할 SageMaker 엔드포인트를 생성합니다.

```
predictor = huggingface_model.deploy(
    initial_instance_count=1,
    instance_type='ml.m5.large'
)
```

3. 추론

엔드포인트가 InService 상태에 있으면, `predictor` 객체의 예측 함수인 `predict`를 사용하여 엔드포인트로 추론 요청을 보낼 수 있습니다.

```
result = predictor.predict("Hello, world!")
```

15.5.2 AWS Lamda 및 아마존 API Gateway를 통한 배포

AWS Lambda는 서버 할당(provisioning)이나 관리 작업 없이 코드를 실행할 수 있는 서비스이며, Amazon API Gateway는 개발자가 어떤 규모든 API를 쉽게 생성, 게시, 유지 관리, 모니터링 및 보안 조치를 할 수 있도록 지원하는 통합 관리 서비스입니다. 이 두 서비스를 함께 사용하여 추론용 머신러닝·딥러닝 모델을 서빙할 수 있습니다. 이를 위해 다음과 같은 조치가 필요합니다.

1. **모델과 추론 코드 패키징**: 먼저, 학습된 모델과 추론 코드(모델을 불러오고 예측을 수행하는 스크립트)를 zip 파일로 패키징합니다. 이 zip 파일을 다음 절차에서 AWS Lambda에 업로드할 것입니다.
2. **람다 함수 생성**: 그다음, Python 3.8을 런타임으로 선택하고 앞서 생성한 zip 파일을 업로드하여 새로운 람다(Lambda) 함수를 생성합니다. 람다 함수가 트리거될 때 호출할 함수(예: lambda_handler)를 스크립트 내에 지정해야 합니다. 여기서 트리거란 특정 조건이나 이벤트가 발생했을 때 자동으로 실행된다는 의미입니다.

3. **API Gateway를 사용해 API 생성**: 그 후 API Gateway를 사용해 새로운 API를 생성하고, 이 API를 람다 함수의 트리거로 설정합니다. 즉, API가 호출될 때마다 람다 함수가 트리거되어 예측을 수행합니다.

4. **추론**: 이제 API에 POST 요청을 보내고, 이 요청 본문에 모델 입력 데이터를 전달합니다. API Gateway는 람다 함수를 트리거하고, 람다 함수는 모델을 불러와 예측을 수행한 후 결과를 출력합니다.

다만 AWS Lambda를 사용해 모델을 배포하는 데는 한계가 있습니다. 특히 페이로드(payload) 크기(요청/응답 본문은 6MB를 초과할 수 없음)와 실행 시간(요청당 최대 실행 시간은 15분) 측면에서 제약이 있습니다. 모델이 허용된 한계를 초과하는 경우, Amazon SageMaker를 고려하는 것이 좋습니다. 보다 자세한 내용은 https://huggingface.co/docs/sagemaker/index를 참고하기 바랍니다.

이 장에서는 모델 내보내기, 서빙 및 배포 방법을 살펴보았습니다. 각 방법은 특정 사용 케이스, 모델 타입, 대상 고객 및 인프라 제약 조건에 맞게 선택되어야 합니다.

CHAPTER

16

트랜스포머 모델 해석가능성 및 시각화

16.1 _ 설명가능성 vs 해석가능성
16.2 _ 설명가능성 및 해석가능성 툴
16.3 _ 트랜스포머 예측 해석 용도의 CAPTUM
16.4 _ 파이토치 모델용 텐서보드

머신러닝·딥러닝의 해석가능성은 모델이 특정 결과를 선택하는 이유를 이해하는 것입니다. 이는 모델 결과를 설명하는 데 도움이 됩니다. 트랜스포머와 같은 딥러닝 모델은 매우 복잡해지는 경우도 있습니다. 모델이 점점 더 발전할수록, 모델이 왜 그런 결정을 내렸는지 이유를 파악하기가 어려워집니다. 특히 의료나 자율 주행 자동차와 같은 분야에서는 모델의 결정이 사람들의 삶에 실질적인 영향을 미치기 때문에 이 문제는 더욱 중요해집니다. 이러한 모델을 책임감 있게 사용하기 위해서는 모델의 결정을 이해해야 합니다. 모델을 어떻게 생각하는지 이해함으로써 우리는 모델이 올바른 이유로 결정을 내리고 있는지 확인할 수 있고, 잘못되거나 편향된 선택을 바로잡을 수 있습니다.

마찬가지로 로그 기록(logging)과 시각화는 머신러닝 모델을 파인튜닝하고 이해하는 데 도움을 줍니다. 로그 기록은 모델이 학습 중에 어떻게 작동하는지를 기록하고, 시각화는 이를 차트나 그래프로 표시하여 모델이 어떻게 작동하는지 보여줍니다. 이러한 도구들은 문제를 발견하고 해결하는 데 도움이 되며, 모델의 작동 방식을 이해하는 데 중요한 역할을 합니다. 모델과 데이터셋이 복잡해짐에 따라 로그 기록과 시각화를 수행하는 것이 중요해졌습니다.

이 장에서는 트랜스포머 모델의 해석과 설명에 대해 살펴봅니다. 여기서는 해석가능성(모델의 내부 과정을 이해하는 것)과 설명가능성(이러한 과정을 이해하기 쉬운 용어로 전달하는 것)을 명확히 구분합니다. 트랜스포머 모델이 의료 및 자율 주행 차량과 같은 중요한 분야에서 점점 더 많이 사용됨에 따라 투명성(transparancey)이 강조되고 있습니다.

그리고 모델 학습 중 모델의 작동 방식을 파악하기 위해 실험적 로그 기록 및 시각화와 같은 툴을 소개합니다. 이 장에서는 복잡한 모델을 더 쉽게 접근하고 파악할 수 있도록 트랜스포머 예측을 해석하는 Captum과 파이토치 모델용 텐서보드와 같은 주요 툴을 소개합니다.

16.1 설명가능성 vs 해석가능성 개념

설명가능성과 해석가능성은 머신러닝 분야에서 중요한 두 가지 개념으로, 종종 같은 의미로 사용되지만 뚜렷한 차이점이 있습니다.

해석가능성(interpretability)은 사람이 머신러닝·딥러닝 모델의 내부 작동 방식 또는 주어진 입력에 따라 모델이 결정을 내리는 방식을 이해할 수 있는 정도를 의미합니다. 해석 가능한 모델을 사용하면 입력 또는 알고리즘 파라미터가 변경될 때 결과가 어떻게 달라질지 예측할 수 있습니다. 예를 들어, 선형 회귀 모델은 입력 변수의 변화가 출력에 미치는 영향을 명확하게 파악할 수 있기 때문에 해석가능성이 높은 것으로 간주됩니다.

반면에 **설명가능성**(explainability)은 머신러닝 모델의 동작을 사람이 이해할 수 있는 용어로 설명할 수 있는 정도를 의미합니다. 설명가능성은 모델의 내부 작동을 완전히 투명하게 이해되지 않더라도, 모델이 결정을 내리는 과정을 설명하는 데 중점을 둡니다. 신경망이나 앙상블 모델과 같은 복잡한 모델의 경우 이런 경우가 많습니다. 예를 들어, 딥러닝 모델의 결정에 어떤 특성이 가장 큰 영향을 미쳤는지를 설명하는 것이 이에 해당합니다. 계속해서 트랜스포머 모델 맥락에서 바라본 해석가능성과 설명가능성에 대해 설명하겠습니다.

16.1.1 해석가능성

트랜스포머의 셀프 어텐션 메커니즘은 모델이 예측을 할 때 관련성 높은 여러 단어에 집중할 수 있게 합니다. 해석가능성의 맥락에서 우리는 모델이 intriguing(흥미로움)이라는 영어 단어를 처리할 때 할당하는 어텐션 점수를 살펴볼 수 있습니다.

모델이 올바르게 작동하고 있다면, 문장의 감성(sentiment)을 판단할 때 intriguing 단어에 주목해야 합니다. 이를 어텐션 맵(attention maps)을 통해 시각화할 수 있습니다. 어텐션 맵은 intriguing과 not only, 그리고 but also 같은 문구들 사이에 높은 어텐션 점수를 보여줄 수 있습니다. 이는 이러한 문구들이 intriguing이라는 단어가 긍정적인 맥락에서 사용되고 있음을 나타내기 때문입니다.

16.1.2 설명가능성

설명가능성의 맥락에서, 우리는 모델이 최종 예측에 도달하는 과정을 설명하고자 합니다. 예를 들어, 감성 분석 작업에서 모델이 문장의 감성을 긍정적으로 올바르게 예측했다고 가정해 보겠습니다.

LIME(Local Interpretable Model-agnostic Explanations)과 같은 설명가능성 분석 툴은 이러한 결정을 이해하는 데 도움이 될 수 있습니다. LIME은 설명하고자 하는 예측을 중심으로 모델을 단순화하여 모델의 로컬(국소적) 선형 버전을 생성합니다. 이 툴은 입력 문장을 약간씩 변경해서 입력한 후 새로운 예측을 얻습니다. 그리고 그것들이 원래 문장과 얼마나 유사한지에 따라 가중치를 부여합니다.

예를 들어, LIME은 intriguing(흥미로움)과 suspense(긴장)이라는 단어가 모델이 입력문의 감성을 긍정으로 분류하는 데 큰 영향을 미쳤다는 것을 보여줄 수 있습니다.

16.2 설명가능성 및 해석가능성 툴

트랜스포머 모델을 다룰 때 해석가능성과 설명가능성 모두를 지원하는 툴은 다음과 같습니다.

- **어텐션 맵**: 트랜스포머 모델의 해석가능성과 설명가능성 두 분야 모두에서 널리 사용됩니다. 어텐션 맵을 사용하면 모델의 각 층에서 어텐션 가중치를 시각화하여 각 출력 토큰이 주목하고 있는 입력 토큰을 강조하여 표시합니다. 예를 들어, 언어 번역 작업에서 어텐션 맵은 타깃 문장의 각 단어를 생성하는 동안 원본 소스 문장에서 어떤 단어들이 주목받고 있는지 보여줍니다.

- **BERTViz**: 이 툴은 트랜스포머 모델의 일종인 BERT 모델을 위해 특별히 설계되었습니다. 모델의 어텐션을 시각화하여 해석가능성(모델의 여러 부분이 어떤 방식으로 상호작용하는지 이해)과 설명가능성(입력 문장의 어떤 부분이 특정 출력에 가장 중요한지 이해) 모두를 지원합니다.

- **ExBERT**: 이 툴을 사용하면 BERT 모델을 대화형으로 인터랙티브하게 탐색할 수 있습니다. 뉴런 활성화 및 어텐션 분포 등 모델을 분석할 수 있는 다양한 방법을 제공하여 해석가능성과 설명가능성 모두를 지원합니다.

- **LIME**: LIME은 트랜스포머 모델을 위해 특별히 설계된 도구는 아니지만, 모든 모델에서 개별 예측을 설명하는 데 사용할 수 있습니다. LIME은 모델을 국소적으로 해석 가능한 모델로 근사하여 모델이 예측을 위해 사용하는 특성들을 이해할 수 있게 해줍니다.

- **Captum**: Captum은 파이토치용 모델 해석가능성(interpretability) 라이브러리입니다. 이를 통해 연구자나 개발자는 모델 내에서 데이터가 어떻게 사용되고 변환되는지 이해할 수 있습니다. Captum은 다양한 기여도(attribution) 알고리즘을 제공하여 개별 특성의 중요도와 그것들이 모델 예측에 어떻게 기여하는지에 대한 통찰을 제공합니다.

이 외에 Eli5[16], SHAP[17], 텐서플로 모델 분석(TFMA)[18] 등과 같이 주목할 만한 분석 툴도 있습니다. 다음 섹션에서는 해석가능성과 설명가능성을 위해 Captum을 어떻게 사용하는지 살펴보겠습니다.

---

[16] https://eli5.readthedocs.io/en/latest/overview.html
[17] https://shap.readthedocs.io/en/latest/
[18] https://www.tensorflow.org/tfx/tutorials/model_analysis/tfma_basic

16.3 트랜스포머 예측 해석 용도의 CAPTUM

주어진 텍스트의 감성 분석 결과를 해석하기 위해 Captum과 distilbert-base-uncased-finetuned-sst-2-english 모델을 사용합니다. 따라서 이들의 주요 구성 요소와 작동 원리를 설명하겠습니다.

16.3.1 모델 불러오기

감성 분석을 위해 사전 학습된 DistilBERT 모델을 파인튜닝한 모델인 distilbert-base-uncased-finetuned-sst-2-english를 사용합니다. 이 모델은 주어진 텍스트를 긍정 또는 부정으로 분류합니다. 다음은 [Ch16] 폴더에 수록된 Captum.ipynb의 일부 코드를 설명합니다.

Ch16/Captum.ipynb

```
# 사전 학습 모델 및 토크나이저
model_path = 'distilbert-base-uncased-finetuned-sst-2-english'
model =DistilBertForSequenceClassification.from_pretrained(model_path)
tokenizer = DistilBertTokenizer.from_pretrained(model_path)
model.eval()
```

▶ 코드를 보면 전반적으로 4칸 들여쓰기가 되어 있습니다. 이는 여기에 인용된 코드 블록이 더 상위 함수의 내부 코드 블록이기 때문입니다. 이러한 사유로 16.3절에 사용된 코드들은 모두 4칸 들여쓰기가 기본으로 적용돼 있습니다.

16.3.2 입력 준비

조금 뒤 코드 블록에서 사용하는 `construct_input_and_baseline` 함수는 텍스트 입력을 받아 DistilBERT와 같은 모델에 입력할 수 있는 텐서로 변환합니다. 이 함수는 모델의 입력 텐서 뿐만 아니라 베이스라인(baseline) 텐서도 생성합니다. 여기에서 일어나는 과정을 분석해 보고 특히 베이스라인 텐서의 개념에 초점을 맞추어 설명하겠습니다.

입력 텐서

- **텍스트 토큰화**: 입력 텍스트는 모델의 토크나이저를 사용하여 정수(integer) 시퀀스로 토큰화됩니다. 이 시퀀스는 원본 텍스트의 단어와 서브워드를 나타냅니다.

- **특수 토큰 추가**: 시퀀스의 시작과 끝에 각각 특수 토큰 [CLS]와 [SEP]가 추가됩니다.
- **입력 ID**: 생성된 정수 시퀀스(input_ids)는 모델에 입력될 수 있는 텐서로 변환됩니다.

베이스라인 텐서

베이스라인 텐서는 해석하려는 특성의 부재 또는 중립 상태를 나타내는 참조 입력입니다. 일반적으로 베이스라인으로 사용되는 것은 패딩 토큰으로 구성된 시퀀스입니다.

- **베이스라인 토큰 ID**: 패딩 토큰에 해당하는 ID를 가져옵니다(baseline_token_id).
- **베이스라인 시퀀스 생성**: 텍스트의 토큰을 패딩 토큰 ID로 대체하여 베이스라인 시퀀스가 생성됩니다. 시퀀스의 시작과 끝에 있는[CLS]와 [SEP] 특수 토큰은 그대로 유지됩니다.
- **베이스라인 입력 ID**: 생성된 시퀀스(baseline_input_ids)는 텐서로 변환됩니다.

입력 텍스트가 "I love movies"이고 토크화를 거쳐서 해당 토큰 ID가 [10, 18, 27]이라고 가정했을 때, 이렇게 구성된 입력 텐서와 베이스라인 텐서는 예를 들어 다음과 같습니다

- Input IDs: [CLS_ID, 10, 18, 27, SEP_ID]
- Baseline Input IDs: [CLS_ID, PAD_ID, PAD_ID, PAD_ID, SEP_ID]

베이스라인 텐서를 사용하는 이유

베이스라인 텐서는 적분 그레이디언트(integrated gradients)와 같은 특정한 기여도 분석 방법에 사용되어, 각 특성이 실제 입력과 베이스라인 간의 모델 예측 차이에 얼마나 기여하는지 이해하는 데 도움을 줍니다. 실제 입력에 대한 모델의 동작과 baseline에 대한 모델 동작을 비교함으로써, 예측에서 각 특성이 얼마나 중요한지 해석할 수 있습니다.

요약하면, 다음 코드 블록은 모델에 입력할 실제 텍스트(분석하려는 텍스트)와 베이스라인 입력(중립적이거나 정보가 없는 텍스트)을 모두 생성하고 있습니다. 이 두 입력의 결과를 비교하여 모델이 텍스트를 어떻게 해석하는지 이해할 수 있습니다. 텍스트와 베이스라인은 토큰화 처리되어 텐서로 변환됩니다. 베이스라인은 관심 있는 특성이 없는 참조 입력으로, 예를 들어 모두 패딩 토큰으로 구성된 시퀀스입니다.

Ch16/Captum.ipynb

```python
# 주어진 텍스트에 대해 입력 텐서와 베이스라인을 생성하는 함수 정의
def construct_input_and_baseline(input_text: str):
    """Constructs input and baseline tensors for the given text."""
    max_length = 768
    baseline_token_id = tokenizer.pad_token_id
    sep_token_id = tokenizer.sep_token_id
    cls_token_id = tokenizer.cls_token_id

    text_ids = tokenizer.encode(input_text, max_length=max_length,
                                truncation=True,
                                add_special_tokens=False)
    input_ids = [cls_token_id] + text_ids + [sep_token_id]
    baseline_input_ids = [cls_token_id] + \
                         [baseline_token_id] * len(text_ids) + \
                         [sep_token_id]
    token_list = tokenizer.convert_ids_to_tokens(input_ids)

    return (
        torch.tensor([input_ids], device='cpu'),
        torch.tensor([baseline_input_ids], device='cpu'), token_list
    )

# 입력과 베이스라인 구축
input_ids, baseline_input_ids, all_tokens = (
    construct_input_and_baseline(text)
)
```

16.3.3 층(레이어) 적분 그레이디언트

다음 코드 블록은 기여도 분석 방법을 사용하여 모델의 예측이 입력의 다양한 다른 부분(예: 토큰)에 의해 어떻게 영향을 받는지를 명확하게 설명합니다. 여기서는 주요 구성 요소를 살펴보겠습니다.

- **모델 출력 함수**: model_output 함수는 모델의 포워드 패스를 감싸는 래퍼입니다. 이 함수는 모델의 출력에서 예측 점수(로짓)를 추출합니다.

- **층 적분 그레이디언트 설정**: LayerIntegratedGradients 함수는 다음 두 가지 구성 요소로 초기화됩니다.
  - 모델의 포워드(forward) 함수(model_output)
  - 우리가 분석하려는 모델의 특정 층(이 경우는 임베딩 층(model.distilbert.embeddings))
- **기여도 계산**
  - 이 코드는 두 감성 클래스(긍정과 부정)에 대한 기여도를 계산합니다. 기여도는 각 토큰이 각 감성 클래스 예측에 얼마나 영향을 미쳤는지 점수로 나타냅니다.
- **기여도 요약 및 정규화**
  - 각 토큰의 중요도 점수, 즉 기여도는 임베딩 차원 전체에서 합산하여 집계됩니다.
  - 이렇게 집계된 점수는 정규화되어 크기가 비슷해지도록 조정됩니다. 그 결과로 1D 텐서가 되며, 각 값은 해당 토큰의 상대적 중요도를 나타냅니다. 예를 들어 부정적 감성일 경우, 점수가 높을수록 토큰이 부정적인 감성을 강하게 나타내는 것을 의미합니다.
- **예측에 따른 기여도 선택**
  - 모델은 주어진 텍스트가 긍정인지 부정인지 감성을 예측(판단)합니다.
  - 이 예측 결과에 따라 해당 속성 집합(긍정 또는 부정)을 선택하여 추가 분석을 진행합니다.

요약하자면, 이 접근 방식은 모델의 감성 예측에 가장 큰 영향을 미친 단어나 구절을 심층적으로 분석하는 방법을 제공합니다. 다음 코드를 통해 확인해보세요.

Ch16/Captum.ipynb

```
# 모델 출력 함수 정의
def model_output(inputs):
    return model(inputs)[0]


# 층 적분 그레이디언트
lig = LayerIntegratedGradients(
    model_output, model.distilbert.embeddings
)

# 타깃 클래스
target_classes = [0, 1]
attributions = {}
```

```python
delta = {}

# 클래스 속성(attributions) 계산
for target_class in target_classes:
    attributions[target_class], delta[target_class] = lig.attribute(
        inputs=input_ids,
        baselines=baseline_input_ids,
        target=target_class,
        return_convergence_delta=True,
        internal_batch_size=1
    )

# 속성(attributions) 요약
# 이하 코드는 원래는 한 줄로 작성되었으나 책에서는 지면상 여러 줄로 표기합니다.
neg_attributions = (
    attributions[0].sum(dim=-1).squeeze(0) /
    torch.norm(attributions[0])
)

pos_attributions = (
    attributions[1].sum(dim=-1).squeeze(0) /
    torch.norm(attributions[1])
)

# 클래스 예측
pred_prob, pred_class = torch.max(
    model(input_ids)[0]), int(torch.argmax(model(input_ids)[0])
)

# 예측된 클래스에 근거하여 속성 선택
summarized_attr = (
    pos_attributions if pred_class == 1 else neg_attributions
)
```

16.3.4 시각화

Captum은 viz.visualize_text와 같은 시각화 툴을 제공하여 기여도를 시각적으로 표현합니다. 구체적으로는 토큰과 해당 중요도 점수(즉, 기여도)를 표시하며 모델의 결정에 더 큰 영향을 미친 토큰을 부각시킵니다. 다음은 아래 코드 블록에 수록된 중요 코드 설명입니다.

- **true_class=None**: 입력 텍스트의 실제 혹은 정답 클래스를 나타냅니다. 이 경우 정답을 제공하지 않기 때문에 None으로 설정됩니다.
- **raw_input_ids=all_tokens**: 입력 텍스트의 토큰화 결과(all_tokens)를 제공하여 시각화 작업 시 기여도를 각 단어/토큰과 다시 매핑하는 데 도움을 줍니다.
- **convergence_score=delta[pred_class]**: 이 점수(Score)는 계산된 기여도의 품질 또는 신뢰도를 측정합니다. 점수가 작을수록 기여도를 더 신뢰할 수 있음을 나타냅니다.

Ch16/Captum.ipynb

```
# 데이터 시각화
score_vis = viz.VisualizationDataRecord(
                word_attributions=summarized_attr,
                pred_prob=pred_prob,
                pred_class=pred_class,
                true_class=None,
                attr_class=text,
                attr_score=summarized_attr.sum(),
                raw_input_ids=all_tokens,
                convergence_score=delta[pred_class])

# 결과 시각화
viz.visualize_text([score_vis])
```

다음 그림은 Captum 시각화 결과입니다. 이 예에서는 단어 awesome과 enjoyed가 긍정적 감성 예측 부문에서 가장 높은 기여도를 나타냅니다.

True Label	Predicted Label	Attribution Label	Attribution Score	Word Importance
None	1 (4.65)	The movie was not bad as mentioned by critics. It was in fact awesome; I enjoyed the whole time	12.92	[CLS] the movie was not bad as mentioned by critics . it was in fact awesome ; I enjoyed the whole time [SEP]

Legend: ■ Negative □ Neutral ■ Positive

그림 16.1 Captum 시각화 결과

16.4 파이토치 모델용 텐서보드

텐서보드(TensorBoard)는 원래 텐서플로 전용으로 개발되었지만, 다양한 프레임워크에서 신경망 학습 시각화 도구로 자리잡았습니다. 파이토치 사용자들은 `torch.utils.tensorboard`를 통해 텐서보드의 강력한 시각화 기능을 활용할 수 있습니다. 이 기능을 사용하면 학습 마일스톤(Milestones) 모니터링부터 학습된 임베딩까지 살펴볼 수 있습니다. 텐서보드를 시작하려면 터미널에 `tensorboard --logdir=run`을 입력합니다. 텐서보드에 대한 액세스는 http://localhost:6006에서 할 수 있습니다.

여러분은 파이토치 모델과 학습 세션에 관한 다양한 요소를 시각화할 수 있습니다. 여기서는 [Ch16] 폴더에 수록된 Tensorboard.ipynb 파일의 일부 코드를 설명합니다.

파이토치에서 텐서보드를 사용해 달성할 수 있는 주요 시각화는 다음과 같습니다.

스칼라(scalars)

시간이나 반복 루프(iteration)를 추적, 기록하는 결괏값(metric)를 나타냅니다. 일반적으로 학습 손실, 검증 정확도, 학습률 등 각 에포크(epoch)나 반복 루프 횟수에 따라 변화하는 지표를 기록하고 시각화하는 데 사용됩니다. 다음 코드는 100개의 에포크에 대한 학습 손실을 시각화하는 방법을 예시합니다.

Ch16/Tensorboard.ipynb

```python
import torch
from torch.utils.tensorboard import SummaryWriter

# 더미 모델 및 옵티마이저 생성
model = torch.nn.Linear(10, 1)
optimizer = torch.optim.SGD(model.parameters(), lr=0.01)

# SummaryWriter 인스턴스화
writer = SummaryWriter()

for epoch in range(100):
    # 더미 학습 루프
```

```
        optimizer.zero_grad()
        output = model(torch.randn(32, 10))
        loss = ((output - torch.randn(32, 1))**2).mean()
        loss.backward()
        optimizer.step()

        # Log loss를 텐서보드로 전송
        writer.add_scalar("Training loss", loss, epoch)

    # writer 닫기
    writer.close()
```

히스토그램(histogram)

텐서 값의 분포(예: 신경망 층 가중치)를 시각화합니다. 다음 코드는 모델의 named_parameter를 히스토그램으로 시각화하는 방법을 예시합니다.

Ch16/Tensorboard.ipynb
```
for name, weight in model.named_parameters():
    writer.add_histogram(name, weight, epoch)
```

텍스트(Text)와 분포(Distribution)

텍스트 정보를 기록합니다. 다음 코드는 텍스트 데이터를 기록하는 예시입니다.

Ch16/Tensorboard.ipynb
```
writer.add_text('Loss_Text', 'The training loss was very low this epoch', epoch)
```

분포는 히스토그램보다 좀 더 부드러운 모양의 그래프입니다. 히스토그램에 사용하는 동일한 코드를 약간만 변경해서 사용할 수 있습니다.

모델 그래프 시각화

단순한 스칼라 사용 이외에도 추가적으로 모델의 아키텍처를 시각화할 수 있습니다. 다음 코드는 BERT 아키텍처를 시각화하는 방법을 보여줍니다.

```
import torch
from transformers import BertModel, BertTokenizer
from torch.utils.tensorboard import SummaryWriter

# 사전 학습 BERT 모델 및 토크나이저 불러오기
model_name = "bert-base-uncased"
bert_model = BertModel.from_pretrained(model_name)
tokenizer = BertTokenizer.from_pretrained(model_name)

class SimpleBERT(torch.nn.Module):
    def __init__(self, bert_model):
        super(SimpleBERT, self).__init__()
        self.bert = bert_model

    def forward(self, input_ids, attention_mask=None,
                token_type_ids=None):
        outputs = self.bert(input_ids, attention_mask=attention_mask,
                            token_type_ids=token_type_ids)
        return outputs.last_hidden_state

model = SimpleBERT(bert_model)

# SummaryWriter 인스턴스화
writer = SummaryWriter()

# BERT 모델용 더미 입력 생성
text = "I am fun and Happy"
tokens = tokenizer(text, return_tensors="pt")
input_ids = tokens["input_ids"]
attention_mask = tokens["attention_mask"]

# BERT 모델 그래프를 텐서보드에 추가
writer.add_graph(model, [input_ids, attention_mask])

# writer 닫기
writer.close()
```

임베딩(Embedding)

이 기능을 사용하면 토큰의 임베딩을 3D 공간에서 시각화할 수 있습니다. 텐서보드에서는 각 토큰(단어/서브워드)이 임베딩 공간에 배치된 것을 볼 수 있습니다. 유사한 단어는 가까운 위치에, 다른 단어는 더 먼 위치에 나타납니다.

Ch16/Tensorboard.ipynb

```
# 모델을 사용하여 임베딩 추출
with torch.no_grad():
    embeddings = model(input_ids, attention_mask=attention_mask)

# 예를 들어, 토큰을 metadata로 사용
metadata = [token for token in tokenizer.tokenize(text)]

# 시각화 작업을 위해 [CLS] 및 [SEP] 토큰 제거
embeddings = embeddings[0, 1:-1, :]

writer.add_embedding(embeddings, metadata=metadata)

# writer 닫기
writer.close()
```

PR 곡선(PR curves)

분류 성능을 이해하기 위한 기능입니다. PR(Precision-Recall) 곡선은 분류 모델의 성능을 평가하는 툴 중 하나입니다. 이 곡선은 정밀도(Precision)와 재현율(Recall) 간의 관계를 시각화하여 모델이 얼마나 정확하게 예측하는지 보여줍니다.

Ch16/Tensorboard.ipynb

```
probs = model(input_data).squeeze()
writer.add_pr_curve('pr_curve', true_labels, probs, epoch)
```

하이퍼파라미터(Hyperparameters)

하이퍼파라미터를 시각화합니다.

```
hparams = {'lr': 0.1, 'batch_size': 32}
metrics = {'accuracy': 0.8}
writer.add_hparams(hparams, metrics)
```

프로파일링(Profiling)

파이토치의 `torch.profiler`는 파이토치 모델 실행을 프로파일링하도록 특별히 설계되었습니다. 여기서 프로파일(profile)은 '성능을 분석하다'라는 뜻으로 파이토치 모델이 실행되는 동안 주로 다음 사항을 분석합니다.

- **연산자 수준 성능**: 어떤 특정 연산(예: 행렬 곱셈, 합성곱)이 가장 많은 시간을 소모하는지, 각 연산이 실행되는 데 얼마나 시간이 걸리는지를 분석합니다.
- **메모리 사용량**: 어떤 연산이 가장 많은 메모리를 사용하는지 분석합니다. 이는 메모리 사용량이 많은 딥러닝 모델에서 매우 중요합니다.
- **호출 스택 정보(Call stack information)**: 소스 코드의 어떤 행이 다양한 연산에 대응하는지 분석합니다. 이는 프로파일링된 성능 데이터를 코드의 특정 줄과 연결하는 데 도움이 됩니다.
- **CPU/GPU 시간**: CPU와 GPU에서 각각 연산에 걸리는 시간은 얼마나 걸리는지 분석합니다. 이는 데이터 전송 병목 현상 등을 식별하는 데 도움이 됩니다.

이러한 정보를 writer.add_text()를 사용하여 텐서보드에 기록하면 시각화 및 분석을 실행할 수 있으므로 모델의 성능 특성을 더 쉽게 이해할 수 있습니다. 이는 특히 모델을 최적화하거나 성능 문제를 진단할 때 매우 유용합니다. 다음 코드는 학습 단계를 프로파일링하는 예시입니다.

```
for inputs, targets in dataloader:
    with torch.profiler.profile(with_stack=True) as prof:
        train_step(inputs, targets)

    # 프로파일링 결과를 텐서보드에 로깅(기록)
    writer.add_text("Profile", str(prof.key_averages().table()))
```

이미지 데이터 시각화

합성곱 신경망이나 이미지 데이터를 다루는 모델의 경우, 입력 또는 출력을 시각화하면 많은 정보를 얻을 수 있습니다.

Ch16/Tensorboard.ipynb
```
images = torch.randn(32, 3, 64, 64) # 32개 이미지 배치 랜덤 생성
grid = torchvision.utils.make_grid(images)
writer.add_image("images", grid, 0)
```

이 장에서는 해석가능성과 설명가능성의 차이를 알아보고, CAPTUM 및 텐서보드를 살펴보았습니다. Captum을 통한 예측 과정의 시각화, 텐서보드를 통한 모델 작동 및 성능 평가 시각화를 통해 트랜스포머와 관련된 모델의 블랙박스 같은 미스터리를 해독할 수 있습니다. 이러한 모델이 사회 각 분야에 미치는 영향력이 날로 늘어남에 따라 그 핵심 메커니즘을 이해해야 할 필요성이 더욱 커지고 있습니다.

CHAPTER

17

파이토치 모델의 모범 사례 및 디버깅

17.1 _ 트랜스포머 모델 구현 모범 사례

17.2 _ 파이토치 디버깅 기술

'큰 힘에는 큰 책임이 따른다'는 유명한 문장은 트랜스포머 모델에도 어느 정도 적용될 수 있습니다. 트랜스포머 모델의 심층 아키텍처, 다중 헤드 어텐션 메커니즘, 그리고 수많은 파라미터 같은 강력한 특성들은 구현 및 학습 단계에서 다양한 문제를 일으키는 요인이기도 합니다. 모델 초기화, 데이터 전처리, 혹은 옵티마이저 설정에서 발생하는 간단한 실수 하나만으로도 수 시간 내지 며칠 간의 디버깅을 초래하기도 합니다.

이러한 현실은 파이토치에서 트랜스포머 모델을 구축하고 문제를 해결하기 위한 구조화된 접근 방식이 필요함을 알려줍니다. 파이토치 커뮤니티가 성장하고 경험을 공유하게 됨에 따라, 몇 가지 모범 사례가 알려졌고 문제점들이 드러났습니다. 경험이 많은 개발자든, 새롭게 시작하는 초보자든 이러한 모범 사례와 문제점을 이해하는 것이 필요합니다.

마지막 장에서는 그러한 노력을 돕기 위한 가이드라인을 제공합니다. 이론적인 통찰과 실습 예제를 결합하여 파이토치에서 트랜스포머를 구축할 때의 모범 사례를 살펴보고, 일반적인 문제점를 신속하게 식별하고 수정할 수 있는 실용적인 기술을 살펴봅니다.

이 장을 마치고 나면 트랜스포머 모델의 잠재력을 완전히 활용하는 데 필요한 지식과 도구를 갖추게 될 것입니다. 아울러 파이토치의 복잡한 기능을 자신감을 갖고 효율적으로 다룰 수 있을 것입니다.

17.1 트랜스포머 모델 구현 모범 사례

사전 학습된 모델을 파인튜닝하든 처음부터 학습하든지 간에 몇 가지 모범 사례, 즉 최적 관행을 따르면 작업의 효율성, 재현성 및 작업 성과를 높일 수 있습니다. 이 섹션에서는 이러한 모범 사례 시나리오를 자세히 살펴보겠습니다.

17.1.1 허깅페이스 활용

이 섹션에서는 허깅페이스 모델 작업에 대한 모범 사례를 설명합니다. 이러한 가이드라인은 다른 라이브러리에도 적용할 수 있습니다. 참고로 원서에서는 이 장의 ipynb 파일을 제공하지 않습니다만, 독자 여러분의 편의를 위해 'Ch17/Chapter17.ipynb'에 이 장에서 언급한 코드를 기록해두었습니다.

▶ 번역본에서 제공하는 Chapter17.ipynb 코드 블록들은 서로 간에 연관성이 없으며 별도로 작동하는 분리된 코드임을 유의하세요.

토큰화

다음과 같이 적절한 토크나이저를 선택하고 특수 토큰을 관리하는 것이 중요합니다.

- **적절한 토크나이저 선택**: 사전 학습 모델과 일치하는 토크나이저를 사용하고, 개별 모델 (BERT, GPT-2, RoBERTa 등)에 맞는 토크나이저를 선택해야 합니다.
- **특수 토큰 관리**: 모든 모델이 [CLS], [SEP], <s>, </s>와 같은 특수 토큰을 자동으로 처리하는 것은 아닙니다.
  - <s>와 </s> 특수 토큰은 문장의 시작과 끝을 표시하는 데 사용됩니다.

이러한 토큰을 필요할 때 포함하는 것이 중요하지만, 모든 토크나이저가 이를 자동으로 추가하지 않으므로 주의해야 합니다. 예를 들어, GPT-2에서는 특수 토큰을 수동으로 지정해야 할 때가 있습니다. GPT-2 모델에 특수 토큰을 추가하는 코드는 다음과 같습니다.

Ch17/Chapter17.ipynb

```
special_tokens_dict = {'bos_token': '<BOS>', 'eos_token': '<EOS>', 'pad_token': '<PAD>'}
num_added_toks = tokenizer.add_special_tokens(special_tokens_dict)
```

시퀀스 길이 처리

모델을 사용할 때 각 모델이 허용하는 토큰 수 제한이 다르므로 최대 길이에 유의하세요. 예를 들어, BERT는 512개의 토큰 길이 제한을 가지며, GPT-2는 768개의 토큰 길이 제한을 가지고 있습니다. 시퀀스가 이러한 제한을 초과하지 않도록 주의해야 합니다. 또한, 절사와 패딩에도 신경 써야 합니다. 더 긴 시퀀스를 처리할 때는 절사나 기타 기술이 필요할 수 있으며, 짧은 시퀀스는 패딩이 필요할 수 있습니다. 다행히도 대부분의 허깅페이스 토크나이저는 자동 패딩 및 자동 절사기능을 제공합니다.

어텐션 마스크

다음은 어텐션 마스크와 관련된 몇 가지 고려 사항입니다.

- **실제 토큰과 패딩 토큰 구분**: 어텐션 마스크를 실제 토큰의 경우 1로, 패딩 토큰의 경우 0으로 값을 주어 모델이 패딩에 어텐션을 기울이지 않도록 해야 합니다.
- **토크나이저 출력 사용**: 허깅페이스의 토크나이저는 토큰화 수행 시 어텐션 마스크를 자동으로 제공합니다. 다음 코드는 허깅페이스 라이브러리의 어텐션 마스크를 예시하고 있습니다.

Ch17/Chapter17.ipynb

```
from transformers import BertTokenizer
tokenizer = BertTokenizer.from_pretrained('bert-base-uncased')

# 예제 문장
sentences = ["Hello world!", "Attention masks are important."]
encoded_input = tokenizer(sentences, padding='max_length',
                          truncation=True, max_length=10,
                          return_attention_mask=True)

print(encoded_input['input_ids'])
print(encoded_input['attention_mask'])
```

위 코드의 출력은 다음과 같습니다. 어텐션 마스크에서 1은 실제 토큰을 나타내고 0은 패딩 토큰을 나타냅니다.

실행 결과

```
input_ids: [[101, 7592, 2088, 999, 102, 0, 0, 0, 0, 0], [101, 3086, 10047, 2024, 2590, 1012, 102, 0, 0, 0]]
attention_mask: [[1, 1, 1, 1, 1, 0, 0, 0, 0, 0], [1, 1, 1, 1, 1, 1, 1, 0, 0, 0]]
```

배치 작업

배치(batch) 내의 모든 시퀀스는 동일한 길이를 가져야 합니다. 이는 배치에서 더 짧은 시퀀스에 패딩을 추가하여 가장 긴 시퀀스와 길이를 맞추는 작업을 포함합니다. 효율성을 높이려면 글로벌(전역) 관점에서의 최대 길이가 아닌, 각 배치의 최대 길이에 맞추어 패딩하는 것도 고려하기 바랍니다.

다음은 이러한 동적(Dynamic) 배치 작업을 수행하는 예제입니다. 배치 작업 측면에서 시퀀스 길이의 가변성을 이해하는 것이 중요합니다. 예를 들어, 데이터셋[0]과 데이터셋[1]의 길이가 각각 5와 7로 다르다고 가정해보겠습니다. 이때, 다음 코드의 역할이 중요합니다.

Ch17/Chapter17.ipynb

```
data_collator = DataCollatorWithPading(tokenizer=tokenizer)
```

위 함수는 다음 코드에서 ① 부분에 나오며 각 배치 내의 시퀀스 길이가 해당 배치에서 가장 긴 시퀀스의 길이와 일치하는 동적 배치를 수행합니다. 이 기능은 매우 짧거나 매우 긴 시퀀스를 포함하는 실제 데이터셋 작업 시 필수적이며, 이를 구현하면 학습 속도를 크게 향상되고 컴퓨팅 효율성과 메모리 사용량을 최적화할 수 있습니다.

Ch17/Chapter17.ipynb

```python
from transformers import BertTokenizer, \
BertForSequenceClassification, TrainingArguments, Trainer, \
DataCollatorWithPadding
from torch.utils.data import Dataset

# 토크나이저 불러오기
tokenizer = BertTokenizer.from_pretrained('bert-base-uncased')

# 데이터 준비
sentences = ["Hello world!", "I love machine learning.",
             "Transformers are powerful.",
             "HuggingFace is great for NLP tasks."]
labels = [0, 1, 1, 0]

# 패딩 및 텐서로 변환 조치 없이 토큰화
encodings = tokenizer(sentences, truncation=True,
                      padding=False, return_tensors=None)

# CustomDataset 함수 정의
class CustomDataset(Dataset):
    def __init__(self, encodings, labels):
        self.encodings = encodings
        self.labels = labels

    def __getitem__(self, idx):
        item = {
            key: torch.tensor(val[idx])
            for key, val in self.encodings.items()
        }
        item["labels"] = torch.tensor(self.labels[idx])
        return item
```

```python
    def __len__(self):
        return len(self.labels)

dataset = CustomDataset(encodings, labels)

# 모델 초기화
model = BertForSequenceClassification.from_pretrained(
    'bert-base-uncased', num_labels=2)

# ①동적 패딩을 위한 Data Collator
data_collator = DataCollatorWithPadding(tokenizer=tokenizer)

# Training Arguments
training_args = TrainingArguments(
    per_device_train_batch_size=2,
    logging_dir='./logs',
    logging_steps=1,
    evaluation_strategy="steps",
    eval_steps=1,
    save_strategy="steps",
    save_steps=1,
    no_cuda=False,
    output_dir="./results",
    overwrite_output_dir=True,
    do_train=True
)

# Trainer 초기화
trainer = Trainer(
    model=model,
    args=training_args,
    train_dataset=dataset,
    data_collator=data_collator
)

# 학습
trainer.train()
```

데이터셋에서 샘플 데이터를 출력합니다.

Ch17/Chapter17.ipynb
```
print('dataset[0]',dataset[0]['input_ids'])
print('dataset[1]',dataset[1]['input_ids'])
```

실행 결과
```
dataset[0] tensor([ 101, 7592, 2088,  999,  102])
dataset[1] tensor([ 101, 1045, 2293, 3698, 4083, 1012,  102])
```

허깅페이스 파이프라인 활용

허깅페이스의 고급 기능을 활용하면 데이터 전처리, 학습 및 추론 작업을 간소화할 수 있습니다. 자세한 인사이트는 공식 문서(https://huggingface.co/docs/transformers/main_classes/pipelines)를 참조하세요. 다음은 허깅페이스에서 제공하는 유용한 파이프라인의 일부를 나타냅니다.

허깅페이스 파이프라인 목록

파이프라인	설명	사용 예
피처 추출	모델의 은닉 상태 추출	pipeline('feature-extraction')
감성분석	문장이 긍정적인지 부정적인지 감성 판단	pipeline('sentiment-analysis')
텍스트 생성	주어진 프롬프트에 따라 텍스트 생성	pipeline('text-generation')
텍스트 분류	주어진 레이블에 따라 텍스트 분류	pipeline('text-classification')
토큰 분류	개체명 인식(Named Entity Recognition)	pipeline('token-classification')
이미지 분류	주어진 레이블에 따라 이미지 분류	pipeline('image-classification')
객체 탐지	이미지 내의 객체 식별	pipeline('object-detection')

학습 시 고급 함수 사용

코드 작성을 마치고 테스트까지 수행한 후의 다음 단계는 전체 데이터셋을 분산 방식으로 학습하는 것입니다. 다행히 학습 과정에서 디바이스 타입, 사용 가능한 GPU 수, 혼합 정밀도(Mixed-precision) 학습, 경사 누적(gradient accumulation) 등을 유연하게 선택하고 조정할 수 있는 고급 툴이 존재합니다. 대표적인 세 가지 툴은 Accelerate, Trainer, Torchrun입니다. 처음부터 새롭게 학습 절차를 다시 시작하기보다는, 이러한 툴을 익혀서 그 기능을 활용하는 것이 훨씬 현명합니다.

- **Accelerate**: Accelerate는 허깅페이스에서 개발한 경량급 라이브러리로, 이를 사용하면 기존 파이토치 코드를 크게 수정하지 않고도 혼합 정밀도 학습 및 분산 학습을 간편하게 처리할 수 있습니다. 특히 허깅페이스 생태계에 전적으로 의존하지 않고 유연한 학습 구성을 원하는 사람들에게는 Accelerate가 이상적인 솔루션입니다. 또한 분산 학습의 영역에서 이 라이브러리는 여러 대의 컴퓨터, CPU 및 GPU에 걸쳐 연산을 분산하는 손쉬운 접근 방식을 제시합니다. Accelerate는 또한 torch.distributed의 복잡한 설정을 효과적으로 추상화하여 사용자가 최소한의 코드 변경만으로도 단일 및 멀티 GPU 학습 모드를 쉽게 전환할 수 있습니다.

- **Trainer**: 이 모듈은 허깅페이스 모델 학습 및 점검을 위해 설계된 최고 수준의 API를 제공합니다. 허깅페이스 라이브러리의 데이터셋과 모델을 사용하는 경우 이 툴이 최고의 툴이라 할 수 있습니다. 이 툴은 데이터 추적, 모델 저장, 평가와 같은 기능을 갖추고 있어서 학습 프로세스를 처음부터 구현할 필요가 없습니다. 분산 학습(여러 대의 GPU나 TPU 사용) 시에도 Trainer를 사용하면 작업이 간단해집니다.

- **Torchrun**: 파이토치의 Torchrun 모듈(이전 명칭: torch.distributed.launch)은 여러 프로세스를 론칭하여 분산 학습을 촉진하는 데 중요한 역할을 합니다. 파이토치만 사용하여 추가 라이브러리 없이 분산 학습을 구현하려는 경우에 Torchrun이 이상적인 선택입니다. 특히 분산 설정과 학습 루프에 대한 세밀한 제어가 필요한 경우 Torchrun은 적합한 솔루션을 제공합니다. Torchrun은 분산 학습 환경을 효과적으로 설정하고, 사용 가능한 모든 노드나 GPU를 활용해서 학습을 시작합니다. 파이토치에서 분산 학습을 구현하는 기본 방법인 Torchrun에서는 사용자가 분산 전략 설정, 기울기 병합(merging), 디바이스 배치(device placement) 작업을 수행해야 합니다.

결론적으로 허깅페이스 모델과 데이터셋으로 작업하는 경우, Trainer는 포괄적인 솔루션을 제공합니다. 반면에 순수하게 파이토치만으로 작업하며 커스텀 학습 루프가 있거나 최대한의 제어를 원하는 경우, Torchrun이 분산 학습을 직접 설정할 수 있는 방법을 제공합니다. 일부 복잡한 작업 프로세스를 추상화하고 싶다면 Accelerate을 추가하여 사용하는 것이 좋습니다.

17.1.2 파이토치 모델에 대한 일반적인 고려 사항

다음은 파이토치 기반 모델에 적용되는 일반적인 가이드라인입니다.

모델 파라미터

사용되는 활성화 함수에 따라 적절한 가중치 초기화 방법(예: Xavier 또는 He 초기화)을 씁니다.

> Xavier는 주로 tanh 활성화 함수에, He 초기화는 ReLU 활성화 함수에 적용되어 학습을 안정적으로 도와줍니다.

학습

다음은 학습과 관련된 몇 가지 지침입니다.

- **Autograd**: 매 학습 반복(iteration) 시작 시, `optimizer.zero_grad()`를 사용해 기울기를 초기화하여 이전 학습의 기울기가 누적되는 것을 방지하세요.
- **체크포인트(checkpoints)**: 학습 중간에 모델 상태를 저장하여 학습을 재개하거나 나중에 최적의 모델을 사용할 수 있습니다. 이때 모델의 state_dict뿐만 아니라 필요하다면 옵티마이저의 상태(state)도 함께 저장할 수 있습니다.
- **모델 모드**: 모델 학습 시에는 `model.train()`을 사용하고, 모델 평가/테스트 시에는 `model.eval()`을 사용하여 드롭아웃 층 및 배치 정규화 층 등이 올바르게 작동하도록 하세요.
- **기울기 클리핑(gradient clipping)**: 기울기 클리핑은 업데이트 중 모델 파라미터의 바람직하지 않은 변화를 방지하기 위해 기울기 값을 작은 범위로 제한하는 조치입니다. 학습 중에 매우 큰 기울기나 NaN 값이 발견되면 기울기 클리핑을 사용하는 것이 좋습니다. 다음 코드 블록에서 볼 수 있듯이 `optimizer.step` 조치 이전에 기울기 클리핑을 수행합니다.

Ch17/Chapter17.ipynb

```
# 포워드 패스
output = model(input_tensor)
loss = loss_fn(output, target_tensor)

# 백워드 패스
optimizer.zero_grad()
loss.backward()

# 기울기 클리핑
torch.nn.utils.clip_grad_norm_(model.parameters(), max_norm=1.0)

# Optimizer step
optimizer.step()
```

최적화

학습 과정에서 스텝 감쇠(step decay) 또는 One-cycle 학습률과 같은 학습률 조정 기법을 사용하는 것이 좋습니다. 이 방법은 학습이 진행됨에 따라 학습률을 동적으로 조정해줍니다.

또한, 특정 검증 지표를 모니터링하여 조기 종료(Early stopping)를 구현하는 것이 좋습니다. 검증 지표가 더 이상 개선되지 않으면 훈련을 중지하는 것이 바람직합니다.

> **용어 정리**
> - **스텝 감쇠(Step decay)**: 학습이 진행됨에 따라 일정한 단계마다 학습률을 감소시키는 방법입니다.
> - **One-cycle 학습률**: 학습률을 초반에는 증가시키다가 중반부터 감소시키는 방법으로, 모델이 더 빠르고 효과적으로 학습하도록 도와줍니다.

평가

평가 시 확정적인(deterministic) 결과를 보장하려면 위해 랜덤 시드(random seeds)를 설정하고 비결정론적 알고리즘을 꺼 두는(Turn off) 것이 중요합니다. 이렇게 하면 여러 번의 실행에도 결과가 일관되게 유지됩니다. 또한, 추론을 수행할 때는 `torch.no_grad()` 컨텍스트 내에서 포워드 패스를 실행하는 것이 좋습니다. 이 작업은 메모리 절약과 추론 속도 향상에 도움이 됩니다.

디바이스 관리

다양한 하드웨어에서 호환성을 보장하려면 디바이스에 구애받지 않는 독립적인 코드를 개발하는 것이 중요합니다. 이를 위해 다음 코드를 사용하여 device 변수를 설정합니다.

Ch17/Chapter17.ipynb
```
device = torch.device("cuda" if torch.cuda.is_available() else "cpu")
```

이를 통해 GPU가 사용 가능하면 GPU를 사용하고, 그렇지 않으면 CPU를 사용합니다. 또한, GPU에서 메모리를 관리할 때는 주의를 집중해야 합니다. `to(device)` 메서드를 사용하여 텐서나 모델을 GPU로 전송하고, 다시 CPU로 되돌릴 때는 `cpu()` 메서드를 사용하세요. 적절한 메모리 관리는 성능을 최적화하고 잠재적인 메모리 관련 문제를 예방하는 데 도움이 됩니다.

17.2 파이토치 디버깅 기술

딥러닝의 영역에서는, 아주 작은 오류도 모델의 수렴이나 효과적인 작동을 방해할 수 있습니다. 파이토치에서 디버깅하려면 파이썬 코드뿐만 아니라 모델 학습의 기반이 되는 수학적(계산적) 복잡성에 대한 예리한 이해가 필요합니다. 그리고 문제를 해결하려면 먼저 문제의 성격을 이해해야 합니다. 넓은 범주의 오류로는 구문(syntax) 에러, 런타임 에러, 논리적 에러 이렇게 세 가지 유형이 있습니다.

17.2.1 구문 에러

이 오류는 파이썬 코드 구조에서 발생한 에러입니다. 대부분 이는 쉽게 해결할 수 있는 오류입니다. 왜냐하면 대부분의 통합 개발 환경(IDE)은 오류의 정확한 위치를 하이라이트 표기해 주기 때문입니다. 또한, IDE가 이 오류를 식별하지 못하더라도 파이썬 인터프리터가 오류를 표기하기도 합니다. 오류를 식별한 후에는 공식 문서를 참조하여 오류를 수정할 수 있습니다.

17.2.2 런타임 에러

파이썬 런타임 환경은 유효한 파이썬 코드를 실행하는 동안에도 오류를 발생시킬 수 있습니다. 몇 가지 런타임 에러와 이를 디버깅하는 방법을 알아보겠습니다.

행렬 차원 불일치

파이토치에서 일반적인 함정 중 하나는 텐서의 모양, 즉 행렬 차원(shape)과 관련된 문제입니다. 특히 여러 텐서를 다루는 작업을 수행할 때는 항상 텐서의 차원이 호환되는지 확인해야 합니다. 다음은 이러한 문제가 발생할 수 있는 몇 가지 상황을 보여줍니다.

행렬 차원(shape) 불일치 런타임 에러

	상황	원인 혹은 해결책
차원 요구 사항 미준수	모델, 손실 함수, 옵티마이저와 같은 주요 구성 요소에는 종종 특정한 행렬 차원 요구 사항이 있습니다. 예를 들어, 파이토치의 nn.Transformer는 src(소스) 입력이 (sequence_length, batch_size, embed_size) 차원을 가지기를 요구합니다. 반면, 허깅페이스 트랜스포머 모델은 입력이 (batch_size, sequence_length) 차원이기를 요구합니다.	파이토치 구성 요소의 요구 사항을 이해하고 이에 맞춰 데이터를 준비하는 것이 모범 대체 방안입니다. 데이터를 준비할 때 squeeze, unsqueeze, transpose 등을 사용할 수 있습니다.
순방향 네트워크	각 트랜스포머 블록 내부의 순방향 층의 행렬 차원 불일치 문제입니다.	선형 층을 정의할 때 입력 또는 출력 특성 차원이 잘못되었습니다.
입력 임베딩 행렬 차원	입력 토큰 ID 텐서의 모양이 (batch_size, sequence_length)일 수 있지만, 모델은 (batch_size, max_sequence_length) 형태를 요구할 수 있습니다.	배치의 일부 시퀀스가 다른 시퀀스보다 짧은데도, 이를 일관된 길이로 패딩하지 않은 경우 발생합니다.
배치(Batch) 이슈	데이터가 제대로 배치되지 않은 경우, 특히 동적 패딩을 사용하는 경우 배치에 포함된 텐서의 시퀀스 길이가 달라질 수 있습니다.	패딩을 부적절하게 처리하면 문제가 될 수 있습니다. CustomDataSet 클래스를 만들어 데이터 준비를 보다 세밀하게 하는 것이 좋습니다. 동적 패딩의 경우 collate_fn과 같은 함수나 기타 고급 메서드를 사용할 수 있습니다.
위치 인코딩 행렬 차원 불일치	위치 인코딩 텐서의 모양이 입력 임베딩의 모양과 일치하지 않습니다.	고정된 위치 인코딩 길이가 서로 다른 배치의 시퀀스 길이에 맞지 않거나, 위치 인코딩 벡터와 임베딩의 차원이 다를 때 발생합니다.
멀티 헤드 어텐션	멀티 헤드 셀프-어텐션 과정에서 Q, K, V 텐서의 차원이 제대로 처리되지 않았습니다.	텐서를 여러 개의 헤드로 올바르게 재구성하거나 분할하지 못했을 때 발생합니다.

CUDA 에러

CUDA 디바이스(즉 GPU)에서 텐서를 처리하려고 할 때, 모델의 파라미터와 입력 데이터 등 모든 구성 요소가 동일한 디바이스에 있지 않으면 오류가 발생할 수 있습니다. 예를 들어, 모델이 GPU에 있지만 입력 텐서가 CPU에 남아 있으면 'RuntimeError: expected device cuda:0 but got device CPU'라는 오류가 발생합니다.

해결책은 코드 시작 시 디바이스 변수를 초기화하거나, 디바이스를 동적으로 설정하는 것입니다. 이후 코드 전체에서 이 디바이스 변수를 일관되게 참조해야 합니다. 모델, 입력, 출력 및 옵티마이저가 모두 동일한 디바이스를 공유하는지 확인하는 것이 중요합니다. 이러한 예방 조치에도 불구하고 오류가 지속되면, 모델과 입력 텐서가 실제로 동일한 장치에 있는지 확인하는 메커니즘으로 다음과 같은 assert 문을 사용합니다.

```
assert tensor.device == next(model.parameters()).device, \
    "Tensor and model parameters must be on the same device"
```

▶ assert 문 뒤에 인용 부호가 붙는 이유는 에러 메시지를 제공하기 위함입니다. 에러 메시지를 번역하면 '텐서와 모델 파라미터가 같은 디바이스에 있어야 합니다'라는 뜻입니다.

설정 불일치(configuration mismatch)

부적절한 손실 함수를 사용하거나 손실 계산 시 텐서 모양(행렬 차원)을 올바르게 맞추지 않으면 런타임 에러가 발생할 수 있습니다. 예를 들어, 트랜스포머를 사용하여 멀티 클래스 텍스트 분류 모델을 구축하는 경우, CrossEntropyLoss(멀티 클래스 분류에 적합한 손실 함수) 대신 MSELoss(회귀 기반 손실 함수)를 사용하면 모델이 효과적으로 수렴하지 않을 뿐만 아니라 런타임 오류가 발생할 수 있습니다.

메모리 에러

파이토치에서 트랜스포머와 같은 대용량 모델을 작업할 때는 메모리 관리가 매우 중요합니다. 개발자는 종종 너무 큰 배치 사이즈나 거대한 모델 아키텍처로 인해 CUDA 메모리 부족(OOM, 즉 Out-of-Memory) 에러를 경험하게 됩니다. 이를 진단하기 위해 파이토치의 메모리 프로파일러 함수 두 개, 즉 torch.cuda.memory_allocated() 및 torch.cuda.memory_cached()를 활용하거나 실시간 모니터링을 위해 nvidia-smi와 같은 툴을 사용할 수 있습니다.

그러나 문제를 식별하는 것만으로는 충분하지 않습니다. 다음은 메모리 오류를 완화하기 위한 몇 가지 추천 전략입니다.

- **배치(Batch) 크기 줄이기**: 이는 모델의 일반화 성능에 영향을 미칠 수 있으니 주의해서 결정해야 합니다.
- **기울기 누적**: 배치 사이즈를 줄이는 것이 수렴 문제 등으로 불가능한 경우, 여러 번의 패스(Pass)를 통해 기울기(그레이언트)를 누적한 후 모델 업데이트를 수행하는 방법을 고려하세요.

- **모델 체크포인팅**: 파이토치 유틸리티를 사용하여 중간 결과를 저장하고, 이를 다시 불러와 메모리를 확보하세요. 이때 연산 시간이 늘어나는 것은 감내해야 합니다.
- **혼합 정밀도 학습**: 16비트 정밀도(FP16)를 채택해 메모리 요구량을 줄이고 계산 속도를 높일 수 있습니다.
- **모델 최적화**: 작은 트랜스포머 변형 모델을 사용하거나 지식 증류(knowledge distillation) 같은 기술을 도입해 성능 저하 없이 모델 크기를 줄이세요.
- **미사용 변수 삭제**: 필요 없는 텐서를 주기적으로 삭제하고 `torch.cuda.empty_cache()` 코드로 CUDA 캐시를 정리하세요.
- **기울기 클리핑(clipping)**: 기울기(그레이디언트) 값을 좁은 범위로 제한하여 메모리 사용량의 갑작스러운 급증을 방지할 수 있습니다.
- **모델 병렬 처리**: 멀티 GPU 설정의 경우, 모델 구성 요소를 여러 GPU에 분산하세요.
- **효율적인 데이터 처리**: 적절한 배치 사이즈의 파이토치 DataLoader를 사용하여 데이터 로딩 및 증강 프로세스를 간소화하세요.
- **학습 설정 조정**: 기울기 누적 설정이나 트랜스포머에서의 긴 시퀀스 길이와 같은 메모리 소비를 증가시키는 설정을 수정하세요.

라이브러리/의존성 에러

딥러닝 라이브러리는 빠르게 진화하고 복잡한 상호 의존성(dependency)을 지니기 때문에, 개발자는 종종 호환성 문제와 라이브러리 간의 충돌에 직면합니다. 모델이나 파이프라인을 구축할 때 이러한 문제는 코드 실행을 멈추거나, 디버깅하기 어려운 애매한 오류를 발생시킬 수 있습니다. 다음은 이러한 문제를 완화하기 위한 체계적인 접근 방식입니다.

- **파이썬 가상 환경 사용**: 각 프로젝트에 대해 격리된 가상 환경을 만들면 라이브러리 버전이 서로 간섭하지 않아 예기치 않은 동작의 위험을 최소화할 수 있습니다.
- **의존성(Dependency) 문서 검토**: 라이브러리 공식 문서는 검증된 라이브러리 버전 및 의존성에 대한 인사이트를 제공합니다. 이를 활용하면 디버깅 시간을 절약할 수 있습니다. 허깅페이스의 트랜스포머를 사용할 때, 관련 문서에 파이토치 버전 2.0 이상과 호환된다고 명시되어 있다면 이 경우 이전 버전의 파이토치를 설치하면 오류가 발생하거나 설치에 실패할 수 있습니다. 따라서 설치 전에 항상 라이브러리 공식 문서의 요구 사항이나 설치 시 주의사항을 확인하는 것이 좋습니다.
- **최신 업데이트 지속**: 딥러닝 툴은 빠르게 변화합니다. 때로는 한 버전의 문제가 몇 주 또는 몇 달 후에 나온 차기 업데이트에서 해결될 수도 있습니다. 허깅페이스 트랜스포머와 파이토치의 과거 버전이 애플의 M1/M2 칩을 완전히 지원하지 못했던 것이 좋은 사례입니다. 따라서 최신 업데이트를 계속 주시하는 것이 좋습니다.

17.2.3 논리적(Logical) 에러

코드가 오류 없이 실행되지만, 출력이 예상과 다를 때가 있습니다. 이러한 오류는 디버깅하기 어려운 오류 중 하나입니다. 여기서는 몇 가지 일반적인 논리적 오류를 살펴보겠습니다.

- **데이터셋 행렬 차원 불일치**: 데이터 전처리, 학습/평가 중에 발생할 수 있는 부적절한 데이터 모양으로 인해 로지컬 에러가 자주 발생합니다. 예를 들어, torch.nn.Transformer는 [seq_length, batch_size, emb_dim] 차원의 데이터를 기대하지만, 이를 실수로 [batch_size, seq_len, emb_dim](이는 허깅페이스 모델에 적합한 형식임) 차원으로 잘못 입력하면 시퀀스 데이터가 뒤섞이게 됩니다. 이러한 실수는 모델에 가비지 데이터(garbage data)를 공급하는 셈입니다. 모델 결과가 개선되지 않는다면 데이터 전처리와 행렬 차원이 모델의 요구 사항과 일치하는지 확인하세요.

- **토크나이저와 모델 불일치**: 사전 학습 모델의 토크나이저를 사용하지만 다른 모델의 가중치를 사용하면 임베딩에 불일치가 발생합니다.

- **부적절한 패딩**: 패딩 토큰을 제대로 처리하지 않아 잘못된 어텐션 스코어를 얻거나 비효율적인 학습 결과를 얻을 수 있습니다. 예를 들어, 학습/평가 중에 attention_mask를 설정하는 것을 잊는 경우입니다.

- **잘못된 학습률 스케줄링**: 부적절한 학습률이나 스케줄러를 사용하면 모델이 너무 빠르게 수렴하거나 전혀 수렴하지 않을 수 있습니다. 예를 들어, 전이 학습에서 너무 큰 학습률을 채택하면 (특히 데이터 양이 적은 경우) 과적합이 발생할 수 있습니다.

- **잘못된 손실 함수**: 오류를 발생시키지는 않지만 작업에 적합하지 않은 손실 함수를 사용하면 모델 수렴을 방해할 수 있습니다. 예를 들어, 이진 분류 작업에 평균 제곱 오차(MSE)를 사용하는 것은 기술적으로는 오류를 발생시키지 않지만 부적절한 선택이어서 모델 성능이 저하될 가능성이 큽니다. 손실 함수를 작업 유형에 맞게 선택하는 것을 잊지 마세요.

- **사전 학습 가중치 미동결**: 파인튜닝 시, 특정 층(가중치 포함)를 고정하지 않으면 과적합되거나 사전 학습된 표현을 손상할 수 있습니다.

- **부적합한 배치 사이즈**: 특히 전이 학습에서 너무 크거나 작은 배치 사이즈를 사용하면 모델이 원래 학습된 조건을 재현하지 못할 수 있습니다.

- **학습 데이터 셔플링 미실행**: 학습 데이터를 뒤섞어 셔플하는 조치를 빠뜨리면, 모델이 잘못된 패턴을 학습하게 되어 데이터의 실제 특성이 아닌 패턴을 포착할 수 있습니다.

- **기울기 소멸/폭발**: 기울기 소멸/폭발은 파이토치의 트랜스포머를 포함한 딥러닝 모델을 학습하는 동안 중요한 장애물이 될 수 있습니다. 모델 학습 중에 모델 출력이 갑자기 NaN 또는 Inf가 나온다면 이는 기울기 소멸/폭발 문제가 발생하고 있다는 분명한 신호입니다. 이 문제를 완화할 수 있는 방법은 다음과 같습니다.

- 가중치 초기화
- 기울기 클리핑
- 다른 활성화 함수 선택

17.2.4 파이토치 ML 모델 디버깅에 대한 일반 가이드라인

파이토치 기반의 머신러닝·딥러닝 모델에서 오류가 발생하면 그 원인을 정확하게 파악하기 어려울 때가 있습니다. 다음은 효과적으로 문제를 디버깅하고 수정하기 위한 절차입니다.

1. **오류 분류**: 먼저 오류의 성격을 파악하세요. 이전에 논의된 일반적인 문제들과 유사한 점이 있나요? 그렇다면 이미 해결책을 찾은 것입니다.

2. **데이터 전처리 점검**: 문제의 근본 원인은 종종 데이터 준비 과정에 있습니다. 이 단계를 철저히 검사하세요. 정확한 전처리를 보장하는 최적의 방법은 모델에 필요한 정확한 입력 형식을 파악하는 것입니다. 이를 파악한 후에는 거꾸로 작업하여 모델의 입력 요구 사항에 맞게 원본 데이터를 변환하는 체계적인 절차를 설계하세요.

3. **print 명령어 및 검증**: print 명령어를 활용하세요. 코드에 print 명령어를 추가하면 각 단계별 변환을 능동적으로 모니터링하고 확인할 수 있습니다. 또한 코드에 assert 구문을 사용해 가정을 검증하고, 데이터가 예상된 구조와 값을 유지하는지 확인하세요.

4. **기존 데이터셋으로 벤치마킹**: 특정 문제에 특화된 커스텀 모델로 본격적으로 작업하기 전에, 성능 지표가 잘 정립된 벤치마크 데이터셋을 사용해 접근 방식을 먼저 검증하세요. 커스텀 모델이 이러한 데이터셋에서 실패한다면, 문제의 원인이 문제 자체의 고유한 복잡성이나 미묘한 차이보다는 접근 방식에 있다는 명확한 신호일 수 있습니다.

5. **시각화 및 로그 기록**: 보이지 않는 것을 시각화하는 것은 귀중한 통찰을 제공할 수 있습니다. 중간 출력, 텐서 모양, 결괏값 등을 시각화하는 툴을 사용하세요. 전통적인 방법이나 텐서보드 같은 툴을 통해 로깅하면, 모델의 진행 상황을 추적하고 문제가 발생하는 시점과 위치를 정확히 파악하는 데 도움이 됩니다.

이러한 지침을 체계적으로 따르면, 모델 개발 과정에서 발생할 수 있는 대부분의 문제를 식별하고 수정할 수 있습니다. 디버깅은 과학이면서도 오랜 시간을 투입해야 하는 기술이기도 한다는 점에 유의하세요. 인내심을 가지고 체계적으로 그리고 끈기 있게 문제를 해결하길 바랍니다.

이번 장을 읽으면 트랜스포머 모델의 혁신적인 기능에는 복잡성이 수반된다는 사실을 알 수 있습니다. 이러한 복잡성 때문에 트랜스포머 모델을 구축할 때 세심한 주의가 필요하며, 잠재적인 버그를 디버깅할 때도 마찬가지로 신중해야 합니다.

지금까지 설명한 모범 사례는 모델 초기화부터 최적화 세부사항까지 견고한 트랜스포머 모델을 설계하는 데 있어서 중요한 기초 지식으로 작용합니다. 이러한 원칙들은 단순히 계산 효율성을 향상시키는 것 이상의 의미를 지닙니다. 이들 모범 사례는 재현성의 중요성을 강조합니다. 그리고 기존 구조를 파인튜닝하거나 새로운 모델을 생성할 때 다양한 모델 패러다임 간의 원활한 전환을 보장합니다. 또한, 실용적인 예제를 통해 독자 여러분은 실증적 시나리오에서 직접 구현할 수 있는 실질적인 인사이트를 얻을 수 있습니다.

디버깅은 모델 개발에서 과소평가되는 측면이 있습니다. 구문 에러는 명백하게 드러나지만, 숨어 있는 논리적 오류와 런타임 오류는 주의 깊은 검토가 필요합니다. 이러한 오류들은 치명적인 결과를 초래할 수 있습니다. 따라서 여기서 설명한 체계적인 디버깅 방법론은 파이토치를 주무기로 삼아 딥러닝의 복잡한 영역에 도전하는 사람에게는 없어서는 안 될 필수 도구입니다.

이곳에서 얻은 통찰을 흡수하면, 트랜스포머 모델 디버깅에 소요되는 시간 소모을 크게 줄일 수 있습니다. 즉, 추천하는 모범 사례를 따름으로 많은 함정을 피할 수 있을 뿐만 아니라, 오류 발생 가능성을 최소화할 수 있습니다.

찾아보기

한글

강화 학습	232
경계 상자 예측	146
구문 에러	283
기울기 소실 문제	21
노이즈	187
논리적 에러	287
다음 단어 예측	19
다층 퍼셉트론	199
대규모 언어 모델	94
대조 손실	219
데이터셋	46
디버깅	283
디코더 전용 모델	36
디코더 층	32
라이브러리	40
런타임 에러	283
마스킹	61
멀티 헤드 어텐션	32
멀티모달	218
메모리 에러	285
모델 내보내기	243
모델 저장	246
모델 파라미터	281
배치	276
백워드 디퓨전	161
범주형 임베딩	198
비전 트랜스포머	135
비조건부 이미지 생성	159
설명가능성	259
설정 불일치	285
셀프 어텐션	31
순환 신경망	19
스텝 감쇠	282
스페이스	54
시각화	266
시퀀스	275
어텐션 마스크	275
어텐션 메커니즘	23
위치 인코딩	26, 59
음성 처리	79, 164
이미지 분류	154
이미지 세그멘테이션	155
이미지 전처리	131
이분 매칭 손실	147
인코더 전용 모델	35
인코더-디코더 모델	36
임베딩	25, 270
임베딩 차원	97
자동 음성 인식	179
자연어 처리	77
전이 학습	73
지시 추종 모델	123
챗봇	123
최대 시퀀스	97
추론	91
커스텀 토크나이저	42
컨텍스트 임베딩	198
컴퓨터 비전	78, 153
코랩	38
키워드 감지	79
텍스트 분류	114
텍스트 생성	118
텐서보드	267
토크나이저	42
토큰화	275
트랜스포머	18

트랜스포머 언어 모델	221
트랜스포머 인코더	198
파라미터	96
파인튜닝	49
패키지	40
포워드 디퓨전	160
프로파일링	271
피처 추출	223
피처 추출기	74
피처 토크나이저	200
학습	281
해석가능성	259
허깅페이스	40
허깅페이스 파이프라인	279
회귀 작업	211
히스토그램	268

영문

Accelerator	88
API Gateway	255
ASR	179
AWS Lamda	255
BART	103
batch	276
BERT	98
BERT-base-uncased	44, 79
CAPTUM	261
Clincal-BERT	106
CLIP	221
Core ML	253
CUDA 에러	284
DataLoader	86
Datasets	41
Decision 트랜스포머	236
DeiT	144
Detection 트랜스포머	146
DETR	146
Distillation 트랜스포머	144
Embedding	270
FastAPI	249
FT Transformer	199
GPT	101
Gymnasium	234
histogram	268
ImageBind	219
IMDb	46
ipywebrtc	180
LLM	94
LoRA	125
LSTM	21

찾아보기

memory_key_padding_mask	63	Transformers	41
memory_mask	62	TTS	186
MFCC	165	ViT	135, 221
ML 모델 디버깅	288	Wav2Vec 모델	170
MLP	199	Whisper 모델	168
NLP	19, 77		
One-cycle 학습률	282		
ONNX	247		
PEFT	125		
PR curves	270		
Profiling	271		
RL	232		
RNN	19		
RNN 인코더-디코더	22		
SageMaker	254		
Spaces	54		
Speech T5 모델	173		
Stable Baseline3	234		
step decay	282		
TabNet	205		
TabTransformer	198		
TAPAS 모델	193		
TensorBoard	267		
tgt_key_padding_mask	63		
tgt_mask	62		
timm	137		
Tokenizer	41		
torch.load	244		
torch.nn.Module.load_state_dict	244		
torch.nn.Transformer	68		
TorchScript	252		
Trajectory 트랜스포머	238		
Transformer	18		
TransformerEncoder	64